新中国经济发展70年丛书

70 Years of Urbanization
in the People's Republic of China

新中国城镇化发展70年

蔡昉 都阳 杨开忠 等◎著

人民出版社

统　　筹:李春生
策划编辑:郑海燕
责任编辑:郑海燕　张　燕　吴炤东　李甜甜
封面设计:吴燕妮
责任校对:苏小昭

图书在版编目(CIP)数据

新中国城镇化发展70年/蔡昉 等 著. —北京:人民出版社,2019.10
(新中国经济发展70年丛书)
ISBN 978－7－01－021393－4

Ⅰ.①新…　Ⅱ.①蔡…　Ⅲ.①城市化-研究-中国　Ⅳ.①F299.21

中国版本图书馆 CIP 数据核字(2019)第 213382 号

新中国城镇化发展70年

XINZHONGGUO CHENGZHENHUA FAZHAN 70 NIAN

蔡昉　都阳　杨开忠　等 著

人民出版社 出版发行
(100706　北京市东城区隆福寺街 99 号)

北京中科印刷有限公司印刷　新华书店经销

2019 年 10 月第 1 版　2019 年 10 月北京第 1 次印刷
开本:710 毫米×1000 毫米 1/16　印张:18.25
字数:265 千字

ISBN 978－7－01－021393－4　定价:76.00 元

邮购地址 100706　北京市东城区隆福寺街 99 号
人民东方图书销售中心　电话 (010)65250042　65289539

目　　录

导　言

　　城镇化是伴随着经济发展和工业化进程的世界性趋势。根据联合国"世界城镇化展望"提供的资料,在中华人民共和国成立之初的1950年,全世界居住在城镇的人口不足总人口的三成。到2007年以后,世界上居住在城镇的人口数量已经超过了居住在农村的人口。[①]　而在过去的70年里,推动这一变化的最主要的力量是一大批中等收入的国家纷纷走上了快速城镇化的道路。而中国的城镇化进程无疑是世界人口向城市聚集的最重要的力量。

　　理解过去70年推动城镇化进程的源泉,可以从不同的视角、利用不同的理论进行阐释,研究城镇化现象及其所产生的社会经济现象已经成为诸多学科关注的重要内容。不过,2010年上海世博会所倡导的主题"城市,让生活更美好",最简明地揭示了为什么城镇化会成为过去几十年世界发展的趋势。城镇化在推进社会经济发展的同时,让更多的人享受了现代化的生活方式,更便捷地分享经济发展的成果。而这一过程本身,又吸引着更多的乡村人口加入城镇化进程中。

　　中国的城镇化进程是中华人民共和国成立70年来所取得的诸多伟大成就的重要组成部分。在中华人民共和国成立之初,居住在城市的人口仅有5765万人,占总人口的比重刚刚超过一成。70年后,中国有超过六成的人口,约8.4亿人,居住在城镇。如果进行跨国比较,这无疑是世界上最庞大的城镇人口,对世界城镇化的贡献度也最大。

　　从世界经济的发展规律看,工业化和城镇化已经成为发展的铁律:很

---

① 资料来源:联合国经济和社会事务部人口司,见 https://population.un.org/wup/。

少有国家在农业经济主导下迈入高收入发展阶段,也几乎没有高收入国家存在大量乡村人口。回头看这一发展的铁律似乎一目了然,但是对于很多经济体而言,实现这一过程并非一帆风顺。中国的城镇化进程也是如此。

首先,要形成对城镇化在社会经济发展中的地位和作用的准确认识,并不是一件轻而易举的事情。例如,在中华人民共和国成立之初,最迫切的目标是如何在尽可能短的时间里,把一个积贫积弱、百废待兴的国家,发展成为一个富强的国家。作为发展的手段,工业化的作用得到了充分的认可,但对于如何实现工业化、工业化和城镇化的关系如何、工业化和城镇化是发展的目标还是手段等问题,在当时还缺乏清晰的理解。当工业化成为近乎主导性的发展目标时,以城镇化为代价、选择重工业优先发展的战略来推进工业化似乎变得顺理成章。

再比如,在改革开放初期,如火如荼的农村经济改革迅速催生了乡村工业化,但对乡村工业化和城镇化的关系仍然缺乏清晰的认识。于是,为了顺应乡村工业化所推动的社会结构变化的需要,提出了"离土不离乡"和发展小城镇的策略。然而,这一发展路径同样不能和经济发展的规律相适应,在随后出现的农村劳动力大规模迁移的滚滚洪流下,"离土不离乡"最终成为一个神话。

因此,城镇化作为一个发展的规律,其认识过程经过了诸多的曲折。随着城镇化进程的推进,人们逐步认识到,城镇化带来的效率提升是推动经济发展的原动力,城镇化带来的聚集效应是工业化相辅相成的手段。过去70年中国的城镇化进程表明,实践的发展推动了认识的深化,而只有对城镇化本质有更深刻的认识,城镇化之路才能走得更顺畅、更健康。

其次,过去70年中国的城镇化进程是曲折的。如果仅仅看城镇化发展的结果,中国的城镇化水平从新中国成立之初的10%左右,上升至目前的60%左右,这似乎和同期其他发展水平类似的国家没有太大的差别。然而,仔细观察会发现,中国的城镇化进程较之很多国家曲折得多。由于发展战略的选择,在改革开放以前,中国的工业化水平虽然有了显著提升,但城镇化水平仅从1950年的11.2%提升至1978年的17.9%,增长了 6.7 个百分点。而同期世界平均的城镇化水平提升了近 10 个百分点。对城镇化的压制,导致部分年份的城镇化水平出现停滞,甚至倒退。与此形成鲜明对比的是,一旦对城镇化的压制取消,中国又经历了同期世界上最为迅速的城镇化。本书后面的分析会发现,从 1980 年至 2018 年的近 39 年间,中国的城镇化水平年均复合增长率为 3.0%,而这一时期无论收入水平高低,其他国家的平均城镇化速度都远远低于中国。

城镇化速度波动产生的影响,不仅仅是数字反映的差异。当前,经济快速发展产生的城镇化的需求仍然没有得到满足。放眼未来,由于中国经济发展水平仍将继续提升,城镇化仍然有提升的空间。只不过在对城镇化进程和城镇化本质有更深刻的认识之后,我们预期未来的城镇化道路将更加平稳、更加有序。

最后,在既往的城镇化进程中需要不断地解决新问题。因此,中国的城镇化之路并不平坦。改革开放以来,中国的城镇化进程逐渐走上正轨,首先面临的问题是如何纠正传统体制的扭曲。然而,体制改革并不是可以在一朝一夕完成的,中国确立的渐进式的改革道路,更是以"摸着石头过河"的方式逐步解决城镇化进程中所遇到的新问题,也不断在发展中找到解决问题的新办法。于是,我们看到对于像户籍制度这样重大的基础性的制度的改革,贯穿了中国城镇化进程的始终。随着城镇化进程的推进,城镇化发展战略也往往难以适应城镇化发展进程的客观需要。因此,城镇化战略也处于动态调整的过程之中。同样,中国的城市管理体制也脱胎于计划经济体制,在快速城镇化过程中,也表现出诸多与市场经济体制不相适应的内容,相关领域的改革也一直是城镇化进程中要面对的问题。

尽管与城镇化相关的改革仍然任重道远,但过去 70 年的经验表明,在面临新的问题和挑战时,只有顺应城镇化的发展规律,才能使改革助力城镇化进程。城镇化发展中既有成功经验也有值得总结的教训,总结中国城镇化的 70 年历程,是加深对中国特色社会主义道路认识的重要方面。同时,思考中国城镇化进程的得失,不仅有助于理解中国城镇化的进程,也有助于对未竟的城镇化之路有更明确的认识。

正是基于上述几点考虑，本书的写作在关注中国城镇化推进的时间序列的同时，重点突出城镇化进程中重要的特征事实和重大的制度变革，以突出反映中国独特的城镇化道路及其蕴含的借鉴价值。中国过去70年的城镇化实践，其内容丰富多彩，过程跌宕起伏。因此，我们难以在本书穷尽这一伟大实践的方方面面，但我们相信，对以下三个方面的把握，将有助于我们理解这个城镇化70年的核心要义。

首先，本书将对过去70年城镇化的演进过程进行系统梳理。本书的主要目的是记录中华人民共和国成立70年来的城镇化发展过程，我们将尽力反映其中具有典型意义的特征化事实，既考虑城镇化时间的承继关系，又避免流水账式的描述。其次，本书关注城镇化演进的动力机制。如前所述，对城镇化动力是否有准确的认识，关乎对城镇化在社会经济发展中的定位是否恰当。因此，我们将围绕工业化与城镇化的相互关系、人口流动对城镇化的影响、城镇化与经济发展的交互作用等问题展开论述。最后，本书关注制度变迁对中国城镇化进程产生的影响。通过分析中国独特的制度安排对城镇化进程产生了什么样的影响，既可以使我们更深刻地理解中国城镇化进程的独特路径，也可以对中国未竟的城镇化道路有更明确的方向性认识，对仍需改革的领域有更恰当的判断。

联合国"世界城镇化展望"数据表明，目前世界上欠发达经济体（不包括中国）仍然有一半以上的人口居住在乡村，众多的发展中国家已经或正在走上快速城镇化的道路。作为一个既经历了经济体制转型，又实现了经济快速发展的国家，中国在既往的城镇化道路上的丰富实践与其中的得失，无疑可以为其他发展中国家的城镇化道路提供借鉴。而对中国70年城镇化道路的总结，也可以为进一步拓展和丰富发展经济学提供中国智慧。

全书共分为十二章，除了导言以外，本书其他章节的写作内容安排如下。

第一章主要关注新中国成立之初，中国城镇化的起始水平与相关的制度安排；第二章主要讨论计划经济体制对中国城镇化进程产生的影响，尤其关注重工业优先发展战略及其产生的逆城镇化效果；第三章主要关注改革开放初期乡村工业化对城镇化进程和城镇化战略所产生的影响；第四章主要讨论最近几十年影响中国城镇化的重要推动力——人口迁移；第五章主要关注工业化与城镇化的相互关系及其在中国城镇化进程中发挥的影响，并通过国际比较观察中国城镇化速度的变化特征；第六章主要讨论城镇化所引发的资源重新配置对经济发展的影响，尤其是劳动力从低效率的生产部门通过城镇化进入城镇更高效率的经济部门所带来的经济效率改善，及其对中国经济高速增长的促进作用；第七章主要讨论城镇化发展战略中的一个重要问题，即发展什么规模的城市；第八章对中国城镇化进程中非常具有特色的制度安排"城市级别"进行讨论，并对城市管理体制的改革进行了探讨；第九章从城乡一体化发展的角度观察城镇化的作用，并对其中涉及的重要改革领域，如户籍制度改革、农村土地制度改革等进行分析；第十章主要分析城镇化与区域经济发展的关系，对其中具有中国特色的内容，如胡焕庸线的演变、区域发展不平衡等问题进行了细致的讨论；第十一章描述新中国城市规划的演变过程；第十二章基于新中国 70 年城镇化的发展历程，探讨对城镇化的规律性认识，如城镇化的发展如何以人为中心、城镇化与工业化的内在关联性、城镇化的一般规律如何与中国特色相兼容等。本书的附录还以编年简史的方式，简要地回顾了不同历史阶段新中国城镇化的发展状况。

　　本书第二章、第六章、第九章、第十章、第十二章由蔡昉撰写，导言、第三章、第四章、第五章、第八章由都阳撰写，第七章、第十一章由杨开忠撰写，第一章由贾朋撰写，附录由杨开忠、刘安国撰写。由于本书是合作成果，各章作者对其他章节的研究和写作也有贡献。

第一章　新中国城镇化的起点

新中国成立之初,中国是一个典型的农业社会,也是一个欠发达国家。摆在中国人面前的是一条艰辛的发展道路。要重建国民经济体系,迅速实现工业化,面临着目标和道路的选择,如何看待城镇化也是其中重要的内容。

第一节　新中国成立之初的城镇化水平

新中国成立之初,中国的经济发展、工业化、城镇化都处于较低的水平:人均国内生产总值仅为 119 元人民币[①];以 2011 年美元计价的人均国内生产总值为 757 美元,在有数据可查的 140 个国家和地区中排名第 128 位[②],是当时世界上最贫穷和落后的国家之一,广大农村人口普遍处于贫困之中;工业总产值为 349 亿元,工业部门创造的增加值为 119.8 亿元,对国民经济的贡献率仅为 17.6%[③];全国总人口为 5.42 亿人,居住在城镇的人口为 5765 万人,仅占总人口的 10.64%[④]。

从国际比较来看,新中国成立之初的 1950 年,发达国家的城镇化平

---

① 这是 1952 年的数据,均为当年价格。资料来源:国家统计局国民经济综合统计司编:《新中国六十年统计资料汇编》,中国统计出版社 2010 年版。

② 这是 1950 年的数据。资料来源:荷兰麦迪森项目数据库,见 https://www.rug.nl/ggdc/historicaldevelopment/maddison/。

③ 这是 1952 年的数据,均为当年价格。资料来源:国家统计局国民经济综合统计司编:《新中国六十年统计资料汇编》,中国统计出版社 2010 年版。

④ 这是 1949 年的数据。资料来源:国家统计局国民经济综合统计司编:《新中国六十年统计资料汇编》,中国统计出版社 2010 年版。

均水平超过了 50%。当时中国的城镇化水平仅仅略高于最不发达国家和低收入国家的平均水平(见表 1-1)。

表 1-1　1950—1960 年城镇化水平及城镇人口增速　　(单位:%)

国家分类	城镇化率			城镇人口增速	
	1950 年	1955 年	1960 年	1950—1955 年	1955—1960 年
中国	11.80	13.86	16.20	5.15	4.61
世界总体	29.61	31.64	33.75	3.10	3.10
发达国家	54.77	57.93	61.09	2.32	2.23
发展中国家	17.70	19.71	21.91	4.21	4.19
最不发达国家	7.54	8.53	9.66	4.44	4.71
发展中国家(除最不发达国家)	19.00	21.13	23.48	4.19	4.17
发展中国家(除中国)	20.33	22.29	24.29	3.93	4.07
高收入国家	58.51	61.14	63.76	2.10	2.09
中等收入国家	19.89	22.17	24.55	4.16	4.02
中等偏上收入国家	22.08	25.08	28.40	4.62	4.31
中等偏下收入国家	17.21	18.56	19.85	3.42	3.51
低收入国家	9.32	10.39	11.90	3.84	4.83

注:关于国家分类的定义见资料来源;城镇人口增速为年度平均增长率。
资料来源:联合国经济和社会事务部人口司,见 https://population.un.org/wup/。

图 1-1 显示了世界上 137 个国家和地区 1950 年人均国内生产总值(GDP)和城镇化率的关系。尽管中国的人均 GDP 和城镇化率均处于较低水平,但是,其城镇化水平与经济发展水平之间的关系却是基本吻合的,即中国恰好位于图中拟合曲线上面。

在新中国成立之初,城镇化的地区差异巨大,也是一个值得关注的问题。如图 1-2 所示,在 1949 年年底,城镇化率最高的为上海,高达 93.04%;最低的为云南,仅为 4.89%,两者城镇化水平相差近 18 倍。

从人口在城镇聚集的程度来看(见表 1-2),新中国成立之初(1950 年),中国没有人口数超过 500 万人的城市;世界上人口超过 30 万人的城市数为 306 个,中国人口超过 30 万人的城市数为 32 个,约占 10%;这一占

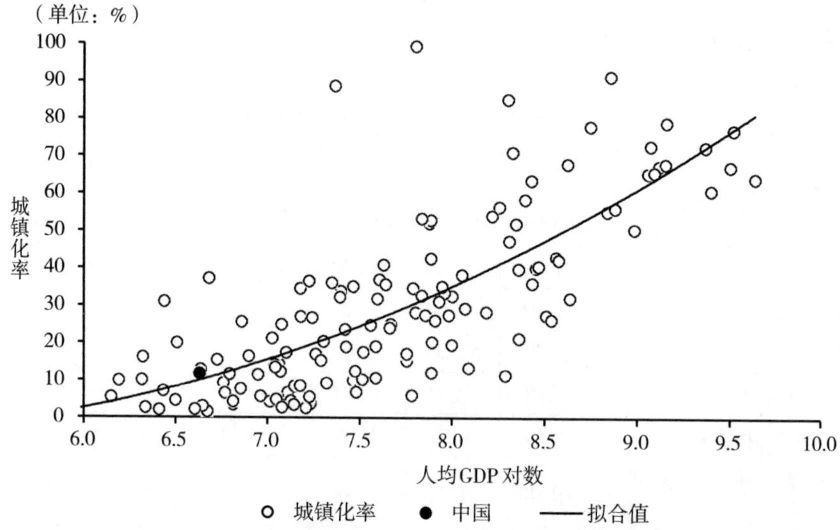

（单位：%）

图 1-1　1950 年世界各国（地区）人均 GDP 和城镇化率的关系

注："城镇化率"为城镇人口占总人口的百分比；"人均 GDP"按 2011 年美元计价。
资料来源："城镇化率"数据来自联合国经济和社会事务部人口司，见 https://population.un.org/wup/；"人均 GDP"数据来自荷兰麦迪森项目数据库，见 https://www.rug.nl/ggdc/historicaldevelopment/maddison/。

比在新中国成立之初的 10 年间基本保持稳定，到 1960 年为 11% 左右。1950 年，在世界最大的 30 个城市中，中国占了 3 个（上海、天津、沈阳）①。

表 1-2　1950—1960 年人口聚集与城市数量

人口分类	城市数量（个）			占城镇人口比重（%）		
	1950 年	1955 年	1960 年	1950 年	1955 年	1960 年
1000 万人及以上	0	0	0	0.00	0.00	0.00
500 万—1000 万人	0	1	1	0.00	6.75	6.44
100 万—500 万人	8	9	11	23.37	18.17	19.78
50 万—100 万人	10	10	13	10.05	8.74	8.73
30 万—50 万人	14	16	22	7.91	7.39	7.78

资料来源：联合国经济和社会事务部人口司，见 https://population.un.org/wup/。

---

① 1955 年北京进入世界前 30 个大城市之列。

（单位：%）

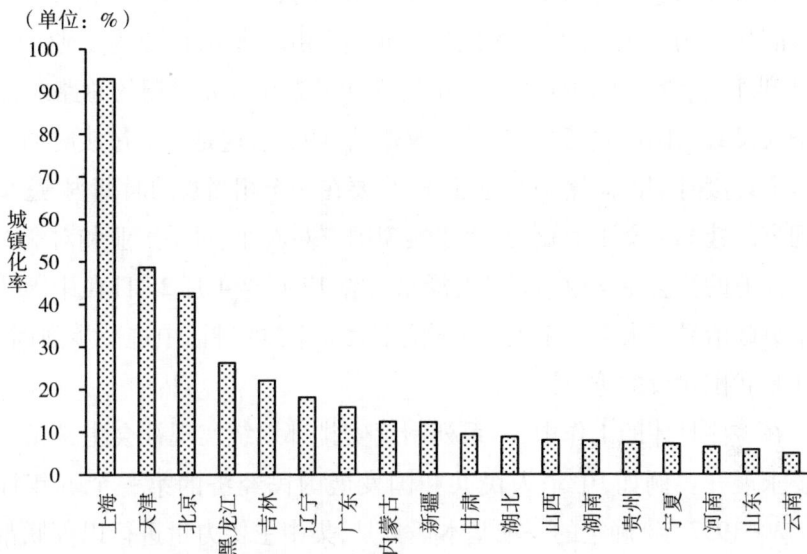

图 1-2　1949 年城镇化率的地区差异

注：部分省（自治区、直辖市）无数据统计。
资料来源：国家统计局国民经济综合统计司编：《新中国六十年统计资料汇编》，中国统计出版社
　　　　 2010 年版。

第二节　新中国成立之初城镇化政策与制度安排

　　新中国成立之初，工业基础非常薄弱，第二产业的劳动生产率甚至低于第三产业[①]；农业部门增加值占国内生产总值的比重为 50.96%，农业部门吸纳了全国 83.54% 的就业[②]。刚刚夺取全国政权的中国共产党意识到，要实现经济赶超和人民生活水平的提高，必须要走一条工业化道路。

　　实际上，在中华人民共和国成立之前，党和国家就明确了建设一个工业国的目标。1949 年 3 月召开的党的七届二中全会上，毛泽东同志所作

---

　　① 1952 年，第一、二、三产业的劳动生产率分别为 200 元/人、926 元/人、1027 元/人（当年价格）。

　　② 这是 1952 年的数据，均为当年价格。资料来源：国家统计局国民经济综合统计司编：《新中国六十年统计资料汇编》，中国统计出版社 2010 年版。

的政治报告说明了"党的工作重心必须由乡村移到城市,城市工作必须以生产建设为中心",中国的发展方向是"由农业国转变为工业国"。[①]1954年2月,党的七届四中全会正式确立了党在过渡时期的总路线:"从中华人民共和国成立,到社会主义改造基本完成,这是一个过渡时期。党在这个过渡时期的总路线和总任务,是要在一个相当长的时期内,逐步实现国家的社会主义工业化,并逐步实现国家对农业、对手工业和对资本主义工商业的社会主义改造。"[②]毛泽东同志1956年4月25日在中国共产党中央政治局扩大会议上发表的《论十大关系》的讲话中进一步强调"重工业是我国建设的重点"。[③]

在一些具体的工作中,一系列制度安排都围绕实现社会主义工业化的要求展开。例如,中华人民共和国发展国民经济的第一个五年计划(1953—1957年)确定的一项基本任务是,集中主要力量进行以苏联帮助我国设计的156个建设项目为中心、由694个大中型建设项目组成的工业建设,建立我国的社会主义工业化的初步基础。第一个五年计划取得了前所未有的成功,工业总产值也由1949年的140亿元提高到1959年的1483亿元。

尽管在国家的发展战略安排中并没有关于城镇化的相关内容,但实现工业化国家的要求在客观上推动了城市的扩张和建设,一批新的城市相继建立。1949—1959年,全国城市总数由132个提高到179个。其中,地级市由53个增加到74个,县级市由67个增加到103个(见图1-3);东部地区的城市数量减少1个,中部和西部地区的城市数量各增加了24个。中西部地区城市数量的增加缩小了城镇化水平的地区差距。

现有城市的发展和新城市建立及工业化对劳动力产生了巨大的需求。同时,各项制度的初始安排中,也并未对人民的迁徙自由进行限制,这在客观上推动了中国的城镇化。如1949年9月29日由中国人民政治

---

① 《毛泽东选集》第四卷,人民出版社1991年版,第1424页。
② 《毛泽东文集》第六卷,人民出版社1999年版,第316页。
③ 《毛泽东文集》第七卷,人民出版社1999年版,第24页。

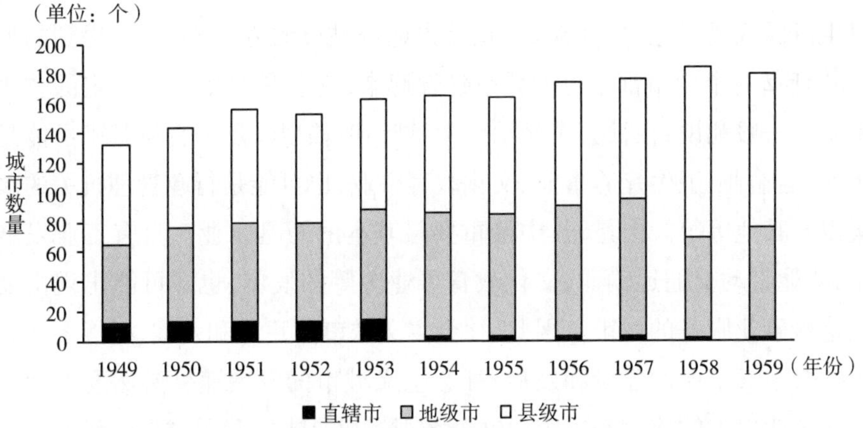

（单位：个）

图 1-3　1949—1959 年城市数量增长

资料来源：国家统计局城市社会经济调查总队编：《新中国城市 50 年》，新华出版社 1999 年版。

协商会议第一届全体会议通过的《中国人民政治协商会议共同纲领》和 1954 年 9 月 20 日第一届全国人民代表大会第一次会议通过的《中华人民共和国宪法》均把迁徙自由列为人民的基本权利之一。在具体工作中，"保证居民的迁徙自由"也被作为户口工作的主要任务。1949—1959 年，城镇人口年均增长 7.9%，远高于全国总人口和农村人口的增长速度（分别为 2.2% 和 1.3%）。

　　1958 年 1 月 9 日，第一届全国人民代表大会常务委员会第九十一次会议通过了《中华人民共和国户口登记条例》，规定"公民由农村迁往城市，必须持有城市劳动部门的录用证明，学校的录取证明，或者城市户口登记机关的准予迁入的证明，向常住地户口登记机关申请办理迁出手续"。（当代中国研究所，2011）这标志着户籍制度的正式形成，此后农村居民向城市的迁移受到限制①。

————————

　　①　在此之前，1953 年 4 月中央人民政府政务院《关于劝止农民盲目流入城市的指示》，1954 年 3 月内务部、劳动部《关于继续贯彻"劝止农民盲目流入城市"的指示》，1955 年 3 月内务部、公安部《关于办理户口迁移的注意事项的联合通知》以及 1956 年 12 月《国务院关于防止农村人口盲目外流的指示》等文件中，已经开始对农村劳动力向城镇的迁移进行初步限制。但总体上这种限制主要是担心农村劳动力向城市流动影响农业生产，对工业化和城市建设正常的农村劳动力转移需求则不加以限制。

新中国成立之初,城市的建设依赖于工业化的发展。正如1954年8月11日《人民日报》第1版《贯彻重点建设城市的方针》一文中提到的那样:"任何一个城市都不可能凭空建设起来,它总是要依托于一定的物质基础。一般地说,在社会主义社会中,城市所赖以发展的物质基础可能是工业、运输业、卫生疗养事业、文化教育事业,也可能是行政管理机关的聚集以及其他等等。但是,其中最重要最基本的乃是工业。只有工业发展了,才能带动交通运输业、文化教育事业等等的发展,也才可能出现主要为这些事业服务的城市。因此,社会主义城市的建设和发展,必然要从属于社会主义工业的建设和发展;社会主义城市的发展速度必然要由社会主义工业发展的速度来决定。这个客观规律是决定我国城市建设方针必须是重点建设、稳步前进的根本原因。"

以上关于城市建设服从工业建设的方针,在此后也多次被强调。如,1953年11月22日《人民日报》第2版《改进和加强城市建设工作》一文强调:"必须认真贯彻国家'重点建设稳步前进'的方针,把城市建设的投资,首先用在工业建设比重大的城市中去,至于工业比重小的一般中小城市,在第一个五年建设计划期内,应采取暂时维持的方针,一般不再扩大基本建设。在具体建设工程上同样也要有重点的进行,要保证城市建设为工业、为生产、为劳动人民服务的方针。"

工业化与城镇化的从属关系还可以从第一届国务院的组成略见端倪。1954年9月21日,第一届全国人民代表大会第一次会议通过了《中华人民共和国国务院组织法》,规定第一届国务院组成部门(含委员会)共35个,其中7个部委的名称中含有"工业"二字,包括重工业部、第一机械工业部、第二机械工业部、燃料工业部、纺织工业部、轻工业部、地方工业部。而在第一届国务院成立之初,并没有一个部委专职负责城市建设工作。直到1955年4月9日,全国人大常委会才批准国务院设立了城市建设总局,并于1956年5月12日批准撤销城市建设总局,设立城市建设部和城市服务部。

因此,总体来看,在新中国成立之初,城镇化的发展呈现以下几个主要特点:

　　第一，有城市建设但无城镇化战略。新中国成立之初的 10 年间，尽管城市数量有所增加，但这主要是随国民经济恢复和工业化发展的自然增长，在全国层面没有形成统一和一致的城镇发展战略。城市建设投资主要以工业基础较好的大城市和特大城市为主，中小城市基本维持不变。1950—1960 年，人口数超过 100 万人的 12 个大城市和特大城市人口增加了 1265 万人，而人口数在 30 万—100 万人的 35 个中等城市和小城市人口增加了 584 万人。

　　第二，城镇发展服从工业化建设。这一时期，城镇的发展不是独立的发展战略，而是主要得益于工业化特别是重工业的发展，并且因工业发展目标的调整而有反复。如，"大跃进"运动造成了 1958—1959 年间城镇人口急剧增加 1650 万人，占 1949—1959 年城镇人口增加的 25%。"大跃进"运动失败后，则出现了"逆城镇化"现象，1961—1962 年间，城镇人口又急剧减少 1048 万人。这一时期，中央政府对城镇化和工业化相辅相成的关系以及城镇化对经济增长的贡献等问题认识不足，对工业化的过度强调也为后来一些重工业基地和资源型城市的经济发展乏力埋下了伏笔。

　　第三，关于城乡关系的定位开始阻碍城镇化发展。尽管党的工作中心由农村转移到城市，重工业也成为国民经济发展最为重要的内容，但农业的基础地位并没有改变。毛泽东同志在《论十大关系》中虽然强调了重工业的重要性，但他同时也指出"多发展一些农业、轻工业"会使重工业"发展的基础更加稳固"[①]。他还认为，苏联和一些东欧国家由于片面发展重工业，忽视农业和轻工业发展，因而造成粮食产量不足，物价不稳定。吸取这一教训，政府在注意到农村劳动力向城市流动可能对农业生产造成负面影响之后便开始建立户籍制度进行限制，城镇化的进程也趋缓。户籍制度的影响持续至今。

---

　　① 《毛泽东文集》第七卷，人民出版社 1999 年版，第 25 页。

第三节　城镇化的速度

新中国成立之初的 11 年间(1949—1959 年),中国的城镇人口增加了 6606 万人,城镇化率由 1949 年的 10.64%增加到 1959 年的 18.41%(见图 1-4)。1955 年,国务院在《关于设置市、镇建制的决定》中详细规定可设立市、镇的人口数要求,这使得 1955 年的城镇化率有短暂的下降,但次年城镇化率又恢复快速上升①。

在 1958—1960 年的"大跃进"时期,为了加快工业化,城镇以不正常的高速度发展,城镇总人口急剧增长,至 1960 年城镇人口占总人口的比重达 19.7%,这也为今后的"逆城镇化"埋下了伏笔。

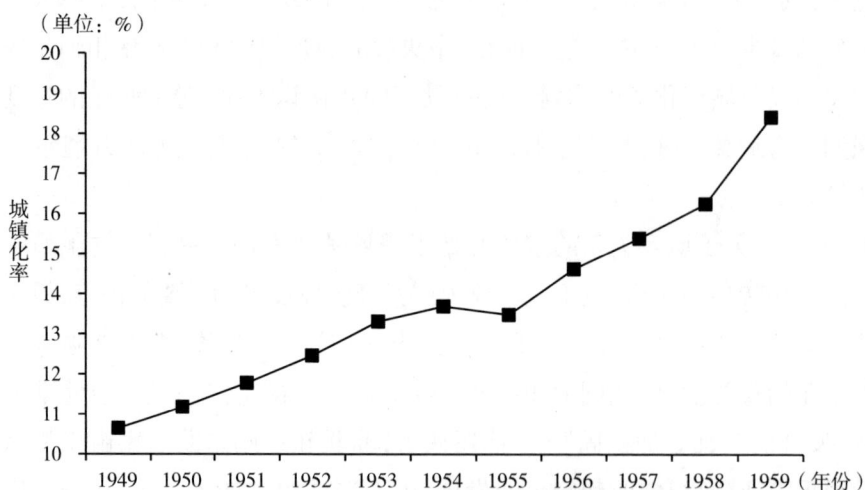

（单位: %）

图 1-4　1949—1959 年城镇化速度

资料来源:国家统计局国民经济综合统计司编:《新中国六十年统计资料汇编》,中国统计出版社 2010 年版。

城镇化的发展同时伴随着城镇化水平地区差距的缩小。以基尼系数度量的城镇化率地区差距由 1949 年的 0.481 下降到 1959 年的 0.334(见

①　参见 http://pkulaw.cn/CLI.2.48585。

图 1-5），城镇化水平最高与最低省份的绝对差距也由 1949 年的 18 倍下降到 1959 年的 6 倍。

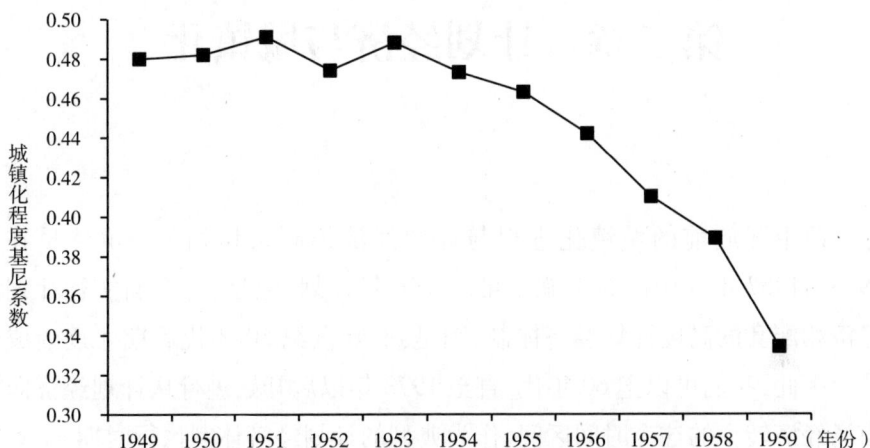

图 1-5　1949—1959 年城镇化地区差异的变化

资料来源：国家统计局国民经济综合统计司编：《新中国六十年统计资料汇编》，中国统计出版社2010 年版。

第二章　计划经济与城镇化

改革开放前的城镇化进程与计划经济体制密切相关。虽然早在1953—1957年间中国就实施了第一个五年计划,但是,与全面实行计划经济相配套的高度计划经济体制,则是到20世纪50年代后期才逐渐成形。因此,我们可以把60年代,直至1978年以后开始进行从计划经济向市场经济转变的这个时间区间,作为典型的计划经济体制执行时期。

为了迅速实现工业化和经济赶超,中国从开始经济建设之初便选择了重工业优先发展战略,并做了与之相应的一系列制度安排,即高度集中的资源计划配置、扭曲产品价格和要素价格的宏观政策环境,以及缺乏激励和效率的微观经营体制。由于这种体制模式的核心是阻碍生产要素的流动,所以不可避免的执行结果就是这一时期城镇化发展处于停滞状态。这也从一个重要的方面反映出计划经济的弊端。

第一节　重工业优先发展战略

虽然在中华人民共和国成立之前,中国已经存在一定比重的工业,但是,真正意义上的工业化是从新中国第一个五年计划时期开始的。1953年,全国83.1%的劳动力从事农业生产,工业就业仅占8%。同年国内生产总值中的工业份额仅为17.6%。在第一个五年计划期间,工业总产值实际增长81%,工业增加值占GDP的比重提高了5.6个百分点。也正是在这个时期,形成了重工业优先发展战略。

1953年1月1日《人民日报》发表题为《迎接一九五三年的伟大任务》的元旦社论,指出这一年开始执行国家建设的第一个五年计划,其中经济建设的总任务就是要使中国由落后的农业国逐步变为强大的工业国，而要达到这个目的，就必须首先着重发展冶金、燃料、电力、机械制造、化学等项重工业（当代中国研究所，2009）。

1956年，毛泽东同志发表著名讲话《论十大关系》，其中再次强调"重工业是我国建设的重点"①。在这个讲话中，毛泽东同志虽然强调了处理好重工业、轻工业和农业的关系，但是，他强调的重点仍然是为了保障重工业优先发展。按照毛泽东同志的逻辑，如果真想发展重工业，轻工业和农业的投资比例就要加重一些，这样可以更好地供给人民生活的需要，更快地增加资金的积累。

因此，为了加快工业化积累，除了作出加快资本积累的制度安排之外，还要降低重工业发展的成本。这就需要压低劳动力成本即实行低工资制，相应地就需要既要压低农产品的价格，同时又要保障农产品的供给。因此，实行粮食的计划收购和计划供应制度便于1953年应运而生。加上以后纳入的其他重要农产品等内容，便形成了长期实行的农产品统购统销制度。

如果农业生产不能得到合理收益的话，农村的生产要素特别是劳动力就有可能向外流出，而为了避免这种情况发生，以保障农业生产的正常进行，就需要对包括资金和劳动力在内的农村生产要素作出制度性的流动限制。

第一是从阻止劳动力离开农村、盲目流向城市开始，逐渐形成限制人口在城乡之间自由流动的户籍制度。1953年，鉴于大量农民纷纷流向城市，一方面担心城市产生失业现象，另一方面担心对农业生产造成不良后果，中央人民政府政务院作出《关于劝止农民盲目流入城市的指示》，部署了六条措施以阻止农民离开农村，并劝阻盲目外出者返乡。同年，国家颁布了《全国人口调查登记办法》，进行了第一次人口普查，实际上为户口登记做了前期准备。

1958年，第一届全国人民代表大会常务委员会第九十一次会议通过

---

① 《毛泽东文集》第七卷，人民出版社1999年版，第24页。

了《中华人民共和国户口登记条例》，其中规定："公民由农村迁往城市，必须持有城市劳动部门的录用证明，学校的录取证明，或者城市户口登记机关的准予迁入的证明，向常住地户口登记机关申请办理迁出手续。"（当代中国研究所，2011）这就标志着把居民按城乡居住地进行分隔管理的户籍制度正式形成。

第二是加快人民公社化，利用其动员、组织和管理功能，把农村各种生产要素严格局限于农业生产。顺应农民"耕者有其田"的要求在全国实行土地改革之后，农业合作化便开始了，分别经历了互助合作组、农业生产合作社（初级社）、高级农业生产合作社到人民公社的演变过程。其中互助合作组和初级社仍然是农民自愿进行的生产合作，到高级社阶段便意味着开始了农业的集体化。这整个过程具有逐步加快、越来越快的趋势，生产关系的变动明显超越了生产力的要求。

在全国范围土地改革基本结束的1952年，参加农业生产互助组的农户占全国农户总数的39.9%，参加农业生产合作社（全部为初级社）的农户只占全部农户的0.1%。到1955年，参加互助组的农户比例提高到50.7%，参加初级社的比例提高到14.2%，这两种仍然是农业合作的主要形式。

然而，随后合作化和集体化的节奏大大加快，推进速度超乎寻常。参加农业生产合作社的农户比例在1956年年初便提高到80.3%，到该年年底则高达96.3%。其中，参加高级社的农户比例从年初的30.7%，骤然提高到年底的87.8%（苏星，1980）。从1958年夏季开始，只经过几个月的时间，到当年年底，全国原有的74万多个农业生产合作社被合并为2.6万多个人民公社，囊括了1.2亿多个农户，占全国农户总数的比重超过99%。

以加快工业化为目标的人民公社化，不仅步调过急过快，更由于其"一大二公"（大规模、工农商学兵结合、政社合一）的性质，以及因此而导致缺乏正常的激励机制，极大地伤害了农民的生产和劳动积极性，公共食堂试验的失败也造成群众营养不良，使农业生产遭受灾难性的损失。

以粮食生产为例，总产量从1958年的19766万吨骤降到1961年的

13651 万吨,单位面积产量从 1958 年的每公顷 1549 公斤大幅度降低到 1961 年的每公顷 1124 公斤,降幅分别为 31% 和 27%(见图 2-1)。由于当时国民经济还是以农业为主,农业增加值占 GDP 的比重超过 1/3,因此,农业严重减产造成国民经济大幅度下滑,实际 GDP 在 1960 年为零增长,在 1961 年和 1962 年则为显著的负增长。

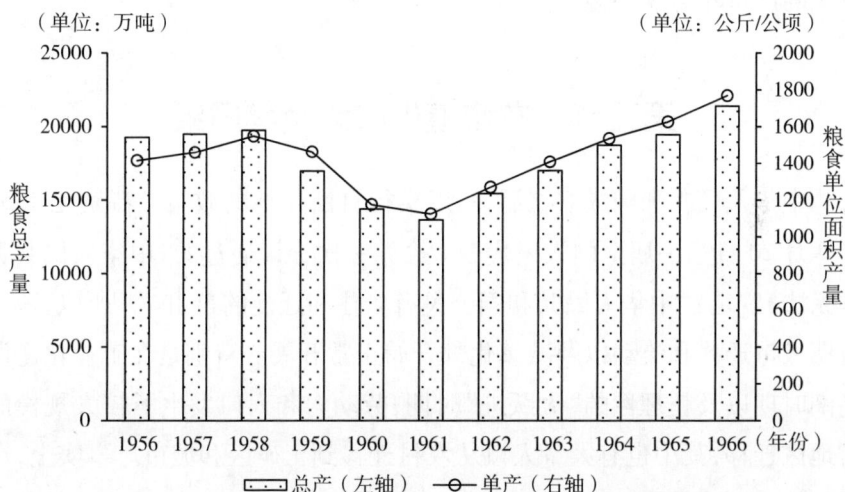

图 2-1　1956—1966 年过急的集体化造成农业生产巨幅减产

资料来源:国家统计局,见 http://www.stats.gov.cn。

　　1961 年开始进行国民经济调整,压缩基本建设规模,控制工业特别是重工业发展,在一定程度上扭转了产业结构不断趋于失衡的趋势。在农村,则是把生产单位重新划小,确立了"三级所有,队为基础"的体制,即公社、生产大队、生产队三级所有制,以生产队(即生产小队)为基本核算单位,实行独立核算、自负盈亏,直接组织生产和收益分配。

　　这个调整的结果是,在 1958 年形成的每个公社 6700 名社员的超大规模得到调整,到 1961 年形成平均规模为 30 名社员的 600 万个生产队,成为人民公社体制的"基础"。虽然人民公社体制没有变,国家仍然保持对农业生产、农产品分配和消费的控制。但是,当时对生产单位规模的这种调整,也具有重要的意义,使农业产量在一定程度上得到了恢复。

　　但是,这次调整所产生的一个必然性的结果是城镇化的进程从此一蹶不振。无论是从历史的进程中,还是从理论的逻辑上,我们都可以观察到,农产品统购统销制度、人民公社体制和户籍制度构成了一个制度安排的"三驾马车",直接服务于加速推进国家工业化的目标,但导致了不良的结果:压抑了农民生产和劳动的积极性,阻碍了剩余劳动力的转移和人口迁移,从宏观层面扭曲了资源的配置。所有这些弊端,都集中体现在城镇化的严重滞后这一现象上。

第二节 逆城镇化政策及其后果

中华人民共和国成立之后,一度实行自由迁徙的政策。特别是1954年9月20日第一届全国人民代表大会第一次会议通过的《中华人民共和国宪法》规定:"中华人民共和国公民有居住和迁徙的自由。"[①]所以,这一时期人口迁移和流动以及城镇化都开始正常开展。特别是在工业化建设高潮时期以及超理性的"大跃进"时期,劳动力和人口发生了较大规模的跨地区迁移,其中也有大量人口从农村迁移到工矿区和城市。事实上,在1960年之前的一段时间里,人口迁移率较高,城镇化速度也很快(见图2-2)。

但是,在计划经济条件下或者在计划经济体制形成的过程中,劳动力流动也好、人口迁移也好、城镇化也好,是否允许其自发进行,或者在多大程度上任其发展,归根结底要服从经济发展战略的目标,也要与相应的经济体制和社会政策相适应。从逻辑上说,如果任凭劳动力和人口自由流动,势必会与战略目标和体制功能形成矛盾甚至冲突。

第一,粮食统购统销政策中计划销售的含义,就是在非粮食产区(城镇、工矿区和专门从事非粮食生产的农牧渔业地区,以及灾区),按照可用的粮食数量和确定的人口数量,或由企业和机构统一供应,或由家庭凭票证购买。既然粮食是稀缺的、关系国计民生的重要产品,保障供给的前

---

① 参见《中华人民共和国宪法(1954年)》,全国人大网,见 http://www.npc.gov.cn/wxzl/wxzl/2000-12/26/content_4264.htm。

（单位：%）

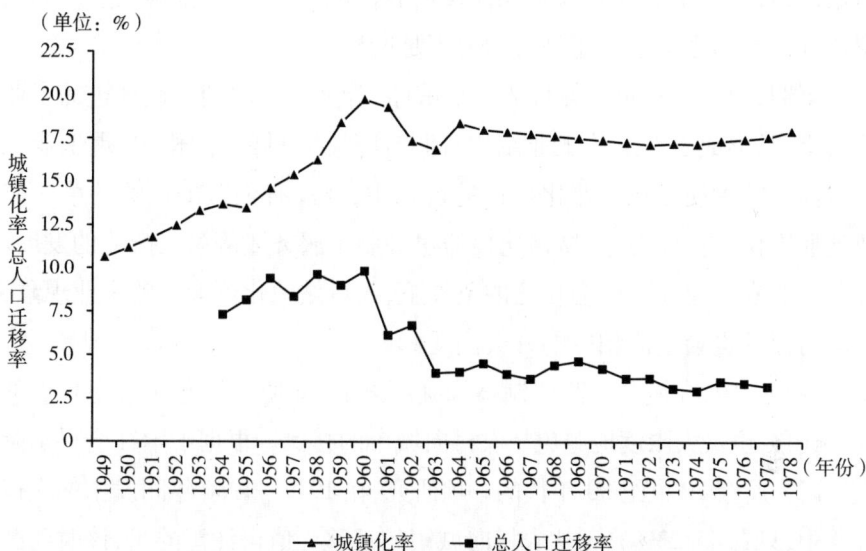

图 2-2　1949—1978 年中国城镇化率和总人口迁移率

资料来源："城镇化率"数据来自国家统计局，见 http://www.stats.gov.cn；"总人口迁移率"数据根据严蓓的研究，转引自路遇：《新中国人口五十年》（上），中国人口出版社 2004 年版。

提便是供给对象的确定以及数量稳定。可见，人口迁移和流动与统购统销政策具有内在的不相容性。而且，由于农业低效率及其导致的农产品供给严重短缺，非农人口的增加越来越成为不可接受的事情。

第二，与低工资制相配套，城镇实行全面保证就业的体制，社会福利和相关保障甚至一些公共服务，都通过就业单位来提供。为此，为了保障基本民生，同时防止失业现象，就需要严格控制人口流动，稳定城镇人口和劳动力数量。正因为如此，自那时起直到改革开放以后的一段时间里，人口迁移始终被认为是一种盲目流动现象，受到严格的限制。

第三，保障农产品供给就要确保农业生产的稳定，在农业生产方式主要还是依靠人畜动力的条件下，就需要把农业劳动力稳定在农村。虽然从理论上说，随着工业发展对农业进行机械化改造，劳动生产率提高后可以节约出大量的剩余劳动力。但是，人民公社体制缺乏有效的劳动监督机制和激励机制，导致出工不出力现象和低效率后果，劳动生产率长期未得到提高，因而劳动力不能向外转移。直至实行家庭联产承包责任制改革之前,农业剩余劳动力都是隐性存在的,事实上也无法分辨农业的低效率究竟是劳动激励不足还是劳动力不足所导致。

第四,由于实行重工业优先发展战略,计划经济时期迅速推进的工业化结果,是形成了偏重的工业结构,即与所处的发展阶段相比,重工业比重过高。结果便是在工业化推进的过程中,并没有创造出足够的第二产业就业岗位。与此同时,城镇化停滞也抑制了服务业等第三产业的发展。在整体非农产业就业机会缺乏的条件下,人口城镇化可能导致失业现象,劳动力流动也会造成相应的社会问题。

在现实中,在城乡分割体制格局确立之后,即便政策允许一定程度的人口迁移,也最大限度地避免从农村向城市的移民。根据中国社会科学院人口研究所在20世纪80年代的一项研究,在1949—1986年间发生的人口迁移中,只有45.23%属于从农村向城镇的迁移。值得注意的是,该时间区间既包括户籍制度建立之前的一些年份,也包括改革开放之后的若干年份。所以,计划经济时期的迁移现象就更显不足。例如,1949—1986年间的人口迁移,有20.7%发生在20世纪50年代,17.0%发生在60年代,32.9%发生在70年代,29.4%发生在1980—1986年间(蔡昉等,2003)。

可见,严格控制劳动力流动和人口迁移,既是实行计划经济的题中应有之义,也必然成为计划经济体制下的一个典型弊端。其中之一便是导致城镇化陷于停滞状态,一方面,阻碍了经济增长和社会发展;另一方面,即便相对于这一时期的经济发展而言,城镇化也是严重滞后的。

在新中国成立之初,城镇化率十分低下,1950年城镇居民人数占全国人口的比重仅为11.2%。城镇化水平迅速提升10年之后,城镇化率提高到1960年的19.7%。自此以后,城镇化水平反而下降并进入停滞状态,直到改革开放已经开始的1981年,城镇化率才恢复到1960年的水平。一项较早期的研究也印证了这个结论。据英国学者科克比(Kirkby)估计,除了1955年之外,1950—1960年间城镇人口都处于净迁入状态,其间累计迁入城镇人口4922万人。而在1961—1976年间,几乎所有年份城镇人口都处于净迁出状态,其间累计净迁出人口4954万人(马侠,1994)。而按照前述分析,这种趋势与计划经济时期重工业优先发展的工业化战略是一致的,也是得到计划经济体制所支撑的。

在这个时期,特别是"文化大革命"期间,还出现了知识青年上山下乡这样的逆城镇化现象。除了政治因素之外,从经济和社会后果来看,上山下乡运动也可以被看作是当时体制弊端的一种极端表现。由于工业化过程没有伴随着相应的就业创造,城镇面临安置新成长劳动力就业的现实困难。从当时知识青年一句自发的口号——"我们也有两只手,不在城市里吃闲饭!"可以看出这一运动与就业问题的密切关系。及至"停课闹革命"和红卫兵运动出现失控现象后,知识青年上山下乡也被赋予了政治意义。

虽然早在20世纪50年代就涌现出一批自愿到农村落户的城市知识青年(初中和高中毕业生),大规模的上山下乡运动则发生在60年代,特别是1968年毛泽东同志发出"知识青年到农村去,接受贫下中农的再教育,很有必要"[①]的号召后。

根据顾洪章(2009)的研究,1962—1966年间共有129.3万知识青年上山下乡,1967—1968年为199.7万人,而1969年这一年即达267.3万人。1975年再次达到一个高峰(当年上山下乡人数达236.9万人),之后开始逐年减少,直到1978年之后,形成大规模知识青年回城潮,这个运动逐渐终结。这样,从1962年算下来,累计约1792万人先后上山下乡。如果把中间那些年回城的人数忽略不计,即把这个累计总人数加到20世纪70年代末的某一年中,可以得出一个大致的判断,即这个逆城镇化过程,截止到那个时候所造成的城镇化率损失接近2个百分点[②]。

第三节　城镇化与工业化的背离

中国的工业发展在计划经济时期已经奠定了重要的基础,工业化取

---

① 《人民日报》1968年12月22日。

② 虽然根据冯兰瑞和赵履宽(1981)的一项研究记载,在1966—1976年间,全国城镇从农村累计招工1400万人,知识青年上山下乡仍然可以看作是一个本来不必发生的人口逆城镇化现象。

得了一定的进展,在改革开放前夕的1978年,工业增加值占GDP的比重便达到了44.1%的历史最高点。但是,工业经济结构却是极度扭曲的,特别表现在重工业在其中的比重畸高。在1952—1978年间,轻工业总产值年均增长率为8.4%,重工业总产值年均增长率为12.1%,重工业增长速度比轻工业快了44.2%。结果是重工业比重从35.5%大幅度提高到56.9%。

这种产业和部门结构的失衡,造成资源比较优势未能得到发挥、资源配置扭曲以及工业企业的低效率,也抑制了职工工资的提高以及投资与消费比例的失调,与生活必需品的严重短缺一道,导致人民生活水平长期不能得到改善。例如,根据汪海波(1999)的研究,在1957—1976年间,国有独立核算工业企业的资金利税率,从34.6%降低到19.7%,同期工业企业职工平均货币工资由650元下降到585元,实际工资水平下降了18.4%。

经济发展不仅是经济总量增加的过程,同时还是经济结构的变化以及最广泛分享居民收入水平相应提高的过程。从这种广义经济发展的角度观察和评价这个时期工业化后果的话,这种重工业比重畸高的工业经济结构使发展成效大打折扣,值得总结的至少有以下两个严重的后果。

第一,工业经济结构中重工业比重过高,也就意味着工业在区域上的分布过于集中于少数地区或少数大中城市。因为具有自我服务、自我循环特点的重工业,对周边地区的产业结构配套没有强烈的要求,也不具有强大的周边地区辐射功能,与相邻产业特别是与农业和服务业的前向关联和后向关联程度也很低。这也就意味着与工业化过程相对应的城市发展,终究只是少数城市如何布局的事情,而不是引起全面的城镇化进程。

已故前世界银行首席经济学家钱纳里(Hollis B.Chenery),曾经在其一部重要著作中提出经济发展水平与城镇化之间的常态关系,即随着人均国民生产总值(GNP)的增长,城镇化率相应提高。他根据1964年不变价,分别估算出人均GNP在100美元至1000美元各个发展阶段上,一个标准状态或常态,应该具有的城镇化率。我们根据世界银行相关数据估算了中国对应的人均收入水平,将相应时点上中国的城镇化率与"常态"

城镇化发展相对比(见表2-1)。

表2-1　人均GNP收入与城镇化率的国际比较

		人均GNP(1964年美元)						
		100	200	300	400	500	800	1000
城市人口比重(%)	常态	22.0	36.2	43.9	49.0	52.7	60.1	63.4
	中国(年份)	17.5 (1969)	21.1 (1982)	24.5 (1986)	26.9 (1991)	28.0 (1993)	33.4 (1998)	39.1 (2002)

资料来源:"常态"数据来自[美]钱纳里、[以]塞尔昆:《发展的型式:1950—1970》,经济科学出版社1988年版;"中国(年份)"数据系根据世界银行数据估算,见 https://data.worldbank.org。

鉴于"常态"与实际情况的差异以及横向比较与纵向比较的不同,我们不宜过于依赖钱纳里模型的基准意义,因而也不打算对表2-1中列出的所有人均GNP收入水平时点进行比较,而只是观察一下中国可比的人均GNP在100美元到200美元之间时,城镇化率与钱纳里的"常态"水平有何差异。

以1964年不变美元计算,中国人均GNP在1969年才达到100美元,在该收入水平上,中国的城镇化率为17.5%,比常态水平22.0%低4.5个百分点。与常态水平的差距在中国人均GNP于1982年达到200美元时,进一步拉大到15.1个百分点。

第二,以资本高度密集为特点的重工业,单位投资或单位产值所能创造的就业岗位,明显低于更加劳动密集型的轻工业,因此,偏重的工业部门结构必然导致巨大的就业损失。根据冯兰瑞和赵履宽(1981)的一项研究,计划经济时期全民所有制企业每百万元固定资产,在轻工业可吸收劳动力257人,在重工业仅能吸收94人。按照该文献所述,新中国成立前31年,国家对重工业的累计投资是3560亿元,对轻工业的投资仅为102亿元,也就是说两者比率是35:1,造成巨大的结构失衡。

把这种工业投资失衡的情况与一种假设的情形,也就是重工业与轻工业之间的投资完全均衡(即两者比率是1:1)的情形相比,我们可以计算得出,在这31年间,工业发展中累计损失了2639万个就业岗位,就业损失率高达42.2%。

就业岗位越是不足,国家对农村人口进入城镇的控制也就越严格。无论是出现失业现象,还是城镇食品和其他基本生活必需品供应不足,都意味着可能造成对居民生活的不充分保障,因而导致社会的不安定。此外,当时国有单位和集体单位吸纳了绝大多数的城镇就业。例如,1978年国有单位就业占城镇就业的78.3%,集体单位占21.5%,两者合计高达99.8%。这种就业渠道的高度单一性也造成就业的刚性,无论如何,城镇户籍人口的就业权利不容受到任何冲击。因此,到了实行计划经济体制的后期即改革前夜,随着商品短缺程度愈加严重,城镇就业压力越来越大,国家对人口迁移和劳动力流动的控制也达到空前严格的程度。

非农产业就业未能随着工业化进程而相应扩大,不仅意味着经济发展中就业机会的丧失和人民生活水平改善缓慢,还会以相应的程度降低农业剩余劳动力转移的拉力。并且由于"三驾马车"制度严格限制劳动力流动和人口迁移的作用,在整个计划经济时期,工业化都没有带来相应的城镇化。这使工业化变成了任务单一的过程,只是服务于生产必要的工业产品和装备,却失去了资源重新配置从而提高劳动生产率这一根本方向。

第四节　未能实现赶超的结构原因

诺贝尔经济学奖获得者、美国经济学家迈克尔·斯宾塞认为,大约在1950年,全球经济开启了一个大趋同的时期(Spence,2011)。虽然严格地说,这个时期并没有在显著性的统计意义上呈现全球经济趋同,但是,从20世纪50年代到90年代为止,的确有一些后起国家和地区以较快的经济增长速度实现了对发达经济体的赶超,而有着强烈赶超动机并付出巨大代价的中国,却错过了这个赶超发达经济体的机会。

根据经济史学家麦迪森按照1990年国际购买力平价美元构造的人均GDP数据,1952年中国仅为538美元,仅为被定义为"富裕国家"组别平均水平的8.7%,为"富裕国家"之外所有"其他国家"(低收入国家和中等收入国家)平均水平的46.5%,以及世界平均水平的23.8%。

在 1952—1978 年间,中国人均 GDP 增长速度接近或明显低于上述三个组别,例如,"富裕国家"的平均增长率为 4.3%,"其他国家"的平均增长率为 4.9%,世界平均增长率为 4.6%,而中国 GDP 这一时期的年均实际增长率仅为 4.4%。结果是,在这个时期中国与世界的差距不仅没有缩小,反而进一步拉大。中国 1978 年人均 GDP 达到 978 美元,分别仅相当于上述三个类别平均水平的 6.8%、42.1% 和 22.1%(麦迪森,2008)。

传统的增长理论强调资本积累对经济增长的重要性,而发展经济学则把资本积累率作为经济起飞的必要条件。例如,刘易斯(1989)、罗斯托(2001)都具体给出了达到起飞条件的资本积累率水平。事实证明,从人均收入低起点开始的经济赶超,采取计划手段实现资本积累是可行的,有时甚至比采用自由市场模式却又不能以法制手段有效规范经济活动的体制更有效率。而且,计划性、行政性的经济计划方式,也可以有效地实现一定程度的人力资本积累。

然而,计划经济却不能很好地解决经济增长的另外两个必要的体制条件,即资源配置和激励机制问题。这里,着重分析一下计划经济条件下资源配置效率低下的后果,以便帮助我们理解为什么中国经济未能实现成功赶超的原因。

1971 年,由于西蒙·库兹涅茨在经验基础上对经济增长作出深刻解释,增进了人们对经济和社会结构以及发展过程的认识,诺贝尔经济学奖评奖委员会把当年的诺贝尔经济学奖授予这位美国经济学家。库兹涅茨对发展经济学的一个重要贡献,便是指出产业结构变化的关键,是生产要素从生产率较低的部门向生产率更高的部门转移,从而使经济整体的资源配置效率得到提高(Kuznets,1957)。

所以,已故经济学家青木昌彦在根据东亚经济发展经验归纳为若干个相互继起的发展阶段时,专门提出一个库兹涅茨发展阶段,强调的便是产业结构变化带来劳动生产率的提高(Aoki,2012)。因此,我们可以将生产要素重新配置的过程称作"库兹涅茨式"产业结构演进,或者把这个产业结构变化称为"库兹涅茨过程"。

在计划经济时期,中国农业生产中已经以隐蔽的形式存在着大量的剩余劳动力。但是,由于农产品统购统销制度、人民公社体制和户籍制度这个制度安排的"三驾马车"阻碍了劳动力转移,不仅阻碍了资源重新配置,也造成城镇化过程停滞了20年①。直接后果就是造成生产率改进的严重停滞。

中国经济学家杨坚白和研究中国经济的美国经济学家德怀特·帕金斯,属于最早回顾计划经济时期中国全要素生产率变化状况的先驱学者。通过详尽的数据分析和估算,他们都得出在改革开放之前,中国的全要素生产率处于负增长,对经济增长的贡献为负(德怀特·帕金斯,2005;杨坚白,1991)。也就是说,全要素生产率的因素不仅没有对经济增长作出正面贡献,还大幅度地抵消掉了生产要素积累对经济增长的贡献。

从库兹涅茨的理论假设和经验研究中,我们可以推断,在中国当时的发展阶段上,可以指望的生产率进步,主要应该来自产业结构变化,特别是劳动力从农业向非农产业转移,而这个过程就应该表现为人口的城镇化。既然没有这样的劳动力转移过程和城镇化过程,并且生产率没有得到改善,所以很自然可以得出结论,停滞的城镇化是改革开放之前生产率下降,从而经济增长速度不尽如人意的重要原因之一。

加拿大多伦多大学朱晓东教授的研究,不仅再次证明了这一结论,同时还可以让我们在上述逻辑的基础上从经验角度增进对该问题的认识。朱晓东对中国人均 GDP 增长率的构成因素进行了分解,目的是揭示改革开放之前中国经济增长的特点。根据他的估计,在 1952—1978 年间年均 2.97% 的人均 GDP 增长率中,劳动参与率提高所做的贡献为 3.63%,资本产出比的贡献为 116.15%,平均人力资本提高的贡献为 52.25%,而由于这一时期全要素生产率增长率为负数,其对人均 GDP 增长的贡献则为-72.03%(Zhu,2012)。

虽然人们常说历史无法假设,但是,经济学家却可以借助一种被称为"反证事实"(counterfactual)的思维方法,设想如果历史不是像事后所显示的那样发展,结果会是什么样子。譬如说,如果没有实行计划经济及其

---

① 根据国家统计局的数据,1960 年中国的城镇化率一度达到 19.7%。此后,城镇化率则多年下降,直到 1978 年开始止降回升,1981 年才得以超过 1960 年的水平,达到 20.2%。

相应的传统体制,因而也可能不会发生一些严重阻碍城镇化的现象,那样的话,改革开放之前的中国经济发展会有怎样的不同结果。

关于中国经济的研究文献中有两项发现,可以帮助我们做这样一种反证事实的思想实验。众所周知,计划经济时期发生的"大跃进"和"文化大革命",是对激励机制和资源配置损害最为严重的历史事件,也可以被看作是这种体制下必然产生的弊端。虽然它们所造成的结果远非计划经济损失的全部,但是可以作为一个缩影,帮助我们管窥全貌,认识体制弊端和政策失误造成的损害。

通过计量分析,邹至庄等学者得出结论,如果没有发生这两个事件的话,1993 年中国劳动生产率会是完全不同的情形,即可能是最终显示出的实际情形的 2.7 倍(Kwan 和 Chow,1996)。此外,一些国外学者如切列穆吉姆等人也做了类似的模拟,同样揭示出"大跃进"对全要素生产率、GDP 增长、人均 GDP 增长进而对中国经济赶超效果的负面影响(Cheremukhin 等,2015)。

世界银行的一份关于中国改革之前经济结构的研究报告,从中国与其他经济体比较的视野,提供了全要素生产率增长及其对 GDP 增长贡献的情况,从经验上给出了为什么在计划经济时期,中国大规模投入了生产要素,付出了巨大的资源代价,却未能成功实现赶超的答案。与前述结论相同,这个文献显示,在实行重工业优先发展赶超战略期间,中国的全要素生产率表现为负增长,因而对经济增长的贡献也是负数。而同期无论是发达国家还是发展中国家,全要素生产率大多处于提高的趋势,对经济增长作出了显著的贡献(World Bank,1985)。

早在 20 世纪 50 年代、60 年代和 70 年代,党和国家就提出并一再重申了建设社会主义现代化强国的目标,其中最著名也最全面的一次宣示,是在 1975 年第四届全国人民代表大会第一次会议上,周恩来同志把这一目标表述为"全面实现农业、工业、国防和科学技术的现代化",即著名的"四个现代化"。①

---

① 《周恩来选集》下卷,人民出版社 1984 年版,第 479 页。

但是,在改革开放之前,四个现代化之间的关系实际上是被割裂的,也未在整体上实现关键性的进步。中国70年的建设历程告诉我们,改革开放之前走的弯路和付出的代价,可以归结为以下两个因素之间相互关联、互为因果的效应。一方面,重工业优先发展战略和计划经济体制造成了资源配置扭曲,使劳动生产率改善甚微,作为经济增长动能的全要素生产率则是负增长。另一方面,由于没有处理好城镇化与工业化、"三农"发展和技术进步之间的关系,阻碍了生产要素流动和重新配置,形成了错配的产业结构,进一步导致生产率的降低。

第三章　重启城镇化的前奏

中国的改革开放肇始于农村,并催生了乡村工业化。"离土不离乡"不仅寄托了发展的希望,也蕴含着对独特的工业化路径的幻想。在乡村实现工业化曾经被认为是独具中国特色的道路。在改革开放初期,农村的工业化的确成为支撑中国经济增长的"半壁江山"。更重要的是,通过乡村工业化的实践,中国人逐渐摸索到了城镇化的正确道路。因此,乡村工业化虽然没有实现"离土不离乡"的神话,却成为开启中国城镇化的前奏。

在 20 世纪 80 年代,农村工业化的主要内容是发展乡镇企业。到 1988 年宏观经济的治理整顿开始,乡镇企业总产值占全社会总产值和农村社会总产值的比重分别达到 24% 和 58%。1985—1988 年国家财政收入净增额的 52% 来自乡镇企业。1988 年年底,乡镇企业吸纳的农村劳动力已经占农村劳动力总数的 24%。1986—1988 年农民纯收入的增量部分有一半以上来自乡镇企业。

从城乡关系的演变来观察乡村工业化的出现、发展和挫折,不难发现计划经济时期的城市偏向的发展战略一直在发挥着作用。这一时期城镇化道路的实践也使人们越来越清楚,只有从根本上改变城乡分割、城市偏向的发展路径,城乡经济才能走向和谐发展和共同繁荣的道路。

第一节　增量改革下的乡村工业化

在前面的章节中,我们已经看到,由于长期实行计划经济体制和推行重工业优先发展的战略,到改革开放之初,中国的城镇化水平已经严重滞后于工业化水平。在计划经济时期,由于实行了城乡分治的社会治理结构,城市和农村的经济分工也具有清晰的边界:农村保证农产品的供应,并为城市的工业化提供原材料和资金的原始积累;城市部门则专注于工业化生产,并为农村提供工业产品的供应。相应地,不仅农产品和工业产品的流通在计划体系中进行,劳动力和资本等生产要素的流动也是封闭的。

然而,农村改革打破了以前封闭的循环,首当其冲的是农村就业问题带来的冲击。随着对农业经营体制改革的不断深入,各种形式的联产承包责任制逐步演变为包产到户和包干到户,其中尤其以包干到户的形式最受欢迎,即"交足国家的,留足集体的,剩下都是自己的"。1981年10月,农村社队实行"双包"到户的比例为48.8%,到1982年11月已经占78.9%,到1983年实行联产承包责任制的基本核算单位已经上升到99.5%,其中实行家庭联产承包责任制的占98.3%。由于农民获得了农业经营剩余索取的权利,农业生产的积极性空前提高,成功地解决了以前在社队体制下普遍存在的"偷懒"现象。于是,农业中劳动生产的低效率开始逐渐显化为农业剩余劳动力。解决农业剩余劳动力的就业问题逐渐成为改革开放战略面临的新的挑战。

农业剩余劳动力的出现,对传统的计划经济体制和城乡关系格局提出了一个重要的课题:是允许劳动力自由流动,实现劳动者自主择业,还是通过其他手段就地解决农村剩余劳动力的就业问题。前者意味着打破计划经济体制下形成的城乡分治的格局,让要素自由流动,来自乡村的生产要素也会有更多的机会和城市部门(主要是国有经济)的生产要素进行平等的竞争;后者则意味着保留原有的城乡分割的社会治理结构,但在城乡经济功能的划分上有所突破,在农村内部实现部分城镇化的功能。

中国经济改革的逻辑与其他转型经济的重要差异之一就是采取增量改革的渐进改革措施。在渐进的增量改革道路下,中国选择了前者。在生产要素市场发育不成熟、城乡发展存在巨大差异的情况下,采取激进的改革措施,不仅不能实现城乡关系的平衡,还可能对社会经济的稳定发展产生冲击。而通过增量改革的方式,赋予乡村一些以往城市所承担的经济功能,可以在短期内解决就业问题,也可以逐步培育资金、劳动力等生产要素市场,缩小城乡差距,弥合长期以来城乡之间形成的发展鸿沟。

乡村工业化的具体实施方式是发展乡镇企业。其实,乡镇企业并不是改革开放以后横空出世的产物,其前身是在改革开放前即存在于中国农村的社队企业。1978年,中国社队企业的总量已经达到152万个,已经有2827万的农村劳动力在这些企业中就业。随着农村改革的启动和各项改革措施的逐步推进,乡村社队企业的发展环境逐步宽松,国家出台了一批鼓励农村非农经济发展的政策。例如,1979年7月,国务院颁布了《关于发展社队企业若干问题的规定(试行草案)》,对社队企业的发展作出了全面的规划部署,是新中国成立以来以法规形式颁发的第一个关于社队企业发展的指导性文件。这个文件就社队企业发展的环境、企业性质和优惠措施等进行了全面的政策安排,使得社队企业在一段时期内得到了迅速发展。到1983年,社队企业的数量虽略有减少,但就业人数和经营收入都有明显的提高,就业人数净增408万人。

到1984年,为了适应如火如荼的改革新形势以及由此带来的社会治理体制的变化,社队企业正式更名为"乡镇企业"①。此后,乡村工业化进入了迅猛发展的阶段,乡镇企业发展的政策环境和经济环境进一步得到改善。到20世纪90年代中期,乡镇企业进入发展的黄金时期,在乡镇企业就业的劳动力更是占农村劳动力的近30%。此时,乡镇企业不仅成为农村经济中的一支重要力量,也为整个国民经济发展作出了重要的贡献,成为中国经济发展的"半壁江山"。正是由于乡镇企业在这段时期内的成功发展,在客观上对中国城镇化战略的选择产生了一定的影响,并产生所谓"离土不离乡"的神话。

在渐进式改革的逻辑下,乡镇企业在其初期的发展并没有触动原本的经济存量,其增长的主要来源是一些传统经济体制下受到严重压

---

① 1984年3月,中共中央、国务院转发了农牧渔业部和部党组《关于开创社队企业新局面的报告》,同意报告提出的将"社队企业"正式更名为"乡镇企业"的建议。

制的产业部门,如轻工业、服务业部门等。乡镇企业的发展不仅推动了这些部门的迅速扩张,而且由于这些产业部门大多具有劳动密集的技术特点,因此对劳动力需求迅速增加。同时,由于城市中传统产业部门在20世纪80年代中期以前并没有进入改革的行列,就业队伍相对稳定,因此,经济快速发展所形成的劳动力需求直接转化为对农村劳动力的需求。

作为增量的渐进式改革道路的突出体现,乡村工业化在不触动城市经济体系的情况下,通过乡村工业化实现了对既往重工业化的工业体系的纠偏。尽管乡村工业化的进程及其所带来的效应并非出于决策者的系统设计,但通过乡村工业化,经济发展获得了持续的动力,满足了当时人民对轻工业产品的需求,大大拓展了农村剩余劳动力的就业渠道,在经济发展的同时保持了社会的和谐与稳定。

在计划经济时期,城乡的经济功能得到了严格的界定,城市从事第二、三产业,农村进行农业生产。通过经济体制改革打破了这种人为的分野后,乡村工业也成为农村经济的一种重要形式,"离土不离乡"一度成为推动农村经济发展和实现中国特色城镇化的主要模式。以乡镇企业的异军突起为代表,农村非农产业的迅速发展开始产生大量的劳动力需求,农村非农就业成为农村就业越来越普遍的形式。

如表3-1所示,改革开放初期乡镇企业的发展,实际上是将传统经济体制下城市部门的分工引入农村经济,使农村地区承担一部分城市的经济功能。改革的初期,乡镇企业产值在整个非农经济中的比重有了显著的提升,由1978年的26.2%上升到1986年的33.4%,与此同时也就产生了大量的劳动力需求,吸纳的劳动力增长了近1.8倍。表3-1中所示的产业结构调整也表明,市场化改革使得很多新生的经济部门产生于轻工业部门,并具有劳动密集的特点。在改革的初始阶段,重工业占整个工业部门的比重基本上呈下降的趋势,这不仅促进了农村经济的多元化,带动了农村经济的发展,也优化了既往高度扭曲的经济结构。与此相对应的是,产业结构的这种调整很自然地扩大了对劳动力的需求,经济增长的就业弹性有了一定程度的提高。

表3-1　1978—1986年产业结构调整与劳动力需求

年份	城乡调整		产业结构调整	
	乡镇企业产值/非农产值(%)	乡镇企业就业数量(万人)	重工业产值/工业产值(%)	经济增长的就业弹性
1978	26.2	2826.6	56.9	—
1979	—	2909.3	56.3	0.29
1980	24.7	2969.6	52.8	0.42
1981	—	2999.7	48.5	0.62
1982	—	3122.9	49.8	0.39
1983	—	3234.6	51.5	0.23
1984	28.0	5208.1	52.6	0.25
1985	31.8	6979.0	52.6	0.26
1986	33.4	7937.1	52.4	0.32

资料来源:"经济增长的就业弹性"数据来自蔡昉主编:《2002年:中国人口与劳动问题报告——城乡就业问题与对策》,社会科学文献出版社2002年版;其他数据来自国家统计局,见http://www.stats.gov.cn。

乡村工业化首先实现了劳动力在农村内部向非农产业转移。农村劳动力在农村内部通过分工分业得到了相对充分的利用。根据国家统计局公布的资料,从1978年到2005年,农村内部非农产业就业数量从2182万人上升到2亿多人,平均每年增加675万人,非农就业占农村劳动力的比重由5.4%上升到40.5%。在农村剩余劳动力向非农产业转移的过程中,乡镇企业发展为促进农村劳动力就地转移和异地转移作出了重要贡献。从1978年到2005年,乡镇企业就业数量从2827万人上升到1.43亿人,平均每年吸纳劳动力424万人,乡镇企业就业数量占农村劳动力比重也从9.2%上升到28.3%。

第二节　"离土不离乡"与发展小城镇

乡村工业化的突出特点就是所谓"离土不离乡",即以工业化推动经济的发展,但从空间布局上,这一过程是在乡村完成。因此,"离土不离乡"的乡村工业化试图保持计划经济体制下形成的城乡之间相对封闭的循环。如果乡村工业化能够解决工业化和城镇化背离的矛盾,并能够为经济发展持续提供动力,那么工业化和城镇化的路径的确多了一种新的选择。姑且不论"离土不离乡"作为一个发展战略是否能够成功,乡村工业化的进程在短短几年时间里,已经对中国的社会经济结构变化产生了巨大的影响。

乡镇企业的异军突起带来的不仅仅是农村经济的繁荣,以及农业增长放缓以后对整个国民经济成长的推动,还对城乡关系和计划经济时期形成的区域发展与分工格局产生了冲击。为了缓解这一矛盾,顺应乡村工业化的区域发展和由此引致的城镇化需求,小城镇战略也应运而生。

渐进式改革的总体思路和长期实行城市偏向战略,使得发展小城镇在20世纪80年代成为推进城镇化主导性的政策取向。早在1980年,乡镇企业的发展尚未显山露水之时,当时的国家建设委员会就提出了"控制大城市规模,合理发展中等城市,积极发展小城市"[1]的城市发展方针。同年,国务院批转《全国城市规划工作会议纪要》,提出积极合理地发展小城市和中等城市。1987年,国务院下发《关于加强城市建设工作的通知》,提出了"有计划地建设一批条件较好的中等城市"[2]的工作思路。"八五"计划重申了1980年国务院批转的《全国城市规划工作会议纪要》文件精神,提出"合理发展中等城市和小城市"[3],把中、小城市放在了同等位置。随后,1989年12月颁布的《中华人民共和国城市规划法》将城镇化方针修改为"严格控制大城市规模,积极发展中等城市和小城市"[4]。自1998年党的十五届三中全会确定"发展小城镇,是带动农村经济和社会发展的一个大战略"[5]和2000年中共中央、国务院下发《关于促进小城镇健康发展的若干意见》以来,小城镇发展迎来了一个新的时期,经济、社会、环境和基础设施

---

① 《中华人民共和国国务院公报》1980年第20号,第646页。

② 《中华人民共和国国务院公报》1987年第13号,第459页。

③ 《中共中央关于制定国民经济和社会发展十年规划和"八五"计划的建议》,人民出版社1991年版,第24页。

④ 全国人民代表大会常务委员会法制工作委员会编:《中华人民共和国法律汇编(1985—1989)》,人民出版社1991年版,第579页。

⑤ 《改革开放以来历届三中全会文件汇编》,人民出版社2013年版,第107页。

建设快速发展。此后,发展小城镇一直是中国城镇化战略的重要组成部分,也是在多种语境下用"城镇化"代替"城市化"的重要原因。

在城市偏向发展模式没有得到根本改变的情况下,这是一个必然的,也是无奈的选择。由于城乡分割体制的存在,城市居民普遍享有比农村居民更高的就业、福利、社会服务等补贴,而且,城市的规模越大,所享受的补贴力度也就越大(蔡昉和都阳,2003)。由于城市发展缺乏自我融资的机制,大城市的规模扩张也就意味着补贴的数额会不断增加,这显然在财政上是不可持续的。

作为当时的城市发展方针的补充,通过发展建制镇来发展小城镇成为城镇化的重要组成部分,但其政策目标在于"就地消化"农民,或者阻止农民向城市流动。1980年国务院批转的《全国城市规划工作会议纪要》对此有明确的表述:"依托小城镇发展经济,有利于生产力的合理布局,有利于就地吸收农业剩余劳动力,有利于支援农业和促进当地经济文化的发展,有利于控制大城市的规模"。[1]

由于农村经济和乡镇企业的发展现实以及相应的政策环境发生变化,1984—1986年,小城镇的发展经历了历史上的第一个高峰[2],通过"撤社建乡"、修改建制镇标准,全国的建制镇数目在这一时期增加了7750个(朱守银,2001)。小城镇数量急剧扩张的时期,与乡镇企业的高速成长期重合,也成为支持乡村工业化发展战略的重要手段之一。从小城镇的发展规划看,尽管国家制定了鼓励发展小城镇的若干政策措施[3],但直到1995年国家11部委联合下发《小城镇综合改革试点指导意见》前,并没有专门的促进小城镇发展的一揽子综合政策出台。因此,即便是在鼓励中小城市发展的城镇化格局下,城市偏向的发展战略也使得小城镇的发展仍然有别于城市的发展,这和计划经济时期形成的中国独特的城市管理体制有关。

---

① 《中华人民共和国国务院公报》1980年第20号,第648页。
② 根据朱守银(2001)的观察,建制镇发展的另一个高峰出现在1992—1994年中国正式实行市场经济体制时期。在邓小平同志南方谈话后的三年,中国建制镇的数量增加了4247个,与20世纪90年代以后的中国经济第一个高速增长周期重合。
③ 赵长保(2002)对改革开放初期至20世纪末小城镇建设政策演变进行了概括:调整建制镇的标准、放宽对农民的进镇限制、鼓励集体和个人参与小城镇建设。

一方面,自计划经济时期以来,中国一直实行独特的城市层级管理体制,城市被区分为省级、副省级、地区级和县级四个层级,上一层级和下一层级之间可以存在行政的隶属关系。另一方面,城市的衍生受计划管理,也就是说,一个新城市的形成及其城市地位的确立,需要依赖行政的审批。所以,即便是按照国际通行的标准,一个建制镇达到了城市的规模,它也可能由于没有获得行政(计划)的认可而进入城市的管理体系之中。对于小城镇而言,只有进入城市体系,才能在更大程度上获得自我融资、实现发展的权利,才有可能在区域的规划上更大程度地支持农村工业化的发展。但城市行政管理体制的制约使得一部分具备升级为城市的城镇并没有获得相应的发展条件。

例如,东部沿海许多地区的小城镇经过改革开放以后二十多年的发展,到20世纪初在经济规模和空间分布上具备了升级为城市,或者建设次区域中心城市和形成城市密集区的可能。例如,2004年,温州市30个最强镇(占全市建制镇的1/4),占全市人口的38.5%、占全市GDP的53%、占全市财政收入的53.5%。2004年,苏州市79个乡镇完成103.3亿元财政收入,占地方财政收入的47%,苏州市67%的GDP、60%的吸引外资和50%的自营出口,均为下辖县级市的乡镇创造。而珠三角的东莞等地也涌现出了人口规模巨大、产业高度聚集、经济增长强劲的超级镇。

鼓励中小城市和小城镇发展的城镇化战略导致中国的城镇化和城市分布表现出和其他经济体不同的形态。第一,小城镇战略可以看作是辅助农村工业化的经济支持政策,这也必然使小城镇社会事业发展不足的缺陷在日后暴露出来;第二,由于把发展小城镇作为"离土不离乡"战略的辅助政策,必然会将小城镇的发展限制在不至于冲击城乡利益分配格局的前提下,这会在一定程度上限制小城镇发展的空间;第三,通过政策手段干预区域发展计划可能产生的结果就是,不同规模的城市区域的分配受到行政计划的约束,而难以完全反映市场经济发展的内在要求。

总体上看,从改革开放伊始至20世纪末21世纪初,乡村工业的发展虽然实现了劳动力在不同经济部门之间的转换,也有效地推动了经济增长,但这一时期的农村发展在一定程度上是工业化的过程,并不是完整意义上的城镇化过程。工业化和城市发展的分离,虽然是中国特色的经济发展道路的直接体现,但并没有实现城市集中所产生的经济性。因此,乡村工业化的道路只是从经济结构上纠正了重工业化优先发展战略所形成的不合理的部门关系,但没有从社会结构上纠正二元结构所产生的扭曲。同时,实现城市经济性的诸多基本条件也难以得到满足。

第三节 规模经济、范围经济与城镇化动力

城市发展的核心在于节约。在解释城市发展的动力之前我们首先需要了解两个基本概念:规模经济和范围经济。规模经济的概念几乎和现代经济学的历史一样古老,在亚当·斯密的《国富论》中就已经有关于规模经济的理论阐述。斯密以针的制造为例解释了规模经济的机理:通过生产规模的扩大,制针的各道工序得以细化,工人也可以专注于某一个特定的工序而提高其生产效率。由于劳动分工的基本条件需要具有一定的生产规模,因此,斯密的论述既揭示了规模可以产生经济效率的现象,也解释了规模经济产生的原因是更专业化的劳动分工。

同样的道理,斯密提出的规模经济概念也可以用来理解城市经济产生的原因,以及推动城镇化进程的根本动力所在。如果我们将考察的对象从一个制针厂放大到一个城市,那么,城市经济的产出效率同样与其承载的生产要素规模有关。更多的人聚集在特定区域,共同使用基础设施、公共服务和其他投入品等,节约了土地、资本等生产要素。通过人口的聚集,在城市可以形成更加分工细密的、专业化的劳动力市场,使得劳动者的平均劳动生产率得到提高,并由此产生了规模经济。

通过生产要素的自由流动和聚集,可以使城市经济产生规模效应,这一原理对于理解城市经济的基本规律、制定城市发展战略以及处理城乡之间的经济关系具有非常明确而又深远的指导意义。深入理解规模经济的含义,还可以帮助我们廓清很多似是而非的概念和说法。例如,城镇化会造成土地资源的浪费,交通拥挤等"城市病"会造成更多的排放和污染等。实际上,城市所产生的集中是市场配置资源和生产要素流动的结果,

越是中心城市其土地的供给越紧张,并形成了更高的土地价格,从而导致对土地的集约使用。以美国为例,美国全国总人口的 75% 居住在城市,但城市的占地面积仅为国土面积的 2%,体现出城镇化的高度集约性(Rosenthal 和 Strange,2004)。

　　一个可以形成鲜明对比的例子是,在 20 世纪 80 年代和 90 年代通过鼓励发展小城镇,到 1999 年全国共形成了 19692 个小城镇,占乡镇数量的比重超过了一半,平均每个建制镇的人口规模为 2.97 万人,平均建成区面积为 2.48 平方千米。但如果把建制镇的土地使用情况与同期城市的土地使用情况进行对比,会发现小城镇的土地使用最为粗放。如图 3-1 所示,即便在农村人口大规模向城市流动所形成的“民工潮”尚形成不久、城市人口的集约程度还不高的 20 世纪末,超大城市已经表现出非常明显的土地集约优势,人均使用的建成区面积仅为小城镇的 58.8%。而且,小城镇的数量繁多,不利于土地资源的集中管理,也增加了土地违法使用监督的成本。在此后的一段时间里,小城镇的镇区人口总量有所

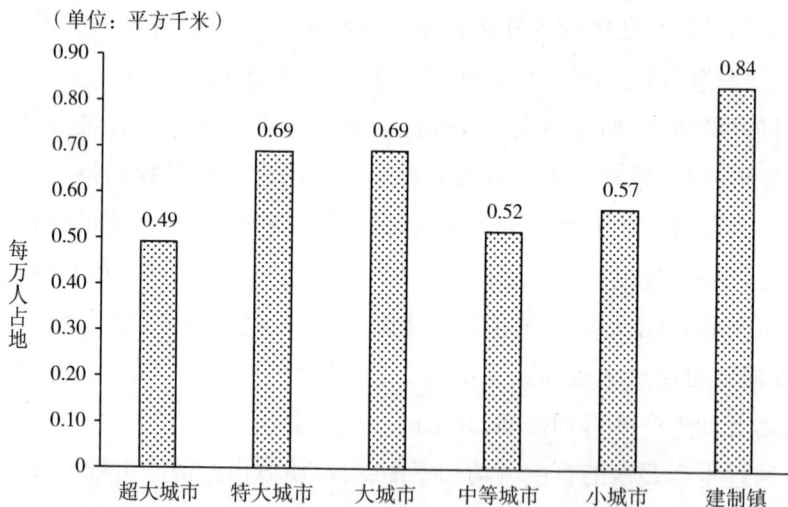

图 3-1　1999 年不同规模城市与建制镇的人均占地面积

注:城市资料只包含了地级以上城市,因此,“小城市”不包括实际规模可能更小的县级市。
资料来源:城市数据来自国家统计局国民经济综合统计司编:《新中国六十年统计资料汇编》,中国统计出版社 2010 年版;建制镇数据来自国家统计局农村社会经济调查总队编:《中国建制镇基本情况统计资料(2004)》,中国统计出版社 2004 年版。

增加,但人口增长的速度始终赶不上镇区面积的增长速度,出现了"人口城镇化"慢于"土地城镇化"的现象,土地使用的粗放化也更加严重。

另外一个诟病城镇化或者说大城市发展的例子是大城市发展带来的"城市病"。在"城市病"的症状之中,过度的污染和排放是经常被列举的证据之一。不过,经过严格的实证分析,经济学家们发现,在美国"私家车的使用和人口密度紧密相关;人口越密集,私家车的使用越少。在家庭收入和住房面积同等的情况下,居住在人口密度大于10000人/平方英里地区的家庭,平均每年使用的汽油为687加仑;居住在人口密度小于1000人/平方英里地区的家庭,平均每年使用的汽油为1164加仑"。"标准的郊区家庭比都市家庭每年多排放6吨二氧化碳,其中包括4400磅的取暖排放和1800磅的电力排放"(爱德华·格莱泽,2012)。可见城镇化产生的聚集与节约效应体现于生产生活的各个方面。

更具体地说,城市的经济性来源在于生产要素的聚集而产生的要素收益递增,即生产要素的集中程度越高,投入品的使用就越充分,要素的生产率也就越高。关于发达经济,城市经济学家对城市规模和生产率之间的关系进行了大量实证研究。虽然各项研究的具体测算结果不尽相同,但基本一致的结论是,城市规模的扩张会导致城市生产率的提高。罗森塔尔和斯特兰奇(Rosenthal和Strange,2004)对1973—1988年的近10项不同的研究加以总结,得出的结论是:城市的规模扩张一倍,要素的生产率水平大约增加3%—8%。

城市的集中之所以能够使收益递增,是由于以下几个方面的原因:其一,集中可以使生产者实现投入品共享;其二,集中有利于知识的扩散;其三,可以实现劳动力市场的集中,即在产业更加集中的大城市,工人可以更容易地与他们所需要的就业岗位匹配。另外,在大城市,消费水平更高也更容易产生刺激经济发展的动力。[①]

---

① 格莱泽等(Glaeser等,2001)指出,大城市通过四种方式增加消费:(1)大城市有那些在其他地方没有的商品和服务(如歌剧);(2)大城市在某些方面有特别的吸引力;(3)大城市可以提供小城市无法提供的公共物品(如专业化的学校);(4)相对集中的居住方式使得居民之间的互动成为可能。

城镇化产生的经济效率还与另外一个经济学概念有关,即城镇化所产生的范围经济效应。范围经济是指城市集中了某个产业所需要的人力资源、原材料和中间产品的供应、销售服务等。正是由于这些不同要素和环节在地域上的集中,使得企业在采购、生产、销售等诸多环节都可以实现专业化,从而提高生产和经营的效率。与规模经济不同,企业的生产组织越复杂,涉及的产业链越长,提供的产品越丰富,企业利用范围经济提高经济效率的可能性也就越大。

在改革开放初期,大多数新成长的企业也都处于初级的发展阶段,其生产经营的项目大多单一。因此,在单个产品上组织生产要素,扩大生产和经营的规模,实现专业化,提高生产效率,是企业成长的主要途径。在这种情况下,实现规模经济较之范围经济更为迫切。但随着中国经济的迅速发展,产品市场和生产要素市场的不断发育,企业的生产经营活动也越来越复杂,范围经济成为继续推动企业成长和城镇化水平的基本动力之一。

需要指出的是,无论是规模经济还是范围经济所推动的城市规模的扩张,以及城市规模扩大所带来的经济性,都是以市场机制配置资源为前提的。这一前提在中国经济向市场经济体制转轨的初期,可能并不能完全得到满足。但即便在转轨初期,抑或在计划经济体制下,中国的城市也有不断扩张的动机。例如,由于城市采取行政级别的管理方式,更大规模的城市往往在资源的再分配方面占有优先地位,因此,城市外延性的扩张成为城市增长的主要方式。只不过在这种情况下,非但城市聚集所带来的经济性得不到有效的发挥,而且还容易造成要素市场的扭曲和资源的浪费。

正是由于发展小城镇并不能在经济功能上实现生产要素的集中与集约,因此,以"离土不离乡"为宗旨发展小城镇必然会带来资源配置体系的新一轮扭曲。伴随着20世纪80—90年代小城镇的大发展,小城镇规模不经济的情况也逐渐开始显现。例如,由于生产要素集聚的程度不足,产业发展缺乏可持续性,到21世纪初很多小城镇出现财政收入不足,难以支撑当地的公共服务需求。人口规模不足还导致难以形成对公共基础设施的有效需求,因此,如表3-2所示,从21世纪初开始,小城镇的基础设施投入开始大幅落后于城市,并使得小城镇在进一步吸引投资和劳动力等生产要素上远远落后于城市,同时催生了以"民工潮"为形式的人口向城市的大规模迁移。

表3-2　2000—2003年小城镇与城市人均公用设施投资

年份	小城镇(元/人)	城市(元/人)	城市/小城镇
2000	36	487	13.5
2001	42	658	15.7
2002	68	887	13.0
2003	67	1320	19.7

资料来源:汪光焘:《认真研究社会主义新农村建设问题》,http://news.sina.com.cn/c/2005-07-18/20027257101.shtml,最后访问日期:2019年3月7日。

小城镇的发展战略也在一定程度上制约了乡镇企业和农村工业化的发展进程。例如,随着企业的规模和市场范围不断扩大,乡镇企业对区域内的经济环境、基础设施和公共服务会产生更大的需求,对金融体系和服务业的要求也会逐步提升,而这些需求,在小规模的城市区域内是难以完成的。在要素的区域流动不充分的情况下,区域的发展制约就有可能转化为企业的发展瓶颈。于是我们看到,20世纪90年代以来,乡镇企业的发展停滞,对就业吸纳能力也逐渐徘徊,甚至下降。从1993年开始乡镇企业吸纳就业的增长率就开始呈明显的下降趋势,在90年代中后期的部分年份甚至为负增长。一方面,吸纳劳动力的绝对数量自然处于停滞、徘徊的局面。而另一方面,农村劳动力供给的稳定增长态势并没有改变。于是,从90年代中后期开始,以乡镇企业为主的农村劳动力转移模式开始转变。

城市偏向的发展模式所导致的二元分割状态终究要随经济发展和体制变迁而改变,而正是由于乡镇企业的发展与城市偏向战略之间的内在联系,乡镇企业所带来的劳动力流动也不会成为一种长期的农村劳动力转移模式。已经有很多事实证明,以城镇化为背景的劳动力流动模式具有长期性和一般规律性。相比之下,以乡村工业化的乡镇企业为依托的小城镇,作为一个发展战略,注定不能满足城镇化所内生要求的经济效率提升。这似乎表明"离土不离乡"的农村工业化道路一直以来其实是一个神话。

第四章　史上最大的迁移：城镇化的推动力

中国城镇化的突飞猛进大多是在改革开放以来的 40 多年时间内完成的。中国的改革开放在实现了人类发展史上的经济增长奇迹的同时，也不断推进两个重要的结构转换。一方面，在改革开放以前就开始着力推动的工业化进程，在最近 40 多年呈加速推进的趋势，经济的非农化程度已经非常明显。另一方面，人口的布局出现了迅速的变化，曾经聚集于农村、在农业中从事生产经营活动的人口，开始大量地向非农部门和城市转移。推动上述两个结构变化的具体实现途径，就是农业和农村人口向非农部门和城市的迁移。由于经济发展的自然推动和改革开放不断推进的要素市场改革，使得中国出现了人类历史上和平时期最大的人口流动。农村向城市的劳动力转移，也成为这一时期中国城镇化最强劲的推动力。

第一节　劳动力流动的规模与趋势

人口从农业部门向非农部门的转移，从农村向城市的流动，是发展的"铁律"。正是劳动力市场信号的自发引导，推动了劳动力大规模地在城乡间流动。根据国家统计局的年度农民工监测调查数据，在经历了一段快速增加的时期后，劳动力流动的规模仍然在不断扩大，到 2018 年年底农民工总量为 2.88 亿人，其中外出农民工总量为 1.73 亿人。以 2018 年城镇就业总量 4.34 亿人计算，外出农民工占城镇就业总量的比重为39.8%。可见，来自农村的劳动力已经成为城市劳动力市场上不可或缺的重要力量。

由于资料的匮乏，我们难以利用系统的资料，准确地反映 20 世纪 80

年代和90年代农村劳动力转移的情况。关于这一时期农村向城市转移的人口数量,因对外出的时间以及范围定义未统一,不同来源的估计不尽一致(Ta和Kam,2001)。但劳动力流动的规模越来越大却是不争的事实。我们在此仅列出几个较为全面的统计调查数据,以反映劳动力流动的大致规模。

改革开放前,农村劳动力主要滞留在农业领域就业。1978年,农业劳动力有2.85亿人,占全社会劳动力的70.9%,占农村劳动力的92.9%。随着农村经济改革和随后的城市改革,在工业化和城镇化推动下,农村劳动力逐步向非农产业和城市转移,流动规模不断扩大。近年来,农村外出的劳动力在城市劳动力市场上已经发挥着越来越重要的作用。与其他发展中国家不同的是,由于以户籍制度为基础的城乡分割体制在相当长的时期内存在,使得中国农村劳动力流动呈现出典型的"候鸟"式特征。

改革开放初期,农村劳动力外出数量很少,大约在200万人,主要是走村串巷的木工、瓦工等手艺人,以及小商小贩等,流动范围尚且局限在农村内部。随着农业劳动生产率显著提高和城乡关系松动,农村劳动力开始向城市和跨区迁移,外出数量逐年扩大。到20世纪80年代末,农村劳动力外出数量达到3000多万人,迁移大潮开始初现端倪。

在1992年邓小平同志南方谈话之后,中国经济开始进入一轮快速发展的时期。尤其是社会主义市场经济体制的正式确立,非农经济部门进入迅速发展的轨道,开始出现了农村劳动力大规模跨区流动的现象。当时,沿海地区对外开放步伐加快和外商直接投资所创造的非农就业机会,吸引着农村劳动力从农业领域转移出来。1993年,农村劳动力出乡就业数量达到6200万人,在短短的4年时间里,出乡迁移数量就翻了一倍。此后,农村劳动力外出数量逐年增加。

在20世纪90年代中后期,深化国有企业和城市就业体制改革,使城市劳动力市场面临严峻的局面。城市职工下岗失业现象非常普遍,城市就业形势严峻。由于城市居民的就业困难,一些地方政府采取了相对严格的就业保护措施,对农村劳动力存在着一定程度的排斥,使农村劳动力流动的环境有所恶化。同时,以亚洲金融危机为标志,国际经济环境发生了一定程度的变化,使得一些劳动密集型的新兴经济部门,例如沿海地区的乡镇企业,增长速度减缓,吸纳农村劳动力非农就业能力减弱。在这些因素的综合影响下,农村劳动力的迁移速度逐步放慢,年平均迁移劳动力的增量下降到 360 万人左右,但是外出劳动力的总体数量仍保持上升的趋势。

到 20 世纪末,农村转移劳动力的数量进一步扩大。根据国家统计局农村社会经济调查总队实施的农村住户劳动力抽样调查,1997—2000年,调查农户中的农村转移劳动力占农村劳动力的比重,由 18.1% 上升至23.6%。根据《中国统计年鉴 2002》公布的数据,2000 年乡村劳动力为47962 万人,由此推算出 2000 年外出劳动力的总规模为 11319 万人。

第五次全国人口普查提供了关于常住人口信息最全面的数据。根据人口普查长表 9.5% 的抽样资料,迁移人口数量为 1246 万人。由此推算,全国总迁移人口应为 13116 万人,其中省内迁移为 9724 万人,跨省迁移为 3392 万人。在省内迁移人口中,52% 为农村到城市的移民;在跨省迁移人口中,78% 为农村到城市的移民。全国大约有 7600 万农村劳动力处于流动状态中。

进入 21 世纪,国家统计局开始了针对农民工的统计监测调查,使用了具有一致定义和统一抽样的方案,从而提供前后可比较的信息,可以观测农村劳动力流动规模的变化。根据农民工监测调查的定义,外出农民工是指"跨乡镇或以上的行政区域流动,并在过去一年中在外居住超过 6个月的农村劳动力"。根据这一调查提供的信息,我们可以观察自 2001年以来外出农民工就业规模和月实际工资的变化情况,如图 4-1 所示。

伴随着农民工外出数量的不断增加,他们的收入水平也不断上升。图 4-1 显示了外出农民工实际工资水平的变化情况。以 2001 年的不变价格计算,2018 年外出农民工月平均工资增长了 2.88 倍,年均复合增长率为 8.3%。2008 年至 2013 年是农民工工资增长最迅速的时期,其实际工资的年均增长率达到了 12.5%,大幅领先于同期的经济增长速度。一方面,农民工工资水平的快速提升,提高了劳动者及其家庭成员的福利水平,是越来越多的农村居民分享经济发展和城镇化成果的具体体现;另一

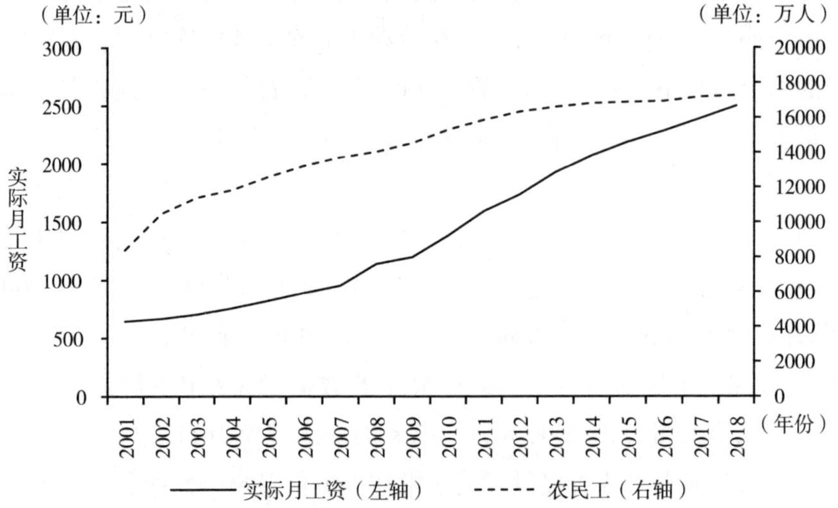

（单位：元）　　　　　　　　　　　　　　　　　（单位：万人）

图 4-1　2001—2018 年农村转移劳动力的数量与平均工资水平

资料来源：国家统计局，见 http://www.stats.gov.cn。

方面,工资作为劳动力成本最主要的组成部分,其快速增加的过程对经济发展进程也产生了巨大影响。由于劳动力成本的快速上升,劳动密集型产业的竞争优势逐步下降,劳动力和资本的相对价格关系也在发生变化(资本相对劳动力变得更加便宜),成为推动中国经济转型升级的重要动力,也成为促进城市经济高质量发展的重要源泉。

从图 4-1 中我们也可以清晰地看到,在 21 世纪的前 10 年,农村劳动力向城镇转移保持了一个大致稳定的速度,但随着农村剩余劳动力数量的日渐枯竭,农村劳动力向城市转移的增速也在逐渐放缓。尤其是中国经济跨越刘易斯转折点后,农村劳动力的转移速度也显著放缓。2003—2007 年的 5 年中,外出农民工总量的年均增速为 5.54%;2008—2012 年的年均增速为 3.59%;2013—2018 年已经下降到 0.93%。

那么,在经历了近三十年大规模的农村劳动力转移后,未来还会有多少农村人口可以继续从农村向城市转移呢?虽然我们从直观上观察农村劳动力的转移速度已经在放缓,但估算农村剩余劳动力的转移潜力需要依赖科学的方法和可靠的基础数据。尤其是在城乡之间的劳动力市场经过多年的改革和劳动力流动已经处于高度一体化的情况下,农村剩余劳动力数量实际上是城市劳动力工资、就业等劳动力市场信号作用的结果,也是一个动态调整的过程。正因为如此,基于农业生产的劳动力需求是难以准确估算农村剩余劳动力的数量的。

遵循都阳和王美艳(2010)提出的分析方法,我们基于2010年第六次全国人口普查和2015年全国1%人口抽样调查的微观数据,对个体迁移概率进行了估计,并以此估计参数为基础,对不同年龄和受教育水平的农村劳动力剩余数量进行估算,见表4-1。该结果显示,农村剩余劳动力的总量已经很有限,2015年16岁以上的农村劳动力资源总量为3.83亿人,其中,从事农业活动的劳动力为1.79亿人,但以40岁以上和受教育水平低的劳动力为主。我们根据个体的迁移概率,可以计算相应组别的可能转移的劳动力数量:在当前的劳动力市场环境和制度条件下,约为2612万人。也就是说,如果没有在社会保障体系的一体化、户籍制度的全面深化改革等领域有重大的突破,农村劳动力向城市迁移的速度还将逐步放缓并可能趋于停滞。

表4-1　2010年和2015年农村剩余劳动力的变化

年龄及受教育程度分组	2010年			2015年		
	劳动力资源(万人)	外出概率	可转移数量(万人)	劳动力资源(万人)	外出概率	可转移数量(万人)
16—20岁	1358	—	448	357	—	81
小学及以下	187	0.241	45	46	0.150	7
初中	1015	0.318	323	245	0.211	52
高中及以上	155	0.515	80	66	0.336	22
21—30岁	4414	—	1296	2178	—	481
小学及以下	756	0.213	161	281	0.155	44
初中	3204	0.288	922	1531	0.206	316
高中及以上	454	0.469	213	367	0.332	122
31—40岁	5618	—	1312	2755	—	524
小学及以下	1838	0.185	341	686	0.149	102
初中	3546	0.247	876	1869	0.192	360

续表

年龄及受教育程度分组	2010 年			2015 年		
	劳动力资源（万人）	外出概率	可转移数量（万人）	劳动力资源（万人）	外出概率	可转移数量（万人）
高中及以上	233	0.409	95	200	0.307	61
41—50 岁	7111	—	1326	5111	—	794
小学及以下	2948	0.150	442	2055	0.132	270
初中	3794	0.199	756	2862	0.165	472
高中及以上	370	0.344	127	195	0.269	52
51 岁及以上	9426	—	1018	7502	—	732
小学及以下	6758	0.091	615	4854	0.083	402
初中	2336	0.133	312	2346	0.114	268
高中及以上	331	0.277	92	302	0.204	61

资料来源：根据 2010 年第六次全国人口普查和 2015 年全国 1% 人口抽样调查计算。

第二节　迁移主导的城镇化

城镇人口占总人口的比重已经成为城镇化度量的最主要方式。一般来说，城市人口的增长通过以下三个途径实现。

第一个途径是城市人口的自然增长。在缺乏人口流动的情况下，这是城市规模扩张的主要途径。很显然，当城市人口的出生率水平低于农村人口的出生率水平时，依靠城市人口的自然增长，可能会带来城市规模的扩大，但并不能提高全国总体的城镇化水平。如图 4-2 所示，在中国开始快速城镇化之前，农村的总和生育率水平一直较城市高，因此，在城乡分割、缺乏人口流动的情况下，仅仅依靠人口自然增长将导致总体的城镇化水平停滞甚至降低。

第二个途径是行政区划的重构，即将原本不属于城市的地区，通过对区域城乡属性的重新定义，将其划分为城市。行政区划的重构大体有两种方式，即新设立城市以及将原本不属于城市的区域以行政区划重构的方式定义为城市区域。行政区划重构虽然在统计意义上由于定义的改变

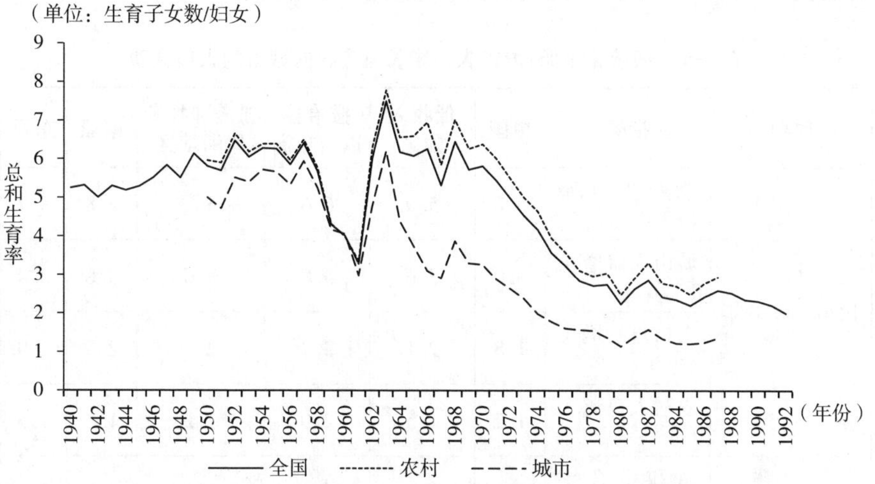

（单位：生育子女数/妇女）

图4-2 1940—1992年城乡总和生育率变化对比

资料来源：姚新武、尹华：《中国常用人口数据集》，中国人口出版社1994年版。

提高了城镇化的水平，但在大多数情况下并没有改变区域内人口的生产、生活属性，也没有因为定义的重构改变人口的密度，从而产生新的聚集效应和规模经济，因此，也难以真正实现城镇化带来的经济性。我们在本书的第八章还将对行政区划重构及其对城镇化的影响做更详细的分析。

第三个途径是人口的流动与迁移，尤其是人口从农村向城市的迁移，是推动城镇化的主要力量。在工业化和城镇化现象刚刚出现的时候，农村人口向城市的流动就是城镇化最主要的推动力。农村人口向城市的迁移是英国城镇化的主要途径，1776—1871年的近100年时间，英国的城镇化水平提高了36%，其中一半以上应该归因于农村向城市的人口迁移（Williamson，1988）。迁移对城镇化的作用，早已得到了发展经济学家的认同。根据塔塔尼和托达罗（Thadani和Todaro，1984）对1960—1970年间29个发展中国家资料的分析，迁移与行政区划重构占城市增长的41.4%。表4-2列出了中国和其他一些发展中国家城镇化的来源。可以看到，从20世纪80年代开始，中国城镇化的主导力量开始转变为农村人口向城市的迁移。和同一时期其他发展中国家相比较，中国农村人口的流入在城市发展中扮演着更加重要的角色，从90年代开始到21世纪初，城镇化70%以上可以归因于农村人口的流入(陈金永,2004)。

表4-2　城镇化来源:城市人口增长与农村向城市的人口流动

时期	指标	中国	低收入国家	撒哈拉以南非洲	拉美和加勒比海地区	南亚	东亚
1970—1980 年	总和生育率(1970 年)	5.8	5.9	6.6	5.2	5.8	5.7
	城市人口增长(%)	3.0	3.6	4.8	3.6	3.8	3.4
	人口自然增长(%)	1.8	2.1	2.7	2.4	2.3	1.9
	农村人口流入(%)	1.2	1.5	2.0	1.2	1.5	1.5
1980—1993 年	总和生育率(1993 年)	2.0	3.6	6.2	3.1	4.0	2.3
	城市人口增长(%)	4.3	4.2	4.8	2.7	3.3	4.2
	人口自然增长(%)	1.4	2.0	2.9	2.0	2.1	1.4
	农村人口流入(%)	2.9	2.2	1.8	0.7	1.2	2.3
1990—1995 年	总和生育率(2000 年估计值)	1.9	3.3	5.6	2.7	3.6	2.2
	城市人口增长(%)	4.0	—	4.4	2.5	—	—
	人口自然增长(%)	1.1	1.8	2.9	1.6	2.2	1.2
	农村人口流入(%)	2.9	—	1.5	0.9	—	—

资料来源:转引自 Becker, Charles and Andrew Morrison, "Urbanization in Transforming Economies", in Paul Cheshire and Edwin Mills(eds.), *Handbook of Regional and Urban Economics*, Vol. 3, Amsterdam:North-Holland,1999。

　　进入 21 世纪,城镇化的来源构成发生了一些变化,尤其是劳动力市场的发展跨越刘易斯转折点后,农村劳动力转移的速度开始放缓,迁移对城镇化的贡献也开始逐渐下降。与此同时,各种形式的行政区划重构对城镇化的贡献越来越明显,并成为城镇化推进的一个重要来源。以 2018

年为例(见图4-3)，新增城镇常住人口1790万人，城镇化率提高了1.06个百分点，其中来自城镇区域扩张0.42个百分点，占城镇化来源的39.6%；来自城镇人口自然增长0.25个百分点，占城镇化来源的23.6%；来自人口迁移0.39个百分点，占城镇化来源的36.8%。① 可见，人口迁移对城镇化的贡献已经不再居于主导地位。随着中国人口老龄化的进一步加剧，以及城镇化进程的进一步演进，人口迁移对城镇化的贡献度有可能继续下降。

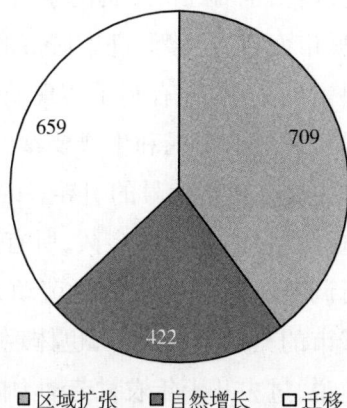

659　709　422

■ 区域扩张　■ 自然增长　□ 迁移

图4-3　2018年中国城镇常住人口增长的构成　（单位：万人）

资料来源：国家统计局网站，见 http://www.stats.gov.cn/tjsj/sjjd/201901/t20190123_1646380.html。

　　实际上，大规模的人口迁移不仅对城市发展有数量贡献，还提升了城市发展的质量。由于农村向城市的劳动力流动，其本身就是受价格信号引导的经济行为，因此，劳动力资源的空间流动和行业间的再配置，有利于纠正计划经济条件下形成的一系列体制扭曲，促进与市场经济相兼容的一系列新的制度的发展与优化，从而增进城市发展的效率。

　　首先，农村劳动力向城市的转移，成为不断打破农业部门和非农部门、农村和城市之间二元分割格局的重要力量。在改革开放之前，城乡间二元分割的格局已经存在了三十余年。这种格局的存在既和计划经济体

---

① 资料来源：国家统计局网站，见 http://www.stats.gov.cn/tjsj/sjjd/201901/t20190123_1646380.html。

制的内在要求有关,也和当时的中国在总体上生产力水平不高有关。要打破这种长期以来形成的格局,单靠某一个领域、某一个地区的改革举措,是难以实现的。在短时期通过激进的改革手段,也难以取得效果。而农村向城市的劳动力流动,在很大程度上扮演了纠正传统体制扭曲格局的角色,既在经济上提升了生产力水平,也在体制上通过不断解决新问题,使不断推进的渐进式改革成为可能。原先从事农业生产的劳动力从边际生产效率低的产业部门转移到边际生产效率高的部门,不仅带来了劳动者边际生产效率的改善,也对经济结构的扭曲起到了纠正作用。

其次,对于目的地城市而言,迁移促进了城市的集约发展,使得城市可以内含地实现生产要素的集中,并有利于实现城市的经济性。和计划经济时期依靠行政手段实现经济布局和生产要素的配置不同,农村劳动力向城市的流动和聚集主要受价格信号的引导。因此,流动到哪里、多少人流动、在什么行业就业、在目的地存留多久,所有这些问题都依靠劳动力市场的自发机制进行调节。很自然地,这种劳动力流动的过程和结果,其本身就反映了各个城市的禀赋结构差异,也体现了更为合理的资源配置关系。从这个意义上说,过去几十年农村劳动力向城市迁移的过程,也是中国经济结构在空间上重新布局的过程。

最后,外来人口流入城市有利于促进对传统城市管理体制的改革。在计划经济体制下,由于长期实行城乡分割的二元经济和社会管理体制,城市的治理机制也是为顺应计划经济的需要所设置的。虽然建立社会主义市场经济体制对城市管理体系的改革也提出了相应的要求,但对于大多数城市管理者而言,如何建立适应市场经济需求的新的城市管理体制仍然是全新的课题。而且,由于各个城市之间、地区之间在资源禀赋、经济结构和发展历史上存在差异,这一课题也很难通过顶层设计的方式加以解决。

在这种情况下,外来人口的流入,尤其是农村向城市的人口流动使城市人口的构成发生了变化,并对城市原有的福利体制、就业体制、补贴机制等产生冲击。继续依赖传统的偏向城市发展思路,将很难适应经济发展的需要。因此,一些流动人口占比高的城市,纷纷进行了城市管理体制的改革,以顺应新的发展形势的需求。尤其是在劳动力市场跨越刘易斯转折点后,吸引外来的劳动力和人才,弥补日益明显的劳动力短缺,已经成为很多城市实现可持续发展的必要条件。因此,能否形成与市场经济相兼容的城市管理体系,也成为城市竞争力的重要体现。

此外,在过去几十年出现的人口迁移是以劳动力流动主导的,对于城市经济而言,吸引的外来劳动力越多,对人口红利的利用也就越充分,有效地利用农村劳动力流入所产生的经济机会,也就越有利于促进城市形成自我融资的发展机制,从而使城市走向良性循环的发展道路。我们在本书的第八章将更详尽地分析这一问题。

第三节　人口迁移是推动城乡发展的重要动力

农村劳动力向城市流动以及由此推动的人口迁移,不仅从空间布局上推动城镇化进程,也是推动城乡经济持续发展的重要动力。以就业为动机的劳动力流动,不仅使得农村家庭的收入水平显著提升,成为经济资源由城市向农村流动的重要渠道,还促进了城市劳动力市场的多元化、专业化,提升了城市经济的效率,并进而推动了城乡经济的协调、可持续发展。

一、城乡融合发展的纽带

劳动力迁移对农村经济的重要意义,不仅表现在农村劳动力资源配置数量的结构性改变,也体现于对农户收入结构变化的影响。随着农村劳动力向城市流动规模的逐渐扩大,到20世纪90年代后期,在中国的大多数农村地区,劳动力迁移所带来的收入就已成为农户家庭收入的重要来源。迁移劳动力的收入转移是迁移劳动力与其家庭成员之间经济联系的主要方式,也是城市的经济资源向农村转移的重要方式。从更一般的意义上说,从农村向城市流动的农民工成为城乡融合发展的新型城乡关系的重要纽带。到2000年时,根据国家统计局组织的农村住户劳动力抽样调查,2000年外出半年以上的劳动力的人均收入转移为4522元,据此推算的迁移收入转移的总规模已经达到2700多亿元,其规模已经达到当年财政支农资金总规模的3.6倍(蔡昉等,2003)。

农民工收入变化对城乡经济关系和收入分配产生了直接影响。农民工工资的增长,使其消费水平不断提高,改善了农民工群体及其家庭的福利。根据国家统计局的数据,2017年农村居民人均工资性收入为5498.4元,占农村居民人均可支配收入13432.4元的40.9%,仍然是农民收入最重要的来源。可见,农民工工资的变化将直接关乎农民增收以及相关政策目标的实施。农民工通过获得工资收入,实现了收入流在城乡间的流动,改变了城乡经济关系。例如,即便农民工工资增速放缓,2017年城乡居民可支配收入比为2.71,较2016年的2.72仍然略有下降;城乡居民人均消费支出比由2016年的2.39下降至2017年的2.23,差距缩小较为明显。这其中,劳动力流动的贡献功不可没。

农民工作为普通劳动者群体最重要的代表,其工资的快速增长推动了不同群体之间工资收入的趋同。根据我们基于微观住户调查资料的研究,由于普通工人的工资增长更为迅速,不同群体之间的教育回报开始收敛。例如,2010年接受过大学教育的劳动者的工资回报较之受过高中教育者高出60%,到2016年则下降到45%。在收入差距较为明显的情况下,不同群体之间的收入趋同,对于缩小整体的收入差距有一定的积极作用(都阳等,2016)。

此外,农民工工资的变化不仅产生了收入和福利效应,作为重要的生产要素价格,也对城乡劳动力市场的运行和资源配置产生着越来越重要的影响。由于农民工在城镇劳动力市场上的比重已经超过40%,而且是新增劳动力供给的主要来源,因此,农民工工资的迅速上涨必然是劳动力成本上升的重要推动力。例如,我们把城镇单位就业工资和农民工工资按照各自的就业数量加权,并以消费价格指数调整,计算2011—2015年中国总体实际工资水平的年度增长情况,并根据国际劳工组织的统计数据,与世界平均水平进行对比(见图4-4)。在农民工工资快速增长的年份,中国总体工资水平的增长速度要远远快于世界平均水平。即便图4-4中增速最低的2015年,中国工资的增长速度也快于世界平均增速

6.3 个百分点。

（单位：%）

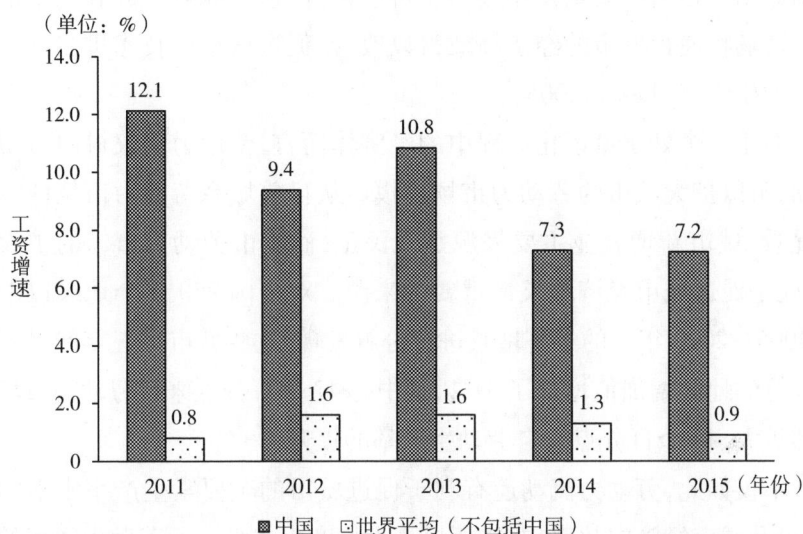

图 4-4　2011—2015 年中国与世界其他国家工资增长速度比较

资料来源:中国数据来自国家统计局,见 http://www.stats.gov.cn;世界数据来自国际劳工组织,见 https://www.ilo.org。

二、促进城市经济发展的动力

　　劳动力迁移带来的一个自然而然的困扰就是,外来劳动力的流入对城市经济和社会会产生什么样的影响。对于大多数发达国家而言,在工业化阶段就已经实现了国内人口和劳动力的自由流动。不过,迁移与生产率关系的案例仍可见于跨国的人口流动,如美国的移民以及欧盟各国之间的人口流动等。随着社会经济条件的变化,这样的讨论有时甚至成为社会生活的主要话题,例如,美国特朗普政府的移民政策就是各方矛盾的焦点之一。

　　实际上,经济学家很早就关注并实证分析了迁移对目的地劳动力市场和经济发展的影响,例如,移民是否会损害本地居民的工作机会,是否会压低流入地的工资水平等。大量实证研究的结果表明,在开放竞争的劳动力市场上,移民的流入并没有损害本地人的就业机会以及压低市场工资水平(Borjas,1994)。人们还发现,伴随着劳动力市场规模的扩大,包括劳动力在内的要素使用效率也可能提升,这意味着开放和自由的劳动力市场将使得城市的经济绩效得以改善,促进城市的技术进步并提高城市的生产率(Lewis,2005)。

对于一个处于城镇化进程中的经济体而言,劳动力从农村向城市的流动,可以扩大城市的劳动力市场规模。从目前城乡劳动力市场的总体情况看,城市新增就业主要来源是农民工,而城市劳动力市场的扩大本身,就是促进城市经济增长最重要的来源。对全国250多个地级以上城市2005—2010年间的经济增长进行分解发现,这些城市在五年间以不变价计算的地区增加值增长了91%,其中有47个百分点来自劳动力市场规模的扩大,44个百分点来自劳动生产率的提升。

不仅如此,劳动力流动还有利于促进城市的全要素生产率水平的提高,提升城市经济的效率,并进而提高人均产出水平。而劳动生产率的逐步提高,对于已经步入老龄化社会的中国而言,具有越来越重要的意义。同样是根据全国250多个地级以上城市2005—2010年的资料,我们可以发现这种现象,如图4-5所示,资本产出比越高的城市,其全要素生产率水平越低;而吸引农民工越多的城市其全要素生产率水平却越高。我们知道,当城市经济依赖于投资时,该城市的资本产出比就会升高,可见过度依赖投资的城市,会降低城市的经济效率,从而使经济增长没有效率。相反,主动吸引外来人口进入的城市,其劳动力市场的运行更有效率,也有利于企业更好地配置各种生产要素,城市的经济效率也可以得到提升,并形成更加可持续的经济增长模式。

随着经济发展水平的不断提高,有些城市和地方政府开始消极地看待低技能劳动在社会经济发展中的作用,也制约了相关制度改革的继续推进和深化。实际上,从过去的发展历程和其他国家的发展经验看,开放和包容的城市劳动力市场,通过吸引低技能劳动力的加入,在扩大劳动力市场规模的同时,可以提高城市劳动力市场的专业化程度,实现更有效的社会分工,同时也会提高高素质劳动者的生产率水平。

例如,在生产率高的行业和部门就业的劳动者会衍生出更多的生活

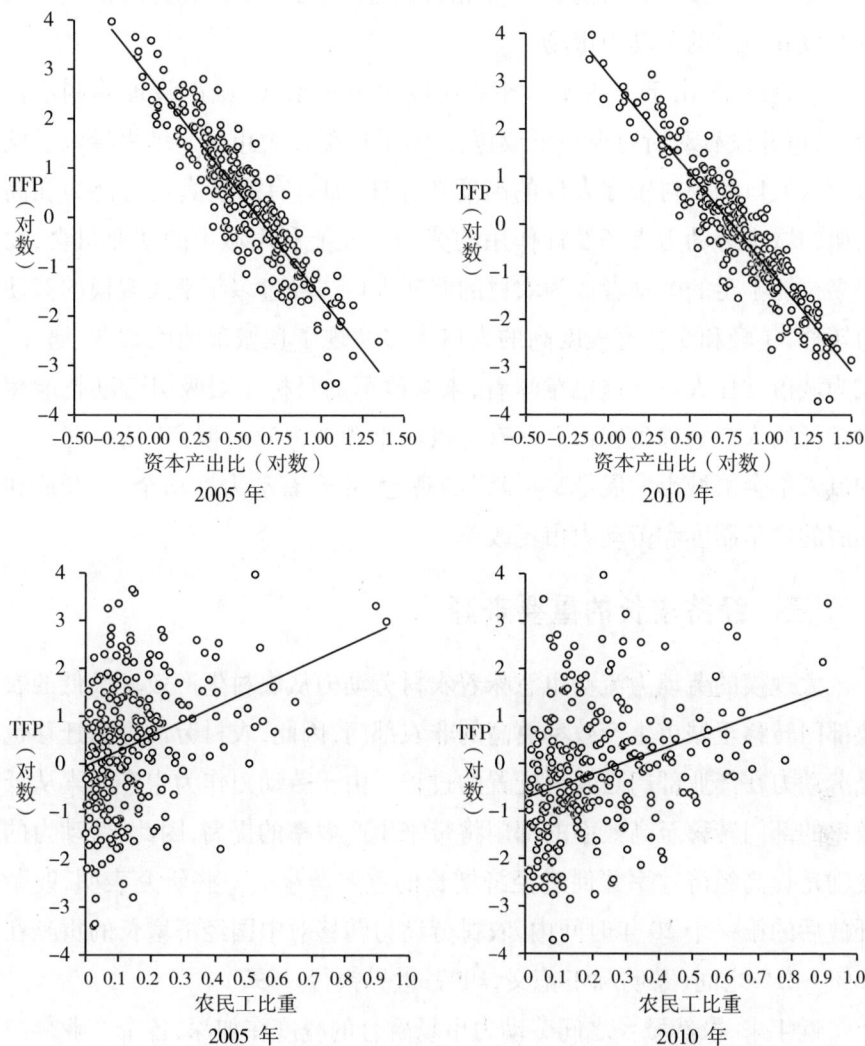

图 4-5 全要素生产率与资本产出比及农民工比重

资料来源：都阳、蔡昉、屈小博、程杰：《延续中国奇迹：从户籍制度改革中收获红利》，《经济研究》2014 年第 8 期。

服务需求，家政、看护、养老等从业人员的增加，可以让高生产率的劳动者更专业化地从事高附加值的劳动，从而提升城市经济的竞争力。相应地，高技能劳动者的生产率提升又会派生出更多的服务业需求，并提升低技能劳动者的工资水平和生产率水平。如此循环往复，城市经济的发展就会走上不断升级和有效的良性发展的轨道。而这一切的前提,是城市具有开放和包容的劳动力市场。

一直以来,由于一些城市相关制度改革不彻底、城市管理体制不健全,城市并没有对所有人口形成包容、开放的劳动力市场。结果导致了城市流入人口和农村留守人口的高度选择性,即只有那些真正有能力在高门槛的城市劳动力市场发挥作用的劳动者才能利用城市的就业机会,而很多技能不足的劳动者成为农村的留守人口。经过多年来大规模的劳动力转移,年轻和受教育程度高的人口大多实现了在城市地区就业、居住,成为城市常住人口。这也意味着,未来改革的目标是要吸引劳动技能相对较低的人口转移到城市。只有各级城市和地方政府摒弃"低技能人口的流入不会给城市发展带来贡献"的观念,才会有动力推动全面、开放和彻底的户籍制度和劳动力市场改革。

三、经济增长的重要来源

大规模的劳动力流动也意味着农村劳动力从农村生产效率较低的农业部门转移至城市生产效率更高的非农部门,因此,农村劳动力的迁移也是劳动力在产业部门之间再配置的过程。由于劳动力作为生产要素从低效率的部门转移至高效率的部门将带来生产效率的提高,因此,劳动力的流动是提高经济效率并促进经济增长的重要源泉。一些研究表明,改革开放后的第一个20年时间内,农村劳动力转移对中国经济增长的贡献在16%—21%之间(蔡昉和王德文,1999;世界银行,1997)。

近年来,虽然城乡之间劳动力市场融合的程度在加深,各个产业部门之间的生产效率越来越接近,但农村劳动力向城市的转移仍然带来了生产效率的提升,迁移对经济增长的促进作用仍然存在。我们以农业雇工工资作为农业工资的替代,并反映农业劳动投入的边际生产率,以外出农民工的平均工资作为其在非农部门劳动边际生产率的替代,这样,我们就可以计算出平均每个转移劳动力贡献的生产率。结合外出农民工数量统计,可以计算出农业转移劳动力对经济增长的贡献,结果见图4-6。

我们还可以看到,伴随着劳动力短缺现象而出现的农业部门和非农

（单位:%）

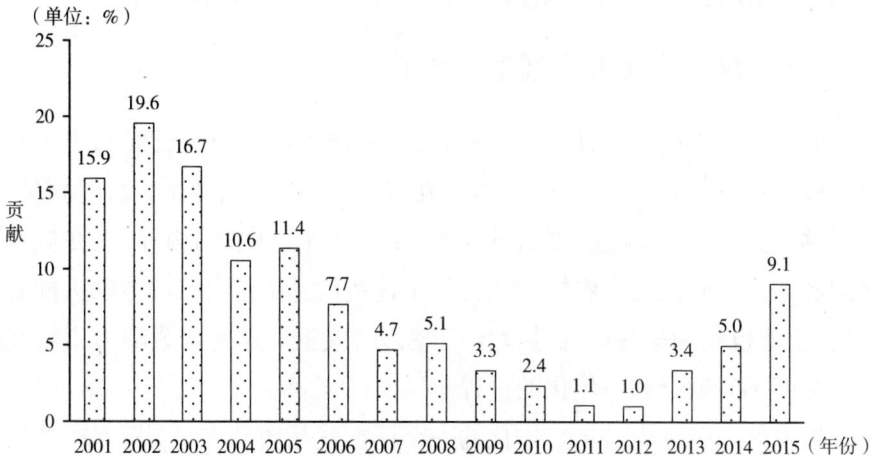

图 4-6 2001—2015 年劳动力再配置对中国经济增长的贡献

资料来源:国家统计局,见 http://www.stats.gov.cn。

部门的工资趋同,劳动力流动的再配置效应对经济增长的贡献逐渐减少,最近几年尤其明显。例如,2001—2007 年,经济年均增长率为 10.8%,其中来自劳动力流动的贡献平均每年 1.25 个百分点。也就是说,这一时期的经济增长大约有 11.5% 可以归因于劳动力由农村向城市的流动。2008—2015 年,经济年均增长率为 8.5%,而来自劳动力流动的贡献下降到平均每年 0.31 个百分点,劳动力流动带来的效率改善占全部经济增长的比重也下降到 3.6%。

第四节　流动与融合

由于户籍制度以及一些城市管理体制的改革还不充分,目前的农村向城市的人口迁移仍然以劳动力流动为主导,即农村向城市迁移的人群具有高度的选择性,只有那些真正能够利用城市劳动力市场就业机会的农村人口才可能向城市流动。于是,我们看到,一方面由于劳动力的流动带来了劳动力市场的繁荣和城乡之间、地区之间劳动力市场的一体化;另一方面,由于户籍制度改革尚不彻底,迁移的选择性不仅扭曲了乡村的人口结构,也使得流入城市的农民工市民化进程仍然有很长的路要走。

一、城乡劳动力市场的一体化

农村劳动力向城市迁移,表明劳动力资源的配置行为已经超出了农村,在城乡之间同时展开。劳动力的流动不仅带来了就业增长,伴随着城乡迁移,劳动力市场信息,如就业岗位、工资水平、就业结构等,也在城乡之间和地区之间流动。农村劳动力利用这些信息决定自己的劳动力配置行为,企业也利用这些信息进行生产经营的决策。这就是劳动力市场在城乡之间不断融合和一体化的过程。

城乡之间劳动力市场一体化的一个证据就是城乡之间工资水平的趋同。国家发展和改革委员会的"农产品成本调查"资料提供了主要农作物生产的农业用工成本信息,是一个具有较长时间序列且具有一致性定义的工资信息,可以反映农村劳动力市场上从事农业生产的工资水平。我们可以认为农民从事农业生产的工资反映了其转移到城市从事非农工作的机会成本。而国家统计局的"农民工监测调查"资料则提供了外出农民工在城市从事非农就业获得的工资,反映了迁移后的工资情况。我们可以预期,劳动力市场信息在城市和农村两个劳动力市场上充分流动时,二者之间的差距将会逐渐缩小。因为,只有这两个工资水平在扣除了转移的费用和价格水平的差异后仍然存在差距,那么,劳动力由农村向城市流动的趋势才不会停止。

上述两个资料显示,在不考虑城乡之间价格水平差异的情况下,2001年农民工平均工资水平是农业雇工平均工资水平的1.41倍,到2015年二者的比下降到1.05。两个不同市场上工资水平的趋同,意味着城乡之间的劳动力市场已经实现了一体化。

二、加速推进流动人口的市民化

经过多年的改革,人口在城乡之间流动的制度障碍已经大大减少。但户籍制度及与其相关的制度体系的改革,与社会主义市场经济体系的目标模式尚有距离。如果农村劳动力和他们的家属得不到在城市永久居住的法律认可,他们只能处于流动状态,而不能成为城市的永久市民。以户籍制度为依据,城市管理部门往往仍然采取一些抑制劳动力市场、实行局部就业歧视的政策,或者采取一些增大农民工迁移成本的政策措施限制农民工进城就业。社会保障体系和城市公共服务体系的建设仍然任重道远,因此,外来劳动力难以以合理的价格获得必要的住房、医疗、子女教育等社会服务,有时甚至被排斥在基本社会保障体系之外。

由于户籍制度并没有从根本上得到改革,它仍然像一道无形的"墙",决定着城市居民和外来劳动力的不同身份。外来劳动力在城市若不能享受到与城市居民同等的对待,势必导致外来劳动力在城市陷入边缘化的境地。而农村劳动力虽然大量外出,但能够真正长期居留在城市的并不多,因此,"流动—回流—流动"的循环式迁移现象仍然存在。

尤其是历经数十年的改革之后,从农村向城市迁移的人口结构已经发生了转折性的变化。新生代农民工逐渐成为城市农民工的主体,他们中的大多数人并没有农业生产的经验,有的甚至没有农村生活的经历。作为与城市天然融合的群体,推进其市民化的进程有更迫切的社会需求。

三、提高社会保护的一体化水平

广义的社会保护既包括社会保障体系等制度的供给,也包括社会救助、公共服务等制度的安排。在中国城镇化水平快速提升的同时,社会保护制度的建立与完善也在同步进行。例如,从20世纪90年代开始,为了配合国有经济调整及随之出现的就业变化,在城市部门开始了大规模的社会保障体系改革。经过多年努力,一套与市场经济相兼容的社会化的社会保障体系在城市地区建立起来,覆盖了城市正规部门的企业职工。此后,社会化的保障体系又延伸至城市居民。到了21世纪,随着综合国力的增强,一些主要的社会保障制度在农村逐步建立起来,如新型农村合作医疗制度、新型农村养老保障制度等。此外,作为社会安全网的最后防线,居民最低生活保障制度也分别在城市和农村地区建立起来。这些社会保护制度的建立和完善,大大提高了人民的保障水平和幸福感、安全感。

　　然而,社会保护制度的渐进式改革也造成了制度的碎片化,在城乡之间和地区之间产生了严重的分割。如果说通过劳动力流动,农村人口迁移到城市就业,是他们实现城镇化的第一个跨越的话,那么,要实现农村迁移劳动力的融合,就必须使城市在社会保护制度和公共服务等方面真正接纳这一群体。与此同时,社会保护的一体化是城乡融合发展、协调发展的具体体现,也是户籍制度实现全面彻底改革的最大制约,是改革之中的硬骨头。

　　从实际的情况看,目前由于社会保护制度和公共服务供给体系的分割与碎片化,流动人口,尤其是农村迁移劳动力在城市的社会保护需求没有得到满足。从城市主要社会保障制度,如城镇职工养老保险、医疗保险、失业保险和工伤保险的参与率看,农村迁移人口明显低于城市户籍人口。而由于户籍制度改革的不充分,迁移人口的子女教育等公共服务需求也得不到满足。显然,社会保护的不足增加了流动人口在城市的脆弱性。

第五章　工业化与城镇化：中国城镇化的 速度有多快?

纵观世界各国的发展历程,工业化往往与城镇化并行,分别体现了经济结构变化与社会结构变化的交互作用。然而,我们通过本书前面章节的分析已经看到,由于中国曾经实行计划经济体制,并在这一体制下推进经济赶超战略,使得工业化和城镇化的过程并未能实现同步。根据国家统计局公布的数据,1952 年工业增加值占 GDP 的比重为 17.6%,城镇人口占总人口的比重为 12.5%;到了改革开放之初的 1978 年,工业化水平提高了 26.5 个百分点,达到了 44.1%,而同期的城镇化比重仅仅提高了5.4 个百分点,为 17.9%。

不难理解,在计划经济时期的工业化先行与城镇化压制,必然导致二者发展的不协调,也必然带来改革开放后城镇化补偿式的快速发展。与此同时,理解新中国成立 70 年来不同时期城镇化速度的变迁,不仅有助于我们理解中国城镇化的进程,也有助于判断未来城镇化将会以什么样的速度发展。

第一节　城镇化速度的国际比较

既然工业化和城镇化是一个具有一般规律的社会发展进程,对城镇化速度的比较就应该置于更宽阔的背景下衡量。在比较中,我们不仅可以把握中国城镇化进程在什么时期具有符合共性的发展速度,也可以发现哪些阶段的发展具有中国的个性特征。以下三个方面的维度是我们进行国际比较的基础。

第一,我们需要以国际比较的视野,衡量中国城镇化速度的快慢是否和特定的发展阶段有关。城镇化作为一个社会经济结构转变的过程,其进程不可能是线性的,这一规律已经为很多工业化和城镇化先行国家的经历所证实。新中国成立以来的70年里,中国从一个低收入国家行列即将迈入高收入国家的行列,因此,发现以人均GDP度量的发展阶段与城镇化之间的规律是否与中国在特定阶段的轨迹吻合,将给我们认识中国的城镇化进程带来启示。

第二,如果仅仅观察中国的城镇化进程,在过去70年里的路径具有很鲜明的阶段性特征。如前所述,在新中国成立之初到改革开放之初的1978年,城镇化水平仅仅提高了5.4个百分点;而改革开放以后的40年时间里,城镇化水平提高了42个百分点。除了上述的发展阶段和经济结构因素以外,我们希望以更宽泛的视角观察,探究这前后迥异的城镇化速度是否和不同的时代特征相关联。

第三,工业化和城镇化是相互交织的过程。仅仅从中国过去70年的数据观察,这二者显然没有同步性。那么,如果以更多国家的实践过程作为观察的基础,在工业化进程的不同阶段与城镇化又会表现出什么样的关联呢?如果二者的模式有规律性的变化,中国的发展轨迹是否与其吻合?

在对城镇化进行国际比较之前,我们先来看看中国过去70年来城镇化的阶段性特征。仅仅根据城镇化的速率看,大致可以分为以下几个阶段:新中国成立至1960年,城镇化平稳推进,城镇人口占总人口的比重由1949年的10.6%,上升至1960年的19.8%;此后,中国的城镇化处于停滞,甚至倒退的阶段,1960年至1978年,城镇化水平甚至下降了1.8个百分点;改革开放以来的40年时间里(1978—2018年),城镇化加速发展,每年的城镇化水平平均提高1个百分点以上,城镇化水平的年均复合增长速度为3.05%。

下面我们观察并比较中国和收入水平相近的国家城镇化水平的差异。根据世界银行提供的世界发展指标(World Development Indicator,WDI)数据库,从新中国成立至20世纪90年代,中国的人均GDP一直处于低收入国家的水平,直到 1997 年中国首次成为中等收入国家,但由于亚洲金融危机等因素的冲击,又于 1998 年短暂退出了中等收入国家的行列,随后,1999 年至 2009 年中国一直稳居中等偏下收入国家。到 2010 年,中国首次成为中等偏上收入国家,并在此后随着人均收入的不断上升,在中等偏上收入国家中的排名也不断前移。

表 5-1 列出了不同时期、不同收入水平的国家的城镇化水平以及与中国的对比,在最后一列显示中国与中国当时所对应的收入组城镇化平均水平的差异。该表的结果显示,虽然在 20 世纪 90 年代之前,中国一直处于低收入国家的行列,但在 1950—1970 年,中国的城镇化水平都高于同期低收入国家的平均水平。1970—1980 年,中国的城镇化水平与收入水平接近国家的平均城镇化水平大致相当。此后,直至 2010 年中国的城镇化水平均高于相应收入组国家的平均城镇化水平。

表 5-1 还展现了一个有意思的现象,即虽然同属中等收入组,但是中等偏下收入国家和中等偏上收入国家在城镇化水平上的分化越来越明显。换言之,从世界范围看,自 20 世纪 50 年代以来,中等偏上收入国家的城镇化正在加速,并导致其与中等偏下收入国家的城镇化水平的差距呈现不断扩大的趋势。1950—2015 年,中等偏下收入国家的平均城镇化水平提高了 22 个百分点,而同期中等偏上收入国家则提高了 44 个百分点,高收入国家则提高了 22.4 个百分点。因此,进入中高收入阶段,往往也是城镇化进程加速的发展阶段。

表 5-1 1950—2015 年不同收入水平国家的城镇化水平　　(单位:%)

年份	高收入国家	中等偏上收入国家	中等偏下收入国家	低收入国家	中国	差异
1950	58.5	22.1	17.2	9.3	11.8	2.5
1955	61.1	25.1	18.6	10.4	13.9	3.5
1960	63.8	28.4	19.9	11.9	16.2	4.3
1965	66.3	31.3	21.2	13.5	18.1	4.6
1970	68.7	32.2	22.6	15.7	17.4	1.4
1975	70.4	33.6	24.3	17.5	17.4	-0.1

续表

年份	高收入国家	中等偏上收入国家	中等偏下收入国家	低收入国家	中国	差异
1980	71.8	36.3	26.3	19.1	19.4	0.3
1985	73.1	39.8	28.2	20.9	22.9	2.0
1990	74.4	42.9	30.0	22.8	26.4	3.6
1995	75.7	46.4	31.6	24.3	31.0	6.7
2000	76.8	50.3	33.1	25.7	35.9	2.8
2005	78.6	55.0	35.0	27.2	42.5	7.5
2010	80.0	59.8	37.1	28.9	49.2	-10.6
2015	80.9	64.1	39.2	30.9	55.5	-9.6

资料来源:联合国经济和社会事务部人口司,见 https://population.un.org/wup/。

得益于中国经济的迅速发展,中国在20世纪末成为中等偏下收入国家后,自2010年稳定地成为中等偏上收入国家。因此,我们发现一个有意思的现象,与中等偏下收入国家的平均水平相比较,中国的城镇化水平大幅领先。例如,2010年中国的城镇化水平高于中等偏下收入国家12.1个百分点。但是,由于中国经济的快速发展,在短短十年时间里从中等偏下收入国家晋升为中等偏上收入国家,随着参照系的变化,中国的城镇化水平就显得相对滞后,2010年中等偏上收入国家的平均城镇化水平高出中国10.6个百分点,2015年仍然高出9.6个百分点。可以预期的是,在不久的将来,中国将迈入高收入国家的行列,也将会产生参照系的再一次变化。这意味着仅仅从经济发展阶段和城镇化水平之间的关系来看,中国的城镇化仍然有巨大的空间。

在阐述了城镇化与经济发展阶段的关系后,我们再回答上面提到的第二个疑问,即从国际视角看,城镇化的发展在20世纪50年代至今是不是有某种共性的时代特征。如果随着时间的推移,城镇化的加速是一个共性现象,那么中国在改革开放之前的一段时期内所经历的城镇化停滞,是不是这种时代特征的一种体现?利用与表5-1相同的资料,我们以十年为跨度,计算每个十年各个组别城镇化水平的变化情况,结果如图5-1所示。该图显示,20世纪60年代中等偏上收入国家的确存在城镇化增速下降的情况,但在其他组别并没有系统表现。而且,从全球的视角看,中国在 20 世纪 60 年代和 70 年代的城镇化失速的确是一个风格化的现象。

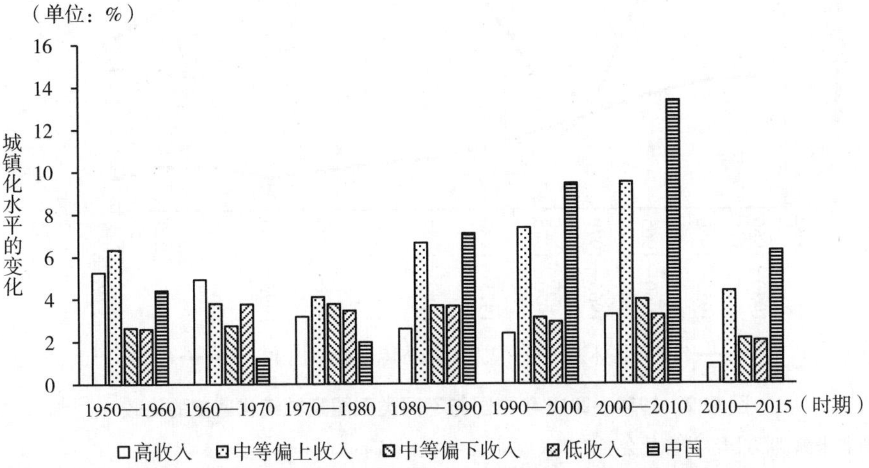

（单位：%）

图 5-1　1950—2015 年不同收入水平国家城镇化水平的变化

资料来源:联合国经济和社会事务部人口司,见 https://population.un.org/wup/。

　　不同时期城镇化的年均增速对比,更清楚地反映了上述情形。如果将世界各个国家和地区仅分成两类:发达经济体和不包括中国的欠发达经济体,那么由于该分类具有更高的加总水平,可以更好地平滑经济发展阶段的差异性。1950—2015 年城镇化年均增速的情况见之于图 5-2。该图显示,从总体上看,城镇化水平的增速处于下降的趋势,发展中国家由于较之发达国家的初始城镇化水平低,因此增速相对快,但仅在 20 世纪 60 年代和 70 年代维持在 4% 左右的高增速外,也基本处于增速放缓的轨迹。而改革开放以前中国城镇化增速的 V 形变化更明显地展示了这一时期的城镇化进程迥异于世界其他经济体。而随后中国城镇化的加速,也体现了对 V 形区域的补偿。

　　城镇化和经济结构的变化也有着千丝万缕的联系,而且,城镇化的进程和速度与经济结构变化的方式、阶段和速度有着相互影响的关系。无疑,工业化是早期城镇化进程的重要推动力,而城镇化进程又提高了工业

（单位：%）

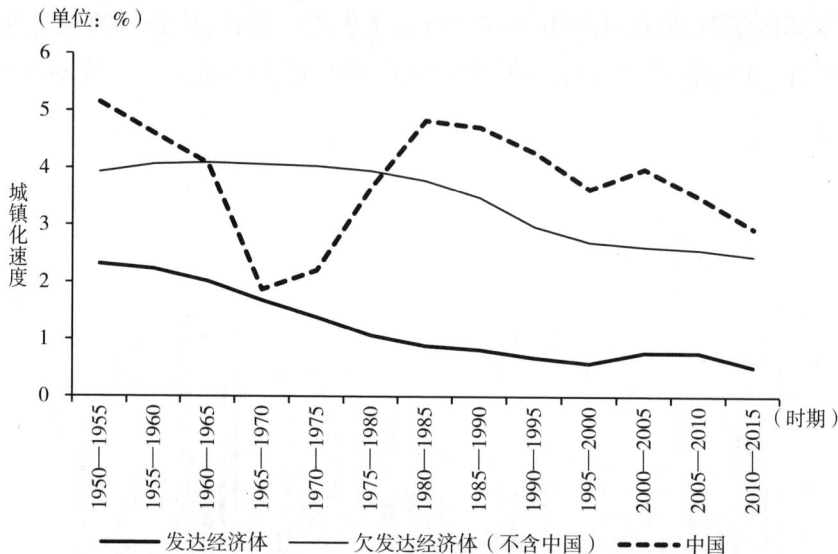

图 5-2　1950—2015 年中国与不同类型国家城镇化速度的比较

资料来源：联合国经济和社会事务部人口司，见 https://population.un.org/wup/。

化的水平和质量。从经济结构变化的一般进程看，初始阶段的经济发展往往伴随着经济结构逐渐实现工业化的过程，体现为第二产业增加值在国民经济中的比重逐步上升。随着工业化进入成熟阶段，就业结构和经济结构开始向第三产业转移，此时，第二产业所占的比重保持稳定甚至下降。从发达经济体看，第三产业无疑已经成为经济中居于主导性的部门。

从图 5-3 我们可以比较过去近 60 年的时间中等偏上收入组国家以及中国的工业化和城镇化进程。该图表明，中国的工业化进程与中等偏上收入国家大致吻合，在 20 世纪 70 年代都经历了工业化水平提高，随后，虽然有小幅的波动，但大致保持稳定。在最近 10 年，由于服务业的快速发展，工业化比重开始下降。如果简单观察同期城镇化的变化趋势，二者似乎也表现出相似性，但中国的工业化进程显然没有与城镇化进程保持同步。

例如，中等偏上收入国家的数据显示，在工业化初期，城镇化与工业化的进程基本同步，到 1984 年工业化水平和城镇化水平大致相当，均在 39% 左右。而中国的数据则显示了工业化和城镇化的明显背离，直到

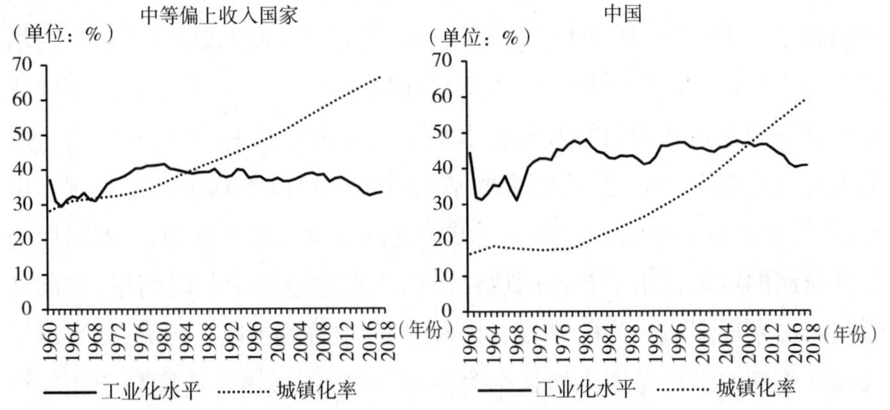

中等偏上收入国家

（单位：%）

中国

（单位：%）

图5-3　1960—2018年中国与中等偏上收入国家的工业化水平和城镇化率

资料来源："城镇化率"数据来自联合国经济和社会事务部人口司，见 https://population.un.org/wup/；
　　　　"工业化水平"数据来自世界银行，见 https://data.worldbank.org。

2008年，中国第二产业增加值占GDP的比重才与城镇化水平大致相当，均为47%左右。在改革开放之前，二者一直有20个百分点左右的差距，改革开放以后才逐步缩小。显然，工业化优先的发展战略与城镇化的压制，是导致上述现象产生的根本原因。而工业化和城镇化的高度背离，也为后来中国快速城镇化积蓄了动力，并引致一段城镇化的超常规发展。

第二节　补偿性的城镇化

在本书前面的章节中，我们已经分析了计划经济时期实现的重工业优先的经济赶超战略对城镇化进程的压制。在本章的前面部分，我们也通过国际比较，从数量关系上看到了20世纪60年代和70年代中国城镇化失速的程度。由于对城镇化的压制采取的是人为的行政干预手段，体制扭曲一旦得以纠正，城镇化进程必然得到补偿性的发展。以下我们将首先观察"补偿"的力度有多大，然后分析哪些因素促成了城镇化的补偿发展。

中国在改革开放后20年的时间里，城镇化进程较之世界上大多数经济体都更为迅速。我们以联合国"世界城镇化展望"数据库为基础，观察

20世纪80年代中国和世界其他地区城镇化速度的差异。1980年中国的城镇化率为19.4%,到2018年为59.6%,这39年间的城镇化年均复合增长率为3.0%。如图5-4所示,我们使用同样的方法,计算了其他不同收入组别的国家在此期间的城镇化水平年均复合增长率,可以看到这一时期无论收入水平高低,其他国家的平均城镇化速度都远远低于中国。因此,我们也可以判断这一时期中国城镇化的速度是超常规的,具有对以前过度压制的城镇化水平补偿的属性。由于在这近四十年时间里,中国从低收入国家逐渐成长为中等偏下收入国家、中等偏上收入国家,如果以所处收入组别的平均城镇化增长率为参照,将中国城镇化速度高于相应组别均值的部分视作城镇化的补偿,那么,这一时期城镇化年均复合增长率有1.4—1.8个百分点可以归于城镇化的补偿性发展。

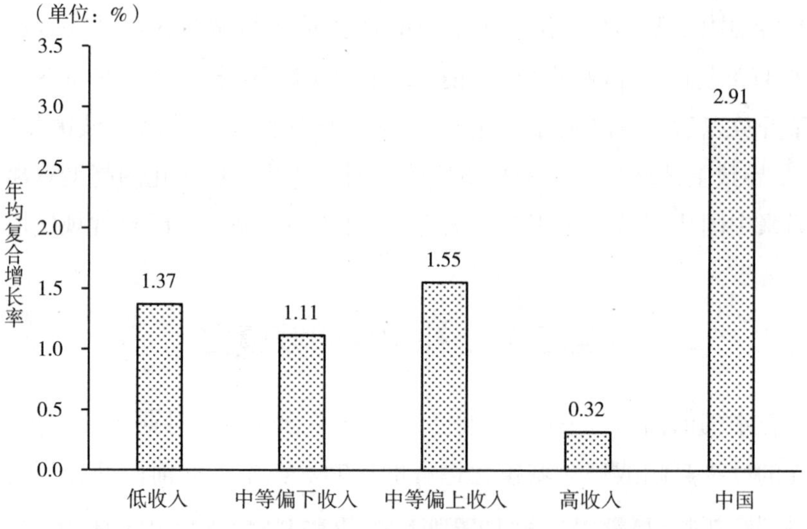

（单位：%）

图5-4　1980—2018年不同组别国家城镇化年均复合增长率

资料来源:联合国经济和社会事务部人口司,见 https://population.un.org/wup/。

那么,具体有哪些因素促成了改革开放以后快速的、补偿性的城镇化进程呢？综合分析促成快速城市发展的因素,可以发现城镇化在改革开放后的加速发展,既得益于对计划经济体制的扭曲效应的纠正,也受益于经济快速发展形成的城镇化需求。以下我们对这几个因素逐一加以分析。

首先，得益于对传统体制的纠偏。在前面的章节中我们已经谈到在计划经济体制下，为了实现经济赶超，推行了重工业优先发展的战略。而作为实施这一发展战略的保证，以户籍制度为基础的城乡分割体制，是为工业化积累资源的重要途径。改革开放以后，开始了对传统经济体制的纠偏，虽然户籍制度的改革贯穿于改革开放以后的四十余年时间里，但户籍制度作为一整套的制度安排，其部分功能在改革开放初期就已经开始松动。

我们可以将计划经济条件下的户籍制度理解为三个组成部分：人口的登记与管理、劳动力配置和广义的福利体系（例如，社会保障制度、社会救助体系、基本公共服务等）。由于其每一个组成部分的改革不仅涉及不同的政府职能部门，也涉及地区之间以及中央和地方之间利益关系的调整，因此对户籍制度全面彻底的改革，必然是一个庞大的工程，其总体进程也是按照由易到难的顺序推进的。

对传统计划经济体制下户籍管理的松动始于改革开放之初的农村经济改革。当时，农村改革释放了生产力，也产生了大量的农业剩余劳动力，在"离土不离乡"的模式难以吸收农村劳动力后，大规模的劳动力迁移开始出现，并对户籍制度产生了冲击。因此，与户籍制度相关的政策问题首先是如何在劳动力市场上公平对待迁移人口，让他们获得公平的就业机会。经过了一系列探索和实践之后，虽然其间政策几经反复，但以2006年《国务院关于解决农民工问题的若干意见》出台为标志，公平就业的问题基本解决了。也就是说，计划经济时期户籍制度与劳动力配置互相挂钩的情况得到了彻底的改革。把户籍制度与就业脱钩，是纠正传统经济体制的重要一步，也是城镇化能够超常规推进的制度基础。

其次，农村改革的成功奠定了劳动供给的基础。如果说改革开放以后，对就业体制和户籍制度改革的一系列举措打开了原本割裂城乡的闸口的话，那么，农村改革的成功及其所产生的农业剩余劳动力供给，就是为城乡间劳动力流动和推进城镇化超常规增长的源头活水。在前面的章节里我们已经详细分析了农村改革如何改变了农村和农业经济的激励机制,并使得农业生产力提高的同时,产生出大量的农业剩余劳动力。同时,我们也在本书的第三章分析了以发展小城镇来吸纳农村劳动力就业具有的局限性。可以说,尽管对城镇化战略中发展小城镇还是发展大城市、发展什么样规模的城市等问题的认识几经反复,但农村劳动力供给却已经形成了推动城镇化的客观存在的动力,并通过大规模的劳动力流动倒逼一系列体制机制的改革。

第三,城市改革开始释放了城市经济增长的潜力,并产生了大量的劳动力需求。我们知道,中国的改革开放政策发端于农业和农村改革,随着农村改革取得了明显的成效,从20世纪80年代中期开始,城市经济体制改革逐渐纳入改革的议程。

城市是提供就业机会的主要地区,非农GDP的增长则是创造就业需求的主要领域。我们可以观察在20世纪90年代"民工潮"大量出现时,城镇创造的就业需求。表5-2列出了非农部门增加值增长率、非农就业增长率以及根据二者所计算出的非农就业弹性。根据国家统计局公布的第二产业和第三产业的名义增加值总量以及根据可比价格计算的增长率指数,我们以当年价格的GDP总量为权,计算出非农GDP的增长率。数据显示,在整个90年代,除了个别年份以外,非农部门增加值的增长率都保持在8%以上,"十五"期间的平均值维持在9.5%左右的水平。非农就业则包括城镇总就业和乡村就业的非农部分,其中,乡村非农就业即乡镇企业就业、私营企业就业和个体非农就业。由此可计算出这一时期的非农就业增长率以及非农就业弹性。

表5-2 1991—2000年非农部门增加值增长率、非农就业增长率和非农就业弹性

年份	非农部门增加值增长率(%)	非农就业增长率(%)	非农就业弹性	城镇就业增长率(%)
1991	11.6	3.21	0.276	2.49
1992	17.3	5.35	0.309	2.27
1993	16.1	8.09	0.501	2.25
1994	14.9	2.23	0.150	2.14

续表

年份	非农部门增加值增长率(%)	非农就业增长率(%)	非农就业弹性	城镇就业增长率(%)
1995	11.8	5.64	0.479	2.07
1996	10.5	5.26	0.500	4.63
1997	10.0	1.78	0.179	4.31
1998	8.7	2.09	0.241	4.02
1999	8.0	3.01	0.378	3.68
2000	8.9	0.33	0.037	3.30

资料来源:国家统计局,见 http://www.stats.gov.cn。

我们看到,在 20 世纪 90 年代城镇就业增长明显,且呈现逐渐加速的趋势,这意味着在这一时期城市经济的发展的确产生了有效的就业需求。因此,从就业需求的角度看,城市经济体制改革使得城市经济的活力逐步得到释放,城市的就业创造功能是中国在改革开放后实现超常规的城镇化的重要原因。

此外,城镇化的补偿性发展还可以从不同规模城市的就业吸纳作用得以体现。城市偏向型的发展战略在 20 世纪 90 年代有所放松,使得大城市的就业吸纳效应开始得以发挥。我们可以分别观察县级市和县级以上城市的就业吸纳情况。由于县级市的资料仅限于 1994 年、1995 年和 1996 年三年,我们无法观察 90 年代后期的就业变化情况,结果见之于表 5-3。对于县级以上城市,我们则可以对 1994—2000 年连续进行观察,如表 5-4 所示。县级市的平均就业规模为 30 余万人,其劳均产出的规模和劳动力的人力资本水平都低于地级以上的城市。根据亨德森和王(Henderson 和 Wang,2007)的研究,1996 年地级以上城市的劳均产出水平为 10198 元,而 1990 年后新增的县级市的劳均产出为 9229 元,其他县级市的劳均产出为 7802 元。根据人口普查资料计算,地级市的人口中上过中学的比例为 21.7%,而县级市仅为 10% 左右。

表 5-3 1994—1996 年县级市就业规模和就业结构比率

就业规模分组	就业指标	1994 年	1995 年	1996 年
10 万人以下	就业规模(万人)	6.20	6.20	6.40
	就业结构比率	1.14	1.12	0.99
10 万—50 万人	就业规模(万人)	27.90	28.20	28.50
	就业结构比率	1.23	1.22	1.18
50 万人以上	就业规模(万人)	63.90	64.10	64.60
	就业结构比率	1.49	1.47	1.38
全部县级市	就业规模(万人)	33.30	33.60	34.00
	就业结构比率	1.28	1.26	1.21

注:"就业结构比率"是指制造业就业与服务业就业之比。
资料来源:国家统计局城市社会经济调查司:历年《中国城市统计年鉴》,中国统计出版社。

表 5-4 考察的是县级以上城市的情况。结合表 5-3 和表 5-4 的结果,我们可以发现,在 20 世纪 90 年代,大城市就业需求已经发生了明显的结构性变化。在计划经济体制下,重工业优先的发展战略使得工业生产大多集中于大中城市,而城市经济体制的改革使得城市经济结构日益多元化,大城市的就业向服务业转移的趋势在 20 世纪 90 年代开始显现。就业规模在 100 万人以上的特大城市,1994 年的制造业和服务业就业比率为 1.24,然后处于逐年递减的趋势,到 2000 年下降到 0.95。同时,大城市的制造业向中小城市转移,对于就业规模在 10 万—50 万人之间、在 50 万以上—100 万人之间的城市,我们并未观察到就业结构比率稳定变动的趋势。这一判断和其他研究的结果相类似,亨德森和王用制造业对服务业增加值比率变动来衡量这一趋势的变化,他发现 1990—1996 年地级以上城市该比率下降了 32%,而县级城市下降了 8.2%。

表 5-4　1994—2000 年县级以上城市的就业规模和就业结构比率

就业规模分组	就业指标	1994 年	1995 年	1996 年	1997 年	1998 年	1999 年	2000 年
10 万人以下	就业规模（万人）	7.00	6.90	7.27	7.76	6.75	7.35	7.45
	就业结构比率	2.16	1.58	1.43	1.27	1.04	0.92	0.92
10 万—50 万人	就业规模（万人）	29.30	30.00	29.40	30.20	21.80	22.30	22.10
	就业结构比率	1.51	1.44	1.39	1.36	1.63	1.53	1.48
50 万人以上—100 万人	就业规模（万人）	71.60	71.10	72.00	74.30	71.20	67.10	63.00
	就业结构比率	1.43	1.31	1.21	1.21	1.23	1.28	1.30
100 万人以上	就业规模（万人）	189.10	188.60	193.40	205.40	208.00	203.80	198.90
	就业结构比率	1.24	1.20	1.17	1.11	1.08	0.98	0.95
全部地级以上城市	就业规模（万人）	59.80	62.10	63.10	65.30	38.10	38.70	35.60
	就业结构比率	1.47	1.37	1.33	1.28	1.43	1.38	1.34

注："就业结构比率"是指制造业就业与服务业就业之比。
资料来源：国家统计局城市社会经济调查司：历年《中国城市统计年鉴》，中国统计出版社。

就业结构的转变也是就业体制转换的体现。在城市部门，服务业往往生长于传统经济体制以外，由于其体制特征和就业属性对外来劳动力产生了更强的吸纳作用。一方面，新兴的经济部门就业体制更加灵活，对外来劳动力产生了即时的就业需求；另一方面，服务业大多具有劳动密集的属性，而一些低端服务业岗位更是具有高度竞争性的市场，外来劳动力进入的门槛低，往往是他们进入城市最容易得到的岗位。正是由于城市在就业创造上具有的独特优势，使得快速城镇化有了支撑。

第三节　曲线如何延伸？

从前面的分析我们可以看到,伴随着经济发展和工业化,中国的城镇化道路既经历了改革开放前高度压制的时期,也经历了改革开放以后城镇化补偿性的高速发展阶段。我们知道,城镇化速度不可能线性地延伸,在经历了一前一后两种非常态化的城镇化路径后,未来的城镇化进程将会以怎样的轨迹发展呢？以下我们结合本章第一节所提出的三个视角,探讨中国未来的城镇化演进之路。

一、城镇化继续推进的空间

改革开放40年后的2018年,中国的城镇化水平接近60%。我们在前面的分析中已经看到,虽然在改革开放后中国的城镇化经历了补偿性的快速增长,但同期经济发展速度也很迅速。如表5-1所展示的,在短短20年时间里,中国跨越了低收入、中等偏下收入而进入中等偏上收入国家的行列。虽然中国经济增长由高速发展阶段进入中高速的换档期,但即便是中高速增长,其增长的绝对速度也仍然傲视全球。因此,我们可以预期,中国的人均收入水平将很快迈入高收入国家的行列。

如果说经济发展阶段是决定城镇化水平的重要因素的话,那么,参照系的迅速切换意味着中国城镇化的潜力仍然很大。根据联合国"世界城镇化展望"数据库的推算,2020年中等偏上收入国家的平均城镇化水平将达到68.2%,大约高出中国的城镇化水平8个百分点,考虑到中国的收入水平已经居于中等偏上收入国家的前列,也就意味着,仅就目前的发展水平看,中国城镇化水平仍然至少有8个百分点左右的空间。

目前,中国经济继续保持中高速增长,在不久的将来中国将跨入高收入国家的行列,而这一收入组的平均城镇化水平超过了80%。如果到2030年中国的人均收入水平能达到发达国家的水平,就意味着在未来10年时间里,城镇化仍然有20个百分点左右的提升空间。

二、城镇化的推进速度将放缓

我们看到,中国已经历了城镇化超常规的发展,主要是由于对既往城镇化压制的补偿。正是由于改革开放以来城镇化高速发展的非常规性,我们也预期未来的城镇化将回归正常的节奏,城镇化的速度将放缓。图5-2清楚地展示了中国在改革开放以后的城镇化增速远远高于世界平均水平。同样基于联合国"世界城镇化展望"数据库,如图5-5所示,我们看到中国的城镇化增速将很快低于欠发达国家的平均水平,此后,虽然城镇化增长速度仍然高于发达国家的平均水平,但与发达国家的城镇化增速逐渐趋同。预计到2040年左右,中国城镇化的增速将低于发达国家的平均水平,到2050年左右中国将完成城镇化。

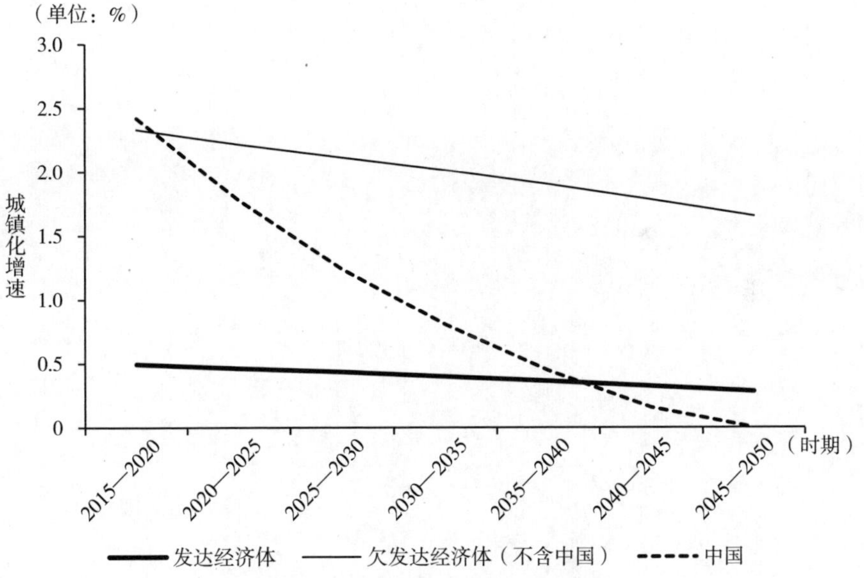

图 5-5　城镇化增速展望:2015—2050 年

资料来源:联合国经济和社会事务部人口司,见 https://population.un.org/wup/。

三、依赖城镇化的自然动力推进城镇化

无论是计划经济时期对城镇化的压制,还是改革开放以来城镇化补

偿性的超常规发展,都体现了城镇化的动力机制没有实现正常化。从这个意义上说,城镇化的速度是城镇化推进机制和动力机制的客观反映。而城镇化速度的常态化背后更重要的是城市发展体制与市场经济原则的兼容与协调。因此,在未来需要通过继续深化改革、纠正既往的制度扭曲,创造城镇化的持续源泉。

依赖城镇化的自然动力就是要让城镇化的推进过程回归城镇化的本源,即生产要素和人口的聚集产生的规模效应。只有伴随着经济效率提升的城镇化,才能与社会经济的可持续发展相兼容。在这种情况下,速度不是城镇化的目标,只是城镇化进程的客观反映。

第六章　资源重新配置：城镇化如何推动高速增长？

在计划经济时期，农业中积淀的剩余劳动力，固然是阻碍经济增长和结构变化的重要障碍，一旦改革起步，通过在相关领域进行体制改革，拆除一系列制度性障碍，使得农业劳动力得以退出低生产率的农业就业，突破城乡边界进行跨地区、跨产业和跨越所有制的重新配置，也成为 40 年中国经济改革的重要成果，同时以保障充足的人力资源供给、保持高储蓄率并延缓资本报酬递减，以及通过资源重新配置效率对劳动生产率和全要素生产率作出显著的贡献，成为支撑高经济增长的重要源泉。

本章从农业劳动力获得退出权、流动权和进入权的视角，回顾了这一改革历程，揭示劳动力转移和重新配置的增长效应。本章发现，随着中国经济发展和人口转变进入新阶段，资源配置效应呈现减弱的趋势。保持这一增长源泉，从而顺利实现从中等偏上收入阶段到高收入阶段的转变，唯有深化改革一条途径。

第一节　从资源重新配置视角认识改革

成立之初的中华人民共和国，具有一个典型的以农业经济为主的产业结构。1952 年农业劳动力比重高达 83.5%，第二、三产业分别仅为 7.4% 和 9.1%。为了改变这种落后的国民经济格局，中国选择实施重工业优先的经济发展战略。既然这种选择与当时的资源禀赋是相斥的，如林毅夫和王燕（Lin 和 Wang，2010）将其定义为违背比较优势的发展战略，则不可避免地形成一个扭曲生产要素价格、采取集中计划分配资源和产品、阻止生产要素特别是劳动力流动、缺乏生产经营和劳动激励的经济体制模式(Lin 等,2003)。

这种体制最终被证明是导致中华人民共和国历史上前 30 年经济发展不尽如人意的主要原因。传统体制模式对农业剩余劳动力转移的阻碍,主要是通过制度"三驾马车"——即农产品统购统销制度、户籍制度和人民公社制度执行的,不仅剥夺了农村人口选择就业和居住地的权利,而且严苛到为每一个生产队规定了种植品种("以粮为纲"及单一的种植业)以及劳动力、机器和土地的配置方式,为人民公社社员规定了出工时间、活计的类型、记工和取酬方式(大呼隆和大锅饭)。

这一传统制度安排,在微观环节严重伤害了生产队经营积极性和成员的劳动激励,在宏观意义上造成扭曲资源配置,严重阻碍生产率的提高。虽然这一时期进行了大规模的生产要素投入,增长效果却乏善可陈。在改革的前夜 1978 年,中国农业产值比重为 28.2%,劳动力比重则高达70.5%,计算得出农业的比较劳动生产率(该产业的产值比重与劳动力比重的比率)为 0.40,仅为第二产业(2.77)的 14.4% 和第三产业(1.96)的20.4%。这就是说,农业作为一个产业,以畸高比重的劳动力数量,只生产出相对低的增加值。

进一步说,尽管有这个庞大的劳动力群体从事农业生产,当年的农产品产量被全国人口平均后,粮食仅为 316.6 公斤,棉花 2.3 公斤,油料 5.4公斤,糖料 24.7 公斤,肉类 11.0 公斤。结果则是,城市居民的食品以粮票等各种票证限量供给,按每年收入 100 元的贫困线,农村未能实现温饱的人口则高达 2.5 亿人。而按世界银行每天收入不足 1.9 国际美元(2011 年不变价)的标准,1981 年全国有 8.78 亿人口处于绝对贫困。

史无前例的中国经济改革,以 1978 年的两个事件为标志而起步。第一,1978 年 12 月 18 日至 22 日,党的十一届三中全会召开,重新确立了解放思想、实事求是的党的思想路线,决定把全党和国家的工作重点转移到经济建设上来,为改革开放奠定了理论基础。第二,几乎在同一时间,安徽省凤阳县小岗村的 18 家农户,决定摒弃生产队大呼隆式的劳动方式,实行包产到户。这一形式被称作农村家庭联产承包责任制,随后在全国

得到推行，并导致人民公社体制的废除。这是对传统计划经济体制的最初突破。而小岗村的颠覆性制度创新，也就理所当然地被认为是中国经济改革的先行实践。

大量研究观察到实现家庭联产承包责任制对激励机制的改善效果、提高农产品收购价格对农民收入的改善效果，以及农产品增产对城市供给的改善效果。在家庭联产承包责任制推行的短短几年里（1978—1984年），粮食单产提高了42.8%，总产量增加了33.6%，农业增加值实际增长52.6%。根据计量分析，这一期间农业产出增长的46.9%来自家庭联产承包责任制这一制度变革的贡献（Lin，1992）。同期，农民人均收入名义增长了166%，在贫困标准从每人每年100元提高到200元的情况下，农村绝对贫困人口从2.5亿人减少为1.28亿人。这一变化也大幅度增加了城市农产品供给，为几年后取消粮票制度创造了条件。

农村改革对中国经济的更为显著的贡献，是在产生了第一波效应之后，进一步把边际生产力极为低下的农业剩余劳动力加以释放，通过向非农产业和城镇转移进行重新配置，支撑了改革时期劳动生产率和全要素生产率的迅速提高，从而实现中国经济的高速增长。本章以下各节将分别回顾和叙述相关领域的改革如何推动农业劳动力外出、迁移和参与非农就业，展示这个过程的资源重新配置效应及其对中国经济增长的贡献。进一步，通过对中国劳动力配置格局作出描述，以及对中国经济发展阶段作出判断，揭示面临的进一步改革任务，提出政策建议。

第二节　改革中的剩余劳动力转移

在整个改革期间，通过体制改革和政策调整拆除一系列制度障碍，使农业剩余劳动力（以及农村新成长劳动力）追寻着非农就业机会和相对收入的市场信号，首先，经历了一个得以离开原来所在低生产率的农业和农村就业，即获得"退出权"的过程；其次，持续地在城乡之间、地域上和产业间流动，即获得"流动权"；最后，进入生产率更高的非农及城市就业领域，即获得"进入权"。我们将按照经济理论预期和经济活动逻辑相续一的原则,力图同时反映宏观政策环境的变化和描述个体选择行为的结果,记录这一改革的历程,评价其效果。

实行农村家庭联产承包责任制和废除人民公社不仅根本上改变了农业基本经营制度,而且有效改善了激励,更是赋予劳动力从生产率低下的农业中退出权利的关键改革。党的十一届三中全会召开以后,在一些边远贫困农村悄悄试验的家庭联产承包责任制得到默许、认可直至推广。到1984年年底,全国农村的全部生产队和98%的农户都采取了家庭联产承包责任制的经营形式,随后人民公社体制也被正式废除。实行家庭联产承包责任制的直接目的,是改进对农业生产和劳动的激励机制,给予农户经营自主权和剩余产品索取权。

然而,按照改革的内在逻辑以及从随后实际发生的情形看,这一改革的核心更是赋予了农户配置生产要素的自主权。在确保国家以农业税和统购的形式,集体以统一提留的形式,继续掌握部分农产品的控制权之外,农户可以自主选择种植和经营内容,自主支配劳动时间。相应地,劳动力和其他投入要素就积极退出农业这个生产率极为低下的产业,开始了重新配置过程。

为推行重工业优先发展战略,传统体制"三驾马车"把农村劳动力严格限制在生产队集体劳动中,阻碍其进行产业转移和地域流动。改革后随着微观激励的改善,劳动力剩余显现出来。据研究,20世纪80年代中期,中国农村有30%—40%的劳动力是剩余的,绝对人数高达1亿人到1.5亿人(Taylor,1993)。正是这种剩余劳动力转移的压力,推动了一系列体制性障碍的逐步拆除,使劳动力流动和重新配置成为世人瞩目的现象。

农业剩余劳动力的转移,先后经历了从"以粮为纲"到多种经营,从单一的种植业到农林牧副渔全面发展,从农业到乡镇企业,从"离土不离乡"到进入小城镇直至大中城市从事非农就业。随着农产品产量大幅度增长,从1983年起农民最初被允许从事农产品的长途贩运和自销,第一次突破了就业的地域限制。进一步,自1988年开始,政府又允许农民自带口粮到邻近城镇就业,第一次突破了城乡就业藩篱。到20世纪90年代初期,随着粮票等票证制度被取消,农村劳动力进入各级城镇居住和就业也就不再有实质性的障碍。

虽然迄今为止户籍制度仍然存在,按照户籍登记地将城乡居民的公共服务供给予以割裂,农民工及其家属尚不能在打工地均等地享受子女义务教育、基本社会保险、最低生活保障和保障性住房等基本公共服务,但是,劳动力的自由流动和人口迁移的制度障碍已经显著弱化。从这个意义上说,户籍制度改革也经历了深刻的改革,虽然还面临着最后的突破。

在劳动力市场城乡分割的条件下,农业转移劳动力只能在边际上实现非农产业就业。直到 20 世纪 80 年代,乡镇企业仍是农业转移劳动力的主要就业载体。1992 年以后沿海地区劳动密集型制造业,特别是非公有制经济的迅速发展,开始大规模吸纳跨地区迁移的劳动力,形成了最初的"民工潮"。进一步,20 世纪 90 年代后期,国有企业在遭遇严峻的经营困难的情况下,大刀阔斧地进行了用工制度改革,从此打破了存续几十年的就业"铁饭碗"。与此同时,劳动力市场发育进入新阶段,不仅下岗职工通过劳动力市场实现再就业,新成长劳动力也需自主择业,随着市场配置劳动力资源的机制逐渐形成,农民工日益获得均等的竞争就业机会。

计划经济条件下的二元经济结构,最突出地表现为城乡劳动力市场的分割。经过近 40 年的经济体制改革,随着劳动力的重新配置进入存量领域,最终拆除了劳动力跨地域、跨产业、跨所有制重新配置的进入障碍。不仅农业剩余劳动力大规模退出第一产业,转移到城乡非农产业就业,而且新成长农村劳动力几乎全部流动到城市部门。从城市就业群体的构成变化,可以使我们更加全面地观察到前述由退出、流动和进入共同构成的劳动力重新配置过程,及其达到的结构调整效果。

在按年度进行的城镇就业统计中,基本口径是单位就业,不仅包括法人单位,还包括非法人的产业活动单位。根据这个"基本单位统计报表制度"获得的数据,2015 年仅城镇单位就业总人数就达 17778 万人。不仅如此,由于这个单位就业数还不包括私营企业和个体工商户,所以一旦把这两类就业加入统计中,城镇就业人数提高到 36758 万人。

由于城镇单位大量使用临时雇用人员和劳务派遣工(其中一部分

是农民工),却往往不将他们作为雇员记录在报表中,致使这些就业者在统计中被遗漏。所以,以城镇住户为基础,按照国际劳工组织推荐的口径进行调查,得出的实际城镇就业总数竟高达40410万人,其与单位就业数以及个体私营就业数总和之间的差异,则可以被看作是非正规就业人数。

这个数字仍然遗漏了大量稳定在城市就业的农民工。根据各种数据来源进行综合估算,2014年官方统计的城镇就业总数(39310万人)中已经包括占比约30.8%的农民工,在此之外,仍有约4710万进城农民工未被纳入这一城镇就业统计范围(Cai 等,2016)。换句话说,如果把稳定在城镇就业的农民工全部包括在城镇就业统计中,2014年城镇实际就业人数可达44020万人,其中有16821万人为进城农民工,后者占全部城镇就业的38.2%。图6-1分别展示了在全部城镇就业人口中,具有城市户籍的就业者、已被统计在城镇就业中的农民工,以及未被统计在内的农民工的构成变化。

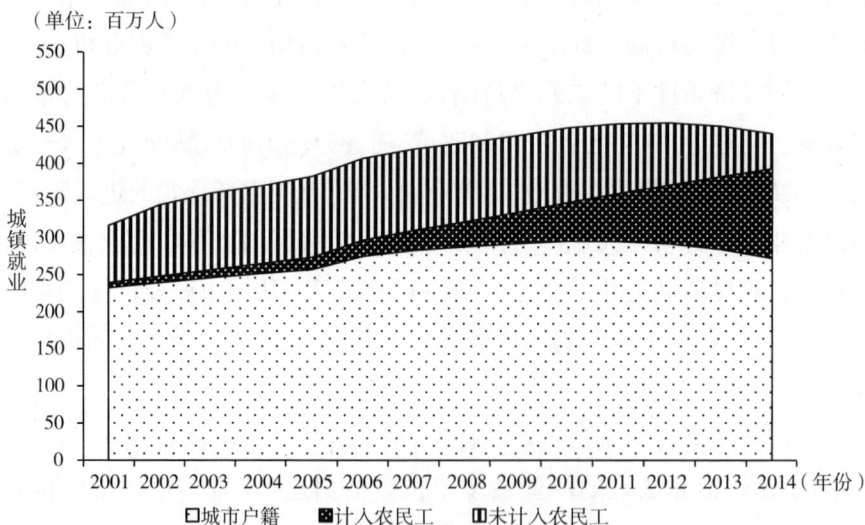

图6-1 2001—2014年城镇就业总量构成

资料来源:Cai,Fang,Zhenwei Guo and Meiyan Wang,"New Urbanisation as a Driver of China's Growth",in Ligang Song, Ross Garnaut, Fang Cai and Lauren Johnston (eds.), *China's New Sources of Economic Growth*,Vol. 1:*Reform*,*Resources and Climate Change*,Canberra and Beijing:Australian National University Press and Social Sciences Academic Press(China),2016。

第三节　农业劳动力转移效果和贡献

刘易斯定义的二元经济发展,强调的是由于农业中存在着大量边际劳动生产力极低的剩余劳动力,随着资本积累的进行,城市或工业的扩张可以获得源源不断的劳动力供给,直到剩余劳动力消失殆尽的刘易斯转折点到来之前,无须提高工资水平(Lewis,1954)。之所以刘易斯本人称自己的模型是古典式的而非新古典式的,在于劳动力无限供给特征可以打破资本报酬递减这个新古典假设。

进一步,库兹涅茨对于经济发展过程中产业结构变化的分析,揭示了刘易斯模型暗含的假设,即由于劳动力等要素从生产率低的农业转向生产率更高的非农产业,国民经济层面上看,劳动生产率可以得到不断提高(Kuznets,1957)。这个由于产业结构变化而导致生产率提高的过程,可以被称为"库兹涅茨过程"(Aoki,2012)。

中国在改革开放时期的经济增长,恰好对应着劳动年龄人口迅速增长的人口转变阶段,具有劳动力无限供给的特征,也经历了一个完整的二元经济发展过程。下面,我们将从农业剩余劳动力转移效果,以及这一结构变化对经济增长的贡献,特别是劳动生产率提高的贡献等角度,回顾和分析这个改革发展经验。

农村劳动力大规模向本地非农产业和城镇部门转移,显著减轻了农业劳动力剩余的程度。不过,如果从官方统计数据看,2018 年第一产业就业比重仍然高达 26.1%,第二产业和第三产业就业比重分别为 27.6% 和 46.3%。许多研究者引用高估的数字,由此认为中国仍然存在着规模庞大的剩余劳动力,否定劳动力短缺和工资上涨与人口变化的关系,否认农业中边际劳动生产力的提高,从而刘易斯转折点的到来(Meng,2014;Minami 和 Ma,2009)。不过,在中国经济发展的逻辑和经验面前,无论是这个官方统计数字,还是以之为依据的学术观点,都存在一些不能自圆其说的缺陷。

其一,农业中仍然存在大量剩余劳动力的判断,与改革开放期间中国经历的大规模劳动力流动不相一致。国家统计局数据显示,2018年全国农民工总人数为2.88亿人,其中离开本乡镇6个月以上的外出农民工为1.73亿人(其中78.2%以上进入各级城市),在本乡镇从事非农产业就业的为1.16亿人。而且,2004年以后,劳动节约型农业机械化增长迅速,农业中实际投入劳动力明显减少(Cai 等,2013),都意味着留在农村且务农从而处于就业不足状态的劳动力数量大幅度减少。

其二,如果从这个官方数据看,中国在其高速增长和产业结构剧烈变化期间,农业劳动力比重每年下降的速度,还不到日本和韩国在历史上相应时期的一半。例如,在1978—2012年间,统计数据显示的中国农业劳动力比重,每年仅仅下降2.2%。而日本在1953—1987年间农业劳动力比重每年下降4.5%,韩国在1963—1997年间为5.1%。如果说在计划经济条件下,农业劳动力转移遭到延误的话,改革期间不仅使资源重新配置过程得到推进,而且对以往的延误进行了补课。

其三,以往的研究提供了诸多证据质疑官方数据,或者通过国际比较,发现中国农业劳动力比重异常地高于理论预期(IMF,2006),或者通过历史回顾,认为统计数据中显示的农业劳动力比重,从早年起就被明显高估了(Rawski 和 Mead,1998),而一些学者进行重新估算的结果,也显示出统计数据所记录的农业就业比重明显过高(Brandt 和 Zhu,2010)。

此前的一项研究通过合理修正国家统计局关于农业劳动力的定义,重新估算了2009年的实际农业劳动力,表明官方数字把该年农业劳动力比重高估了约13.4个百分点(Cai 等,2013)。并非偶然的是,这个结果与布兰特和朱晓东(Brandt 和 Zhu,2010)的估计几乎完全相同。

这里把这个结果进一步扩展,即以2009年为基准,把认为高出实际数的农业劳动力均等地分摊到2009年之前的各年份中,同时按照认为高估的程度重新调整2009年之后各年份数据。虽然这种推算是粗略的,依据了一些过强的假设,但是我们着眼于更符合实际的趋势性判断,而非拘泥于具体的数字。

由此得出,2015年实际务农劳动力比重为18.3%,至少比官方数字低 10 个百分点。① 至于形成的统计数据与调整过数据之间的差额,我们按照对应的权重分别将其摊入第二产业和第三产业各年数据中。图 6-2 展示农业劳动力的统计年鉴数和重新估计数的对比。无论如何,经历了前所未有的体制改革、经济增长和结构变化,特别是农业劳动生产率的持续提高,农业劳动力总量和比重,不再像统计数字显示的那样高大且在很长时间里保持稳定,而是呈现出一个更小的量级且持续下行,应该更加符合理论预期和客观现实。

（单位：万人）

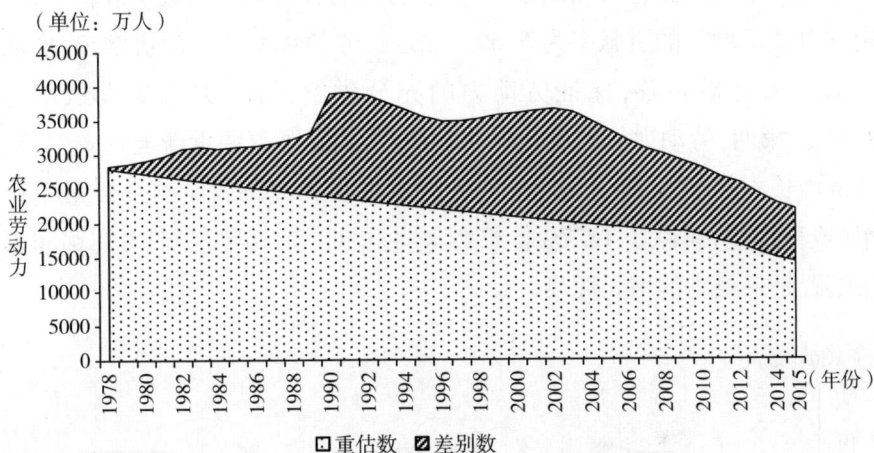

图 6-2　1978—2015 年农业劳动力数量重估

资料来源:国家统计局(http://www.stats.gov.cn)及笔者的估算。

与 20 世纪 70 年代末 80 年代初开始的改革开放相伴随,中国的人口转变也进入这样一个阶段,人口结构表现出食之者寡、生之者众的特征,有利于促进较快的经济增长。1980—2010 年间,15—59 岁劳动年龄人口以年均 1.8% 的速度增长,人口抚养比(劳动年龄人口与依赖型人口之比)以年均 1.9% 的速度下降。正如刘易斯理论所预期的,这种潜在的人口红利通过农业劳动力转移、流动和重新配置,形成二元经济发展的典型特征——劳动力无限供给,并成为这一时期中国经济增长

---

① 我们倾向于认为,2015 年以后农业实际劳动力比重也比统计数字低 10 个百分点。因此,2018 年真正务农的劳动力占全部劳动力比重应该是略高于 16%。

的源泉。

许多研究对改革开放时期中国经济增长的源泉进行分解,得出了比较一致的结论(蔡昉,2017;Cai 和 Zhao,2012;IMF,2006;World Bank,1997)。图6-3展示了这样一项分解结果,用以帮助我们观察1979—2010年间支撑高速经济增长的主要因素。第一,得力于低抚养比形成的高储蓄率和劳动力充足打破资本报酬递减规律,资本积累对这个时期9.9%的GDP平均增长率的贡献为61.1%。第二,新成长劳动力持续进入劳动力市场或获得就业岗位,保障了劳动力存量素质的较快改善,人力资本对经济增长的贡献率为5.6%。第三,劳动年龄人口较快增长、农业劳动力大规模转移,保证劳动力的充分供给,劳动力数量贡献率为9.5%。第四,劳动力从农业转向非农产业,提高了资源重新配置效率,对经济增长贡献了8.2%。第五,反映技术进步和改革效应的全要素生产率(或称残差)贡献了15.7%。综合这些贡献因素可见,劳动力转移和重新配置是最根本的增长源泉。

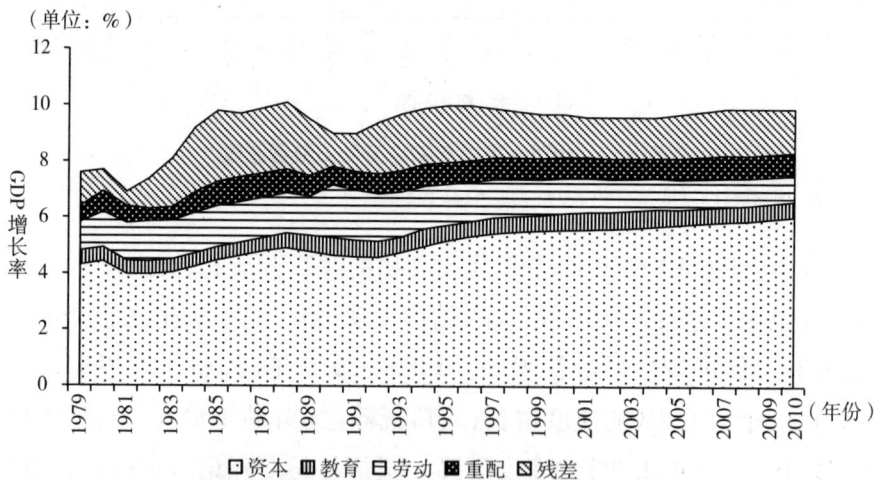

(单位:%)

图6-3 1979—2010年中国经济增长的主要源泉

资料来源:Cai, Fang and Wen Zhao,"When Demographic Dividend Disappears:Growth Sustainability of China",in Masahiko Aoki and Jinglian Wu(eds.),*The Chinese Economy:A New Transition*,Basingstoke,Hampshire,UK:Palgrave Macmillan,2012。

第四节　资源重新配置过程完成了吗？

在为高速经济增长提供了有利的人口结构之后，中国的人口转变进入一个新阶段，表现为劳动年龄人口于 2010 年达到峰值，经济活动人口于 2017 年达到峰值，随后都进入负增长，与此同时，人口抚养比也迅速提高。

相应地，随着农村可供转移的人口如 16—19 岁年龄人口（初高中毕业生）也在 2014 年达到峰值，随后每年绝对减少，导致每年外出劳动力的增长趋于停止，城镇化速度也显著降低，劳动力重新配置的空间大幅度缩小（Cai 等，2016）。需要回答的问题是：停留在目前的这个劳动力结构格局以及城镇化水平，是否可以保障中国经济继续增长直至进入高收入国家行列，实现现代化目标。答案是否定的。

按照经济学原理，农业份额下降特别是农业劳动力比重下降，核心就是对农业与非农产业生产要素配置不均衡格局进行调整。因此，这个过程不言自明的结果应该是形成农业与非农产业的劳动生产率趋同，即便不是数学意义上的同一化。然而事实却是，虽然这一时期中国的农业劳动力得到大量转移，并且形成人类历史上和平时期最大规模的人口迁移，这个预期的劳动生产率趋同现象却没有出现。

在以前的研究中，我们用统计数据和重新估算的数据，分别计算出以劳均增加值表示的三个产业的实际劳动生产率（蔡昉，2017）。总体来看，在 1978—2015 年间，第一产业、第二产业和第三产业劳动生产率分别提高了 5.5 倍、13.5 倍和 5.2 倍（基于统计数据），或 9.0 倍、11.7 倍和 4.3 倍（基于估计数据）。

由于这里关心的是农业与第二产业和第三产业之间的相对水平及其变化，所以，我们以农业劳动生产率为基准（即令其为 1），看第二产业和第三产业的相对劳动生产率及其变化（见图 6-4）。与经济理论所预期的不同，这个趋势没有显示出三个产业劳动生产率之间发生显著的趋同。

我们进一步看三个产业劳动生产率相对变化和相对现状。从基于统

基于统计数据　　　　　　　　　　　基于估算数据

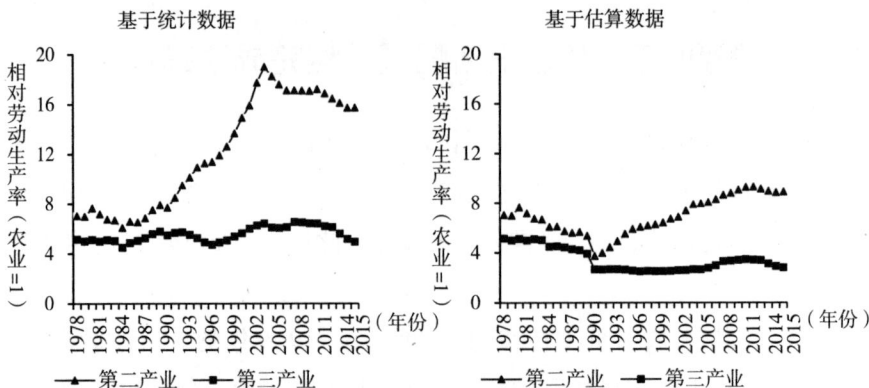

图 6-4　1978—2015 年相对（农业）的劳动生产率

资料来源:蔡昉:《中国经济改革效应分析——劳动力重新配置的视角》,《经济研究》2017 年第 7 期。

计数据的计算结果看,按照 1978 年的不变价格,第二产业劳动生产率提高的速度一直大幅度地高于第一产业,2015 年其实际劳动生产率达到第一产业近 16 倍的水平,第三产业尽管不是这样的变化势头,但是 2015 年其实际劳动生产率也仍然保持在第一产业 4 倍多的水平上。如果按照笔者重新估计的劳动力分布数据为基础计算,在 1990 年之前,农业劳动生产率呈现与另外两个产业之间的趋同,而此后差距再度拉开,2015 年第二产业劳动生产率是第一产业的 8 倍多,第三产业劳动生产率相对于第一产业而言是下降了,但绝对差距仍然存在,前者是后者的大约 3 倍。

从发展经济学的意义上说,这里显然存在一个悖论。一方面,一系列预期发生的现象皆发生了:不仅如此大规模的剩余劳动力从农业中转移出来,及至迎来了以劳动力短缺和工资上涨为特征的刘易斯第一个转折点,而且在农业生产中出现了明显的资本替代劳动现象,具有显著的劳动节约型特点的农业机械化快速推进。另一方面,上述现象应该导致的结果却没有出现,即没有出现劳动生产率的产业间趋同。与此相关的一个统计表现则是:农业的就业份额下降滞后于产值的下降。

从国际经验来看,这种现象并非中国的结构变化所独有。已有的研究表明,即便如今的发达国家(如经济合作与发展组织国家),也曾在相当长的时间里,在经济增长的同时,农业产值比重下降大大快于农业就业比重的下降。由于劳动力市场的一体化过程需假以时日,由此产生的两者之间的离散现象开始缩小,或者说农业与非农产业劳动生产率之间的趋同,要到人均收入达到很高水平时,农业劳动力被充分输送到非农产业时才真正开始(Barrett 等,2010)。

由于农业劳动生产率的提高分别取决于分母效应和分子效应,前者受到劳动力转移程度的影响,后者则受到农业生产方式的制约。并且,分母和分子又是互为条件的,如劳动力转移与农业生产方式之间形成相互制约的关系。阻碍农村劳动力彻底转移的户籍制度的顽固存在,无疑是一个重要的解释因素,即其仍然发挥着干扰经济发展规律即阻挠生产率趋同的作用。如果深入考查,即从农业生产函数角度来分析,我们很容易发现另一个始终没有发生变化的事物,那就是农业的经营规模没有发生实质性的扩大。

从实行家庭联产承包责任制后的调查数据,到 1997 年和 2006 年两次农业普查数据,及至最新的估计,每个农户平均耕地面积大体保持 0.67 公顷未变。这个规模仅相当于世界银行定义的小土地所有者(2 公顷)的 1/3。在这样狭小的土地规模上持续追加节约劳动的物质投入,不可避免地导致资本报酬递减。一项研究表明,把改革开放初期的 1978—1984 年情形与 2007—2013 年相比,粮食生产中劳动的边际生产力提高了数十倍,而资本的边际生产力则显著降低(蔡昉和王美艳,2016)。

事实上,在农业生产中物质费用大幅度增加的情况下,正是由于出现严重的资本报酬递减现象,导致劳动生产率未能伴随资本投入的增加而提高。劳动生产率表示的是每个劳动力创造的有效产出,而最终产出不仅取决于劳动投入,还取决于其他生产要素的投入。由于土地面积的制约导致资本报酬低下,抑制了农业产出效率,劳动生产率也不能得到预期的提高。归根结底,劳动生产率趋同悖论的产生根源,在于农业生产方式没有根本实现现代化。或者也可以说,资本深化或资本劳动比的提高,并不等于生产方式的现代化。

第五节　通过改革促进劳动力转移

中国经济改革促进的经济发展,并不像一些学者坚称的那样仅仅是生产要素投入驱动的粗放型增长,而没有生产率的提高(Young,2003)。事实上,高速增长和居民收入增长都是建立在劳动生产率提高的基础上。而农业剩余劳动力转移和在更高生产率部门的重新配置,对生产率的提高作出了显著的贡献。然而,随着中国进入新的人口转变阶段和经济发展阶段,这种资源重新配置效应已经式微,需要通过深化改革予以应对,以保持中国经济以合理速度继续增长。

一个广泛的共识是,阻碍劳动力流动和配置的体制障碍越来越集中于户籍制度。由于户籍制度也不仅仅是一项人口登记制度,而是与其他一系列制度安排配套发挥作用、旨在阻碍人口迁移和劳动力流动的政策体系,因此,虽然户籍制度本身尚存,其历史形成的传统功能已经大大弱化。

例如,随着人民公社制度和农产品统购统销政策被废除,户籍制度已经不能阻碍人口和劳动力的异地居住和就业;随着基本公共服务均等化程度的提高,户籍制度也不再能够完全排斥农民工享受城市居民的公共福利待遇。从这个意义上,户籍制度本身也经历了重大的改革。然而,如果说以往的户籍制度改革主要是从外围上进行的,如今亟待进入核心的部分,聚焦于大幅度推进农民工的市民化,提高户籍人口城镇化率,具有了越来越突出的必要性和紧迫性。

首先,游离在核心问题之外进行的配套制度改革,因现存的激励不相容问题,不能使核心改革得以突破。城市基本公共服务供给,如最低生活保障制度、基本社会保险、义务教育和保障性住房等,主要是地方政府的责任。在存在着地方政府财政能力和支出责任之间矛盾的情况下,只要城市人口仍然有户籍人口和非户籍人口之分,农民工终究无法充分均等地获得城市的基本公共服务。

虽然目前许多城市已经采取居住证加积分制的办法,以此来渐进地推进农民工的市民化,但是,积分制中的标准终究是地方政府设置的,只要存在着支出责任不对称导致的激励不相容问题,均等的基本公共服务供给就难以落实。

其次,聚焦户籍制度的核心改革,有利于提出更明确的改革目标和措施。既然在农民工市民化问题上存在着改革成本与收益的不对称,从而导致中央政府与地方政府改革激励不相容等问题,推动户籍制度改革需要顶层设计。因此,在新一轮改革中,由中央提出农民工市民化的改革目标,只有通过直接聚焦户籍制度改革,才可能是可操作、可督促和可评估的。此外,直接提出农民工落户目标,可以使改革成本与改革收益之间的对应性更强,从而在中央政府和地方政府之间分担改革成本的制度安排,就不再由于过于模糊而停留在口头上。

第七章　城镇规模最优发展[①]

城镇规模是指城镇的大小,通常以人口表示。城镇是以各种经济行为频繁发生为基础的,而只有在大量厂商和家庭集聚条件下才会有不同经济行为的频繁发生。因此,经济集聚是城镇的基础,相对较大的人口规模或较高的人口密度是城镇的本质特征。理解城镇规模发展的关键在于把握经济集聚。如果对起作用的集聚和反集聚力没有充分的理解,就不能了解城市发展。本章试图从经济集聚角度透视中国城镇化道路和政策中的规模问题,第一节讨论了什么是最优城镇规模以及它是由什么力量决定的问题;第二节讨论了新中国优化城镇规模的探索;第三节讨论了大大小小城镇是否存在有规律的层次分布问题;第四节讨论了未来中国城镇规模优化发展方针,提出走规模中立之路的主张。

第一节　最优城镇规模概念与基础

一、最优城镇规模的概念

最优城镇规模也称最佳城镇规模,是指最大限度有效满足社会需要的城镇规模,此时小于或大于这个规模的任何偏离都将不会使社会境况变得更好而只会变差。一般来讲,最优城镇规模的判别标准和目标主要包括经济效率、包容性、韧性、可持续性四个方面,如图 7-1 所示。因此,

---

① 本章在写作过程中,赫胜彬、武占云协助做了部分工作。

根据不同需要和目的,人们可以在不同的维度上定义最优城镇规模。从包容性来看,所谓最优城镇规模是指效率与公平最优均衡与统一时的城镇规模;从可持续性来看,所谓最优城镇规模是指既能有效满足当代人需要又不损害子孙后代需要的城镇规模,也就是经济、社会、环境协调下的最优效率城镇规模;从韧性(resilience)来看,考虑到城镇规模是影响城市系统对突如其来的自然和人为灾害抵御力、恢复力和适应力的基本因素之一,所谓最优城镇规模是经济效率、包容性、可持续性与韧性最佳统一时的城镇规模。下面重点叙述经济效率维度的最优城镇规模定义。

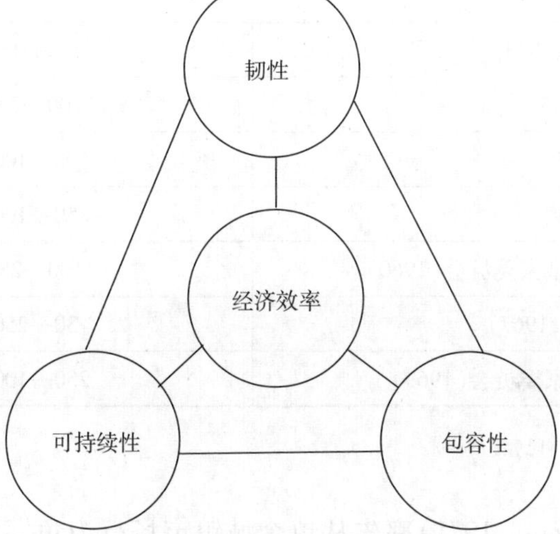

图 7-1　最优城镇规模的维度

从经济效率来讲,所谓最优城镇规模即最优经济效率的城镇规模。按经济效率定义的城镇规模可以分为两个层次,一是一个城镇用既定投入获取最大产出时的城镇规模;二是一个城镇体系中稀缺资源在不同城镇之间达到最优配置效率时的城镇规模。

人们最早从单个城镇公共产品提供行为角度定义经济效率意义上的最优城镇规模。从公共产品角度来看,随着城镇规模增长,城镇居民人均分摊的公共服务提供成本先下降后上升,呈 U 形曲线变化,人均分摊公共服务成本最小时的城镇规模即最优城镇规模(见表 7-1)。蒂布特

(Tiebout,1956)的地方公共产品理论、布坎南(Buchanan,1965)的最佳俱乐部理论、阿诺特和斯蒂格利茨(Arnott 和 Stiglitz,1979)基于亨利·乔治(Henry George)定理的最优城镇规模理论亦是从公共产品提供效率角度定义的。

表7-1　城镇最佳公共服务人口的估算

文　　　　献	最佳人口（千人）
贝克(Baker,1910)	90
巴尼特住房调查委员会(Barnett House Survey Committee,1938)	100—250
洛马克斯(Lomax,1943)	100—150
克拉克(Clark,1945)	100—200
邓肯(Duncan,1956)	500—1000
赫希(Hirsch,1959)	50—100
大伦敦地方政府皇家委员会(1960)	100—250
斯韦美兹(Svimez,1967)	30—250
英国地方政府皇家委员会(1969)	250—1000

资料来源:转引自[英]巴顿(1984)。

阿隆索(Alonso,1971)率先从单个城镇市场行为角度定义经济效率意义上的最优城镇规模,其方法被称为成本—收益分析框架。根据成本—收益分析框架,随着城市规模增长,城市边际收益增长,边际成本则先下降而后增长且比边际收益增长更快,所谓最优城市规模,是指城市边际收益和边际成本相等时的城市规模(J.Vernon Henderson,2007;Alonso,1971),如图7-2所示。随后,一些学者对单个城市的最优规模进行了拓展性研究,例如,通过刻画城市规模与城市效率、城市规模与产业结构、城市规模与国民福利、城市规模与环境承载力之间的关系求解最优城市规模,但研究结论差距较大(见表7-2)。

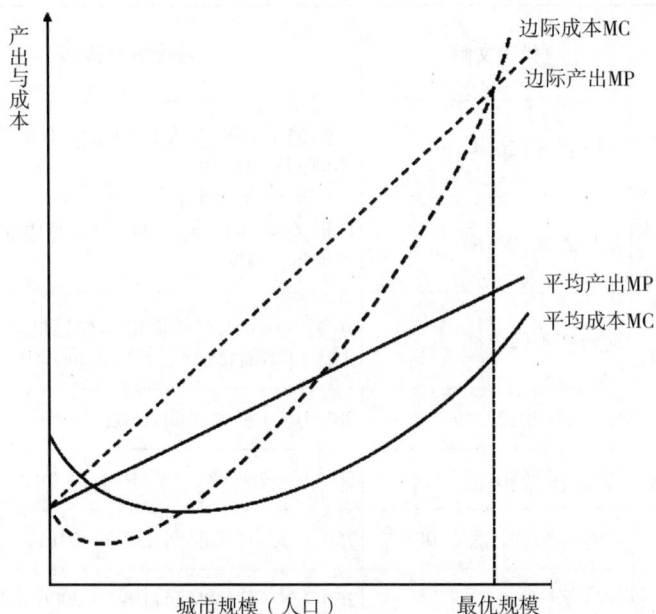

图7-2 最优城市规模的决定

资料来源：Alonso, William, "The Economics of Urban Size", *Papers of the Regional Science Association*, Vol. 26, No. 1, 1971。

表7-2 单个城市的最优规模分析视角及结论

分析视角和框架	代表文献	最优城市规模
成本—收益分析视角	王小鲁和夏小林(1999)	100万—200万人(样本时间:1989—1996)
	金相郁(2004)	北京 1251.7 万人、天津 951.3 万人、上海 1795.5 万人(样本时间:2002 年)
	俞勇军和陆玉麒(2005)	280万人(样本时间:2001 年)
	李秀敏等(2007)	270万人(样本时间:2000—2005 年)
	张自然(2015)	556万—614万人(样本时间:1990—2011 年)
城市规模与城市效率视角	张应武(2009)	500万人(样本时间:2002—2006 年)
	Fu 和 Hong(2011)	200万人(样本时间:2002—2006 年)
	柯善咨和赵曜(2014)	245万人(样本时间:2003—2008 年)
	丁鸿君等(2017)	40万人(县级市,样本时间:2014 年)

续表

分析视角和框架	代表文献	最优城市规模
城市规模与国民福利视角	孙三百等（2014）	U 形关系，300 万人口的城市幸福感最低（样本时间：2006 年）
	蔡景辉等（2016）	U 形关系，340 万人口的城市幸福感最低（样本时间：2009 年）
	党云晓等（2018）	小于 100 万人口的城市幸福感最高，大于 500 万人口幸福感最低（样本时间：2014）
	袁正等（2012）	287 万人（样本时间：2002 年）
	傅红春等（2016）	500 万—780 万人（样本时间：2012 年）
城市规模与生态承载力视角	周海春和许江萍（2001）	750 万人（样本时间：2000—2015 年）
	许抄军（2009）	260 万人（样本时间：1997—2006 年）
	张臻汉（2012）	100 万—280 万人（样本时间：2007 年）
	张杰和解扬（2015）	400 万人（样本时间：2010 年）
	易艳春等（2015）	476 万—1128 万人（样本时间：2003—2012 年）
	郭力（2018）	750 万人（样本时间：2004—2015 年）

20 世纪 70 年代以来，城镇体系角度的最优经济效率城镇规模定义逐步发展起来。这类定义主要包括两种。一是亨德森（Henderson，1974、1985）的最优城镇规模理论。该理论认为不同城镇专业化生产不同的贸易商品，由于不同专业化生产具有不同程度的规模经济，不同城镇能支付不同水平的交通成本和拥挤成本，因而最优城市规模不是唯一的。部分学者基于这一理论对中国城市的最优规模进行了实证分析，结果发现以制造业为主的城市和以服务业为主的城市最优规模存在较大差异（柯善咨和赵曜，2014；Au 和 Henderson，2006）。二是藤田（Fujita，1985）最优城

镇规模理论。该理论以克里斯塔勒模型①为逻辑基础,认为城镇是分层级的,不同层级城镇具有不同的职能、生产函数,同一层级的城镇具有相同的职能、生产函数,城市层级体系随着城镇化和一体化发展而变化。因此,城镇的最优规模决定于其在城镇层级体系中的位置和功能,处于高层级的城镇最优规模较大,处于低层级的城镇最优规模较小,城镇的最优规模在整个城镇层级体系发展过程中是动态变化的。三是新经济地理学最优城镇规模理论。克鲁格曼(Krugman,1993)建立了一个离散型多区域模型,在这一模型中,地区间的聚集具有内生性,当运输成本和收益递增的作用都强到足以引起多重均衡聚集时,这些聚集体往往是相互远离的,由此,他认为最优城市规模是区域性的且非唯一的。四是城镇网络理论(田莉,2009;Capello 和 Nijkamp,1993;Capello 和 Camagni,2000)。与新古典理论框架不同,这一理论把单个城镇视为整个城市分工网络上的节点,否定城镇规模与城市功能的必然联系,强调城镇间的网络外部效应是影响城镇效益和城市成本不可或缺的重要力量,认为再大的中心城市规模并非是要素生产率与集聚经济的唯一决定因素,高等级功能以及城市体系网络的整合同样是极为重要的影响因素。

最后,应该指出的是,经济效率意义上的最优城镇规模还可以从最优要素生产率角度定义,包括最优劳动生产率、资本生产率、能源生产率、生态效率和全要素生产率城镇规模等等。

---

① 中心地理论(Central Place Theory)于 1933 年由德国经济学家克里斯塔勒(Christaller)首先提出,1940 年由德国经济学家廖什(August Losch)进一步完善和发展,20 世纪 50 年代开始流行于英语国家,1964 年中国首次译介。目前,这一理论纳入高中地理教学内容。根据该理论,城市分布具有以下规律:(1)城镇等级由城镇所提供的商品和服务的级别所决定;(2)城镇等级决定相应等级城镇的数量、分布和服务范围;(3)城镇的数量和分布与城镇的等级高低成反比,城镇的服务范围与等级高低成正比;(4)一定等级的城镇不仅提供相应级别的商品和服务,还提供所有低于这一级别的商品和服务;(5)城镇的等级性表现在每个高级城镇都附属几个中级城镇和更多的低级城镇,形成城镇体系。然而,中心地理论也受到来自多方面的质疑。其中,最重要的是,这一理论单纯强调城市体系的层级性,强调高等级城镇对低等级城镇的影响和控制,无视现代城市体系的网络性,忽视低等级城镇对高等级城镇提供货物和服务的联系,忽视了同一层次城市之间的分工协作关系以及不同城镇体系之间的联系,因而难以有效解释当代城镇之间分工与贸易,特别是基于价值链、供给链、产业链的城镇分工与贸易网络。

二、集聚与反集聚经济

从经济学角度讲,最优城镇规模是集聚与反集聚经济对抗平衡的结果。阿尔弗雷德·马歇尔(Alfred Marshall)是第一个详细阐述集聚经济的经济学家,他将集聚经济理解为与单个经济主体无关的外部规模经济,并将之分为地方化经济和城镇化经济。与马歇尔不同,俄林(Ohlin,1933)、胡佛(Hoover,1937、1948)、沃尔特·艾萨德(Walter Isard,1975)将集聚经济分为规模经济、地方化经济(Localization Economics)和城镇化经济(Urbanization Economics)三种类型。为了描述集聚与反集聚经济的本质特征,人们通常采用俄林、胡佛和艾萨德的分类方法。

(一)规模经济和规模不经济

内部规模经济是指一个企业生产规模扩大时,长期平均成本递减,其原因是随着生产规模扩大单位产出分摊固定成本下降;而内部规模不经济则是指一个企业生产规模扩大时,长期平均成本递增,其原因主要是企业规模扩大引起的管理难度增大、官僚主义滋长、工作扯皮增长、管理效率降低。在内部规模经济激励下,企业将扩大生产规模,进而引起经济集聚和城市规模扩大。然而,当企业生产达到一定规模时,进一步扩大企业规模会使单位产出成本较规模较小时高,从而形成规模不经济,因而企业规模及其引致的城市规模扩大是有限度的。

(二)地方化经济与地方化不经济

地方化经济是指同一产业不同企业在同一地点集聚时每个企业长期平均成本的下降。马歇尔强调,地方化经济的三种来源,即产业内中间投入品的共享、劳动力市场共享和知识溢出。所谓中间投入品的共享,是指不同企业在同一地点集聚时每个企业分摊的专业服务等中间投入品成本的降低;劳动力市场共享是指不同企业在同一地点集聚时每个参与企业可以降低劳动力搜寻和培训等劳动力获得的成本;知识溢出(Knowledge Spillovers)则是指不同企业在同一地点集聚时知识分享效率提高、成本降低。在地方经济吸引下,企业将向同一地点集中。然而,企业需要土地、空间和劳动力等要素投入。当大量企业在同一地点集中时,将在该地形成大规模的投资,产生大量土地和空间需求,引致土地和空间价格上升。土地和空间价格上升,将导致劳动力的生活成本上升,为保证劳动力供给,企业将不得不提高工人工资。因而,土地和空间价格上升将直接和间接推动企业成本增长,促使企业分散,当分散力超过集聚力时,便会形成地方化不经济。

(三)城镇化经济与城镇化不经济

城镇化经济是指横跨不同部门的大量经济活动集中在同一地区时所产生的集聚经济,与同一地区一组产业或部门的规模而不是与一个产业或部门的规模有关。城镇化经济来源于产业间专业化商品和服务的共享、劳动力市场共享和知识溢出。雅各布斯(Jacobs,1969)强调知识能够在互补的而非相同的产业间溢出,认为多样化的企业和经济行为人之间的信息交换更有利于知识和信息的溢出,从而更容易产生创新,产业的多样化和产业间的知识溢出是城市增长最重要的动力。与上述地方化不经济机理一致,随着不同产业大量企业集聚,分散力增强,当分散力超过集聚力时,便会形成城镇化不经济。

理论上,地方化经济(特定产业的专业化集聚)和城镇化经济(跨部门产业的多样化集聚)均能促进产业集聚和城市规模增长,但二者对中国城市增长或城市规模形成的主导作用,一直以来都是学术界争论的重点。一种观点强调地方化经济的主导作用,即特定产业的专业化集聚有利于生产率的提高从而促进城市增长(陈良文等,2006;贺灿飞,2011;刘修岩和何玉梅,2011);另一种观点强调产业的多样化和产业间的知识溢出是城市增长的主要动力(薄文广,2007;李金滟和宋德勇,2008)。还有观点认为,由于企业集聚与拥挤效应的边界在不同产业和区域存在差异,因此不同产业和区域的集聚特征和最优集聚规模是不同的(刘伟巍和杨开忠,2012)。例如,从城市规模来看,中等城市和大城市的发展主要得益于地方化经济,特大城市和超大城市具有更为显著的城镇化经济。从区域分布来看,城镇化经济是东部地区城市规模增长的主要力量,而地方化经济是中部和西部地区城市规模增长的主要力量(苏海龙等,2011;谢燮和杨开忠,2003)。此外,不同规模的企业在不同规模的城市中受益于不同类型的集聚经济。

第二节　小的最优抑或大的最优

新中国成立以来,最优城镇规模问题一直是我国城镇化和现代化面临的重要理论和实践课题。已有文献(胡晨光等,2017;万庆和吴传清,2017)对至今我国最优城镇规模研究进展进行了比较系统的综述。本节将城镇规模发展方针视为最优城镇规模理论认识的政策表达,从城镇规模发展方针角度,将新中国成立 70 年来最优城镇规模探索分为 20 世纪 50 年代至 90 年代和 2000 年以来两个阶段,试图勾画最优城镇规模理论认识与城镇规模发展方针互动的基本格局,系统揭示城镇规模发展方针的科学基础。

一、小的最优:20 世纪 50 年代至 90 年代

(一)超大国家与小的最优

一般来讲,随着工业化和经济发展,城镇规模分布先趋于集中,达到一定水平后则会转向分散,呈倒 U 形变化,但具体表现往往会在一定程度上受国家大小的影响。中国是一个幅员辽阔、人口众多的超大国家。相对较小国家,这一基本国情对城镇规模分布有着十分重要的影响。如果把经济发展分为低收入水平发展、中等收入水平发展、高收入水平发展三个阶段的话,这种影响基本可以概括为三个方面。

一是使低收入水平发展阶段分散相对有效。由于以下三个因素,超大国情增加额外分散力:(1)中心地方与外围地方间平均距离大、分割重,平均运输成本等交易成本高,因而既要获取中心地方集聚经济又要向外围地方有效提供商品的难度大;(2)互为分割的地方之平均人口规模较大,因而外围地方对工业品需求相对较大,更能满足工业生产对市场门槛规模要求;(3)互为分割的地方禀赋差距大,外围地方禀赋对中心地方集聚形成较强抗衡中心地方集聚经济的力量。因此,在低收入水平发展阶段,经济内生集聚经济比较薄弱,超大国情带来的额外分散力使分散相

对有效。

二是使中等收入水平发展阶段集聚更加有效。随着经济发展进入中等收入水平阶段,空间集聚力会因人们多样性偏好显著增强而增强,而空间分散力则会因空间一体化程度显著增强而减弱,因此,集聚变得越来越有效。此时,超大国国情意味着统一的超大国国内要素和商品市场,可以更大限度地获取内部和外部规模经济,因而将带来显著额外集聚力,在中等收入发展阶段相对小国,超大国国情使集聚变得更加有效。从这种意义上讲,越大的国家越是要发展大城市(陆铭,2016)不无道理。

三是使高收入水平发展阶段分散更加有效。随着经济发展进入高收入水平阶段,空间分散力会因为集聚不经济加强而加强,加之,空间一体化水平进一步提高使经济活动区位选择变得更加自由,分散会趋向相对有效,城市群兴起和发展。此时,超大国国情带来的额外分散力将使分散更加有效。综上所述,我们不难得出:在一个超大国家,低收入水平和高收入水平发展阶段总体趋向"小的最优",中等收入水平发展阶段总体趋向"大的最优"。

直到1998年,我国人均国内生产总值达到820美元,在世界银行收入分组中尚处于低收入国家和地区行列,常住人口城镇化率30.4%,城镇化尚仅及中期门槛,同时,交通通信不发达、地域分割比较严重。因此,20世纪50年代至90年代我国城市规模发展强调小城市是美好的。除了自觉不自觉地实行控制大城市、合理发展中等城市、积极发展小城市的规模发展方针外,这还体现在城市规模划分标准上。为有效指导和规划城镇规模发展,我国早在1955年就提出了城市规模划分标准,后虽经变化(见表7-3),但始终体现出"小的是优的"取向,这表现在:(1)规模层级简化为大、中、小三级,1980年虽一度增加了特大城市层级,但之后考虑到不利于控制大城市即取消了;(2)与现行2014年标准相比,大、中城市人口门槛标准低,仅分别相等于现行标准中等城市、Ⅰ型小城市人口门槛。

表7-3　我国城市规模划分标准变迁

文　　件	城市分级	人口标准	
		人口规模	人口规模口径
《关于当前城市建设工作的情况和几个问题的报告》(原国家建委,1955)	大城市	50万人以上	不详
	中等城市	50万人以下、20万人以上	
	小城市	20万人以下	
《城市规划定额指标暂行规定》(原国家建委,1980)	特大城市	100万人以上	中心城区和近郊区非农业人口
	大城市	50万人以上至100万人	
	中等城市	20万人以上至50万人	
	小城市	20万人和20万人以下	
《城市规划条例》(国发〔1984〕2号)	大城市	50万人以上	市区和郊区非农业人口
	中等城市	20万人以上不足50万人	
	小城市	不足20万人	
《中华人民共和国城市规划法》(中华人民共和国主席令第23号,1989)	大城市	50万人以上	市区和近郊区非农业人口
	中等城市	20万人以上、不满50万人	
	小城市	不满20万人	
《国务院关于调整城市规模划分标准的通知》(国发〔2014〕51号)	超大城市	1000万人以上	城区常住人口
	特大城市	500万人以上1000万人以下	
	I型大城市	300万人以上500万人以下	
	II型大城市	100万人以上300万人以下	
	中等城市	50万人以上100万人以下	
	I型小城市	20万人以上50万人以下	
	II型小城市	20万人以下	

（二）"小的最优"：改革开放前的逻辑

改革开放前,总的来讲,"控制大城市、合理发展中等城市、积极发展小城市"并非明文规定的"显性"方针而是"隐性"的方针,小城市最优论有"实"无"名"。除了上述超大国国情的因素外,这一"隐性"方针和最优城镇规模背后的理念和逻辑是：与工业建设相适应的方针,以及贯穿工业建设之中的国防安全和均衡布局原则。

1949 年,毛泽东同志在中共七届二中全会上指出:城市工作必须以生产建设为中心。[1] 1951 年 2 月,《中共中央政治局扩大会议决议要点》指出"在城市建设计划中,应贯彻为生产、为工人服务的观点"。[2] 1954 年第一次全国城市建设工作会议提出,城市建设的主要物质基础是工业建设,工业建设计划、地点和速度决定城市建设的计划、地点和速度,城市建设必须采取与工业建设相适应的方针。这一时期的工业建设计划经济色彩浓厚,由国家投资并确定工厂规模、区位和劳动力来源,城市规模发展决定于工业建设,城市规模指向是适应性的。这个方针在不同时期有不同的具体表现。

一是"一五"时期(1953—1957 年),适应以 156 个重点建设项目为中心、由 694 个建设单位组成的工业建设,以及利用沿海老工业基地、建设内地新工业基地的布局,采取了城市建设与工业建设相适应的"重点建设,稳步前进"的方针,并明确城市建设任务不是发展沿海的大城市,而是要在内地发展中小城市,并适当地限制大城市的发展(李富春,1955)。1957 年,全国城镇人口占全国总人口比重由新中国成立之初的 10.6% 增长到 15.4%,城市数量由 135 个增加到 176 个(李梦白,1983),一批重点工业城市得到了快速发展。

二是"大跃进"时期(1958—1960 年),用城市建设的"大跃进"来适应工业建设的"大跃进",各地不切实际扩大城市规模,发展大城市,全国城镇人口由 1957 年的 9949 万人增加到 1960 年的 13073 万人,城镇人口占全国总人口比重上升到 19.9%。

三是调整时期(1961—1965 年),城市建设适应调整国民经济,特别是缩短工业和基本建设战线的要求,不搞城市规划[3]、精减城镇职工、压缩城市人口、撤销不够条件的市政建制。全国设市城市由 1960 年的 199

---

[1] 《毛泽东选集》第四卷,人民出版社 1991 年版,第 1424 页。

[2] 中共中央文献研究室编:《建国以来重要文献选编》第二册,中央文献出版社 1992 年版,第 41 页。

[3] 1960 年 11 月召开的第九次全国计划会议宣布了"三年不搞城市规划"。

个减少到 1965 年的 169 个,城镇人口占全国人口比重下降至 14%(李秉仁,2002),大城市人口规模也基本处于停滞和萎缩状态。

四是"三线建设"时期(1966—1980 年),以城市建设适应"三线"建设,采取"大分散、小集中,不建集中的城市,多搞小城镇"的方针,新建 4 个工业城市,扩建 71 个新兴工业城市、9 个中心城市和 100 余个小城镇(见表 7-4)。

表 7-4 适应"三线"建设的城镇建设

城市类型		数量	城市名(省区、建市时间)	城市发展模式
新建城市		4	渡口(四川,1965 年)、六盘水(贵州,1978 年)、十堰(湖北,1969 年)、金昌(甘肃,1981 年)	在非城市地区集中建设
扩建城市	新兴工业城市	71	四川:德阳、绵阳、江油、广元、自贡、泸州、宜宾、内江、乐山、峨眉、雅安、西昌、遂宁、南充、华蓥、达县、涪陵、万县 贵州:遵义、安顺、都匀、凯里 云南:个旧、东川、曲靖、昭通、开远、玉溪、楚雄 陕西:宝鸡、咸阳、汉中、铜川、渭南、韩城 甘肃:玉门、嘉峪关、酒泉、张掖、武威、白银、临夏、平凉、天水 青海:格尔木 宁夏:石嘴山、吴忠、青铜峡 山西:侯马、榆次、临汾 河南:洛阳、三门峡、平顶山、南阳、焦作、鹤壁、濮阳、义马 湖北:襄樊、宜昌、沙市、荆门、丹江口 湖南:怀化、娄底、冷水江、洪江、常德、邵阳、吉首	依托老城扩建
	中心城市	9	重庆、成都、贵阳、昆明、西安、兰州、西宁、银川、太原	依托老城扩建
新兴工业城镇		100 余个	在"三线"建设中,仅四川省就建成了新兴工业城镇 60 余个。典型城镇如绵竹县汉旺镇,德阳县罗江镇,江油县中坝镇,武都镇等。因这类城镇数量多、分布广,此表暂不详细统计	主要依托老镇扩建

资料来源:周明长:《三线建设与中国内地城市发展(1964—1980 年)》,《中国经济史研究》2014 年第 1 期。

由上可见,改革开放前我国判断最优城镇规模的标准即是否与工业建设相适应。由于工业建设规模小和实行均衡布局,除"大跃进"时期外,我国一致以小城市为最优规模。

（三）"小的最优"：改革开放后的逻辑

改革开放后，随着党和国家工作重心转移到以经济建设为中心上来，最优城市规模的衡量标准以经济效率为中心，而包容性、韧性、可持续性无不屈从于经济效率优先。一些文献基于集聚经济理论、国际经验和对中国城镇规模效率的实证分析，阐述大城市更有效率和超前发展规律（蔡继明等，2012；高珮义，1991；胡兆量，1986；宁越敏，1990；王嗣均，1995；严正，2004），指出中国相当部分城市规模偏小（Au 和 Henderson，2006），质疑控制大城市、合理发展中等城市、积极发展小城市的方针（蔡继明等，2012；王放，1999；王嗣均，1995；王元，1985；严正，2004），并建议政府实行优先发展大城市的方针。

然而，国家关于控制大城市、合理发展中等城市、积极发展小城市的方针却更加"显性"、系统。1978 年中共中央印发《关于加强城市建设工作的意见》第一次系统提出控制大城市规模、发展中小城镇的目标和方向。1980 年国务院批转的《全国城市规划工作会议纪要》贯彻落实这一意见，提出"控制大城市规模，合理发展中等城市，积极发展小城市，是我国城市发展的基本方针"。[1] 1984 年国务院发布《城市规划条例》第一次以行政法规确认这一方针。1990 年开始施行的《中华人民共和国城市规划法》第四条对城市发展方针进行了修改，规定"国家实行严格控制大城市规模、合理发展中等城市和小城市的方针，促进生产力和人口的合理布局"。[2]

究其原因，除了已经强调指出的超大国家低收入发展时期一般因素外，关键有两个方面因素使"小的最优"。一是从改革开放来看，在向开放、统一的市场经济转型中，相对于大的城市，农村和小的城市受传统经济体制束缚较小，市场化改革和对外开放阻力小，向开放、统一的市场经济率先转型，效率上升快；二是从经济增长方式来看，在主要依靠劳动力等初级要素获取竞争优势的劳动密集型经济发展中，相对于大城市，农村

---

① 《中华人民共和国国务院公报》1980 年第 20 号，第 648 页。
② 全国人民代表大会常务委员会法制工作委员会编：《中华人民共和国法律汇编（1985—1989）》，人民出版社 1991 年版，第 579 页。

和小的城市可利用的劳动力、土地相对充裕,具有发展劳动密集型经济的比较优势。

二、大中小城市协调发展:2000年以来

随着工业化、城镇化和空间一体化的发展,我国逐渐跨入中等收入发展阶段,2000年人均GDP为959美元,常住人口城镇化率达到36.22%。进入21世纪以来,我国放弃了控制大城市规模、合理发展中等城市、积极发展小城市的基本方针,提出大中小城市和小城镇协调发展的方针。"十五"时期强调多样化,《中华人民共和国国民经济和社会发展第十个五年计划纲要》提出"走符合我国国情、大中小城市和小城镇协调发展的多样化城镇化道路,逐步形成合理的城镇体系"。① 从"十一五"时期开始强调以城市群为主体形态。国家"十一五"规划纲要首次明确提出"把城市群作为推进城镇化的主体形态"。② 在坚持以城市群为主体形态促进大中小城市和小城镇协调发展的基础上,国家"十二五"规划纲要提出"构建以陆桥通道、沿长江通道为两条横轴,以沿海、京哈京广、包昆通道为三条纵轴,以轴线上若干城市群为依托、其他城市化地区和城市为重要组成部分的城市化战略格局",③国家"十三五"规划纲要则进一步提出形成"19+2"城市群布局。党的十九大报告指出,"以城市群为主体构建大中小城市和小城镇协调发展的城镇格局"④,为新时代推进新型城镇化指明了方向和路径。截至2017年,我国共有地级以上城市294座,其中,城区常住人口超过1000万人的超大城市有5座;人口超过100万人的城市达到92座;人口超过50万人的中等规模及以上城市

---

① 全国人民代表大会常务委员会办公厅编:《中华人民共和国第九届全国人民代表大会第四次会议文件汇编》,人民出版社2001年版,第59页。

② 《中华人民共和国国民经济和社会发展第十一个五年规划纲要》,人民出版社2006年版,第41页。

③ 《中华人民共和国国民经济和社会发展第十二个五年规划纲要》,人民出版社2011年版,第58—59页。

④ 习近平:《决胜全面建成小康社会 夺取新时代中国特色社会主义伟大胜利——在中国共产党第十九次全国代表大会上的报告》,人民出版社2017年版,第33页。

占比将近65%(见图7-3)。

（单位：%）

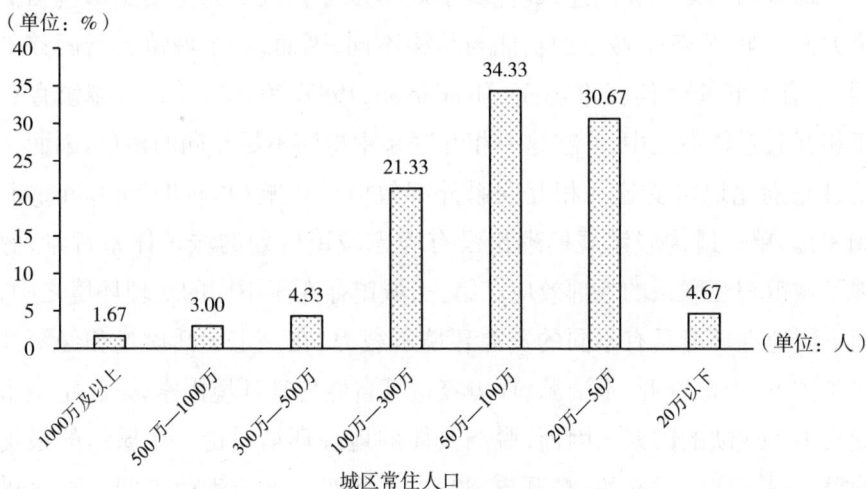

图7-3　2017年中国不同规模城市分布情况

注：城区常住人口采取"城区人口+城区暂住人口"代替。
资料来源：中华人民共和国住房和城乡建设部编：《中国城市建设统计年鉴2017》，中国统计出版社
　　　　2018年版。

20世纪90年代以来，随着我国区域协调发展理论和实践的发展，以及跨入中等收入国家和地区行列，最优城镇规模价值标准逐步由单一的效率拓展到多样的经济效率、包容性、韧性、可持续性，无疑是大中小城市协调发展方针提出的重要因素，但对最优城镇规模存在性及实现机制与最优城镇规模发展关系认识的深化同样是不可忽视的原因。

（一）最优城镇规模存在性

事实上，无论是"大的是优的"还是"小的是优的"，在最优城镇规模认识上都自觉不自觉假定了存在放之四海而皆准的、一个统一的"最优城镇规模"，一个国家的"最优城镇规模"是唯一的。在西方，这一认识最早受到理查德森(Richardson,1972)质疑，到20世纪80年代中期遭到全面否定。在我国，在"大的是优的"抑或"小的是优的"争论中，从20世纪90年代开始，许多文献对最优城镇规模进行了实证研究但结论却各不相同(见表7-2)。这促使人们逐渐相信并不存在一个统一的最优城镇规模，最优城镇规模多样化逐步成为主流认识，从而为大中小城市和小城镇

协调发展方针提供了支撑。

综观国内外相关论述,最优城镇规模多样化认识的主要逻辑包括五个方面。第一,各个城镇的功能与结构不同,因而,各个城镇生产函数不同,具有不同的最佳城市规模(Henderson,1985、2003)。第二,城镇存在于相互联系体系之中,并在这一相互联系中扮演不尽相同的角色,因而接受且差别化地接受这一相互联系外部效应的影响(Capello 和 Camagni,2000)。单一最优城镇规模理论没有考虑城镇所处的城镇体系背景,忽视了城镇相互联系的外部效应。第三,城镇存在于不同的地理环境之中,而不同地理环境具有不同的资源环境承载力,在一定生活质量和经济技术条件下,土地资源、水资源、环境容量等自然地理环境因素,是决定城市规模不可或缺的因素。因而,脱离具体的地理环境讨论一个城镇的最优规模是没有实际意义的(杨开忠,2017)。第四,"城市生命周期"、技术进步、气候减缓与适应等表明,城镇增长的内外环境是动态变化的,因而,最优城镇规模不是固定不变的,必然随着城镇增长内外环境变化而变化,单一最优城镇规模理论是静态的,没有反映城镇增长内外环境的动态变化。第五,不同国家、地区的最优城镇规模随资源禀赋、国家体制、发展阶段等的差异而有所不同。尤其是忽视中国城市发展的特殊制度背景,单纯的基于人口集聚带来的规模经济与规模不经济来推论最优城镇规模,简单依靠行政手段压制超大和特大城市规模的做法是不可取的。城市集聚不经济是单纯的人口增长带来的,还是由于公共产品供给不合理、城市规划技术和管理存在缺陷,仍是需要持续关注的问题。

(二)最优城镇规模发展实现机制与城镇规模发展方针的关系

对此存在不同认识。一种观点认为,最优城镇规模发展实现机制在计划经济和市场经济中是不同的,在计划经济中政府机制是决定性的;在市场经济中市场机制起决定性作用。因而,作为政府干预行为,城市规模发展方针在计划经济中自然与最优城镇规模发展规律保持一致,在市场经济中则应当以最优城镇规模发展为依据,趋利避害地引导最优城镇规模发展向有利于社会的方向发展,其作用方向并非总是与客观的最优城镇规模发展一致。正是基于这样的认识,胡兆量(1986)强调大城市超前发展规律与控制大城市规模并不矛盾;杨开忠先后提出空间一体化的区域协调发展战略(杨开忠,1993a、1993b、1994)和政府不应规定重点发展大城市还是小城市而创造公平竞争环境并实施"问题城镇"管理的主张(杨开忠,2001)。另一种观点强调城市规模发展方针的作用方向必须总是与最优城镇规模发展方向保持一致,因而控制大城市规模是违背大城市超前发展规律的(蔡继明等,2012;樊纲和胡彩梅,2017;王放,1999;王嗣均,1995;王元,1985;严正,2004)。这一观点的体制逻辑或者停留在计划经济,或者自觉、不自觉地隐含着这样的前提:无论在计划经济还是市场经济中,最优城镇规模发展实现的决定性机制都是作为政府机制的城市规模发展方针。

20世纪90年代以来,随着计划经济向市场经济不断深入转变,政府在资源配置中的决定性作用逐渐让位给市场。这集中体现在:党的十五大提出"使市场在国家宏观调控下对资源配置起基础性作用"[1],党的十六大提出"在更大程度上发挥市场在资源配置中的基础性作用",[2]党的十七大提出"从制度上更好发挥市场在资源配置中的基础性作用",[3]党的十八大强调"更大程度更广范围发挥市场在资源配置中的基础性作用",[4]党的十八届三中全会则彻底提出"使市场在资源配置中起决定性作用"。[5] 在这种背景下,第一种观点越来越成为主流,从而为大中小城市和小城镇协调发展方针的提出提供了支持。

---

① 江泽民:《高举邓小平理论伟大旗帜,把建设有中国特色社会主义事业全面推向二十一世纪——在中国共产党第十五次全国代表大会上的报告》,人民出版社1997年版,第20页。

② 江泽民:《全面建设小康社会　开创中国特色社会主义事业新局面——在中国共产党第十六次全国代表大会上的报告》,人民出版社2002年版,第27页。

③ 胡锦涛:《高举中国特色社会主义伟大旗帜　为夺取全面建设小康社会新胜利而奋斗——在中国共产党第十七次全国代表大会上的报告》,人民出版社2007年版,第21页。

④ 胡锦涛:《坚定不移沿着中国特色社会主义道路前进　为全面建成小康社会而奋斗——在中国共产党第十八次全国代表大会上的报告》,人民出版社2012年版,第18页。

⑤ 习近平:《决胜全面建成小康社会　夺取新时代中国特色社会主义伟大胜利——在中国共产党第十九次全国代表大会上的报告》,人民出版社2017年版,第21页。

第三节　城市规模分布变化

新中国城市规模分布客观上是怎样变化的？回答这个问题,不仅有助于检验最优城镇规模认识和城市规模发展方针的有效性,而且有助于把握新时代城市规模分布发展的趋势,为完善城市规模发展方针提供参考。许多文献对中国城市规模变化进行了分析,但绝大多数分析时间序列短且主要局限在2000年以前。赫胜彬(2016)[①]率先开展我国城市规模分布变化长时间序列(1993—2013年)分析,结果表明:2000年以来,中国城市规模分布一改长期的分散化趋势,正走向集中化。最近,孙斌栋等(2019)对1952—2014年中国城市规模分布变化的长时间序列分析亦得出了同样结论。下面,以赫胜彬(2016)为主要基础描述和分析我国城市规模分布变化。

一、城市规模分布研究方法和数据

(一)位序—规模法则

位序—规模法则(rank-size rule)是由德国学者奥尔巴克(Felix Auerbach)于1913年在分析欧美国家城市人口资料时发现的。在城市和区域经济学中,常用的城市规模分布的函数形式来自对帕累托收入分布函数的修改:

$$P_i = P_1 / R_i^q$$

对于任何国家和地区而言,城市规模分布可通过这个函数的对数形式,用计量经济学的方法进行估计:

$$\lg P_i = \lg P_1 - q \lg R_i$$

式中,P_1表示区域内规模最大的城市规模;P_i表示区域内第i位城市的规模;R_i表示区域内第i位城市所处的位序;q为常数。为方便起见,将常数q记为齐普夫指数:$q = 1$,表示城市规模分布符合位序—规模

---

① 赫胜彬为本章作者杨开忠指导的博士研究生。

法则；$q > 1$，表示城市规模分布比较集中，大城市发达，中小城市则发展不够充分；$q < 1$ 表示城市规模分布比较分散，中小城市发展较多，而大城市发展不够充分。

20 世纪以来，国内外许多实证观察结果表明，在大多数情况下，q 接近 1，因此，城市规模分布函数通常可以表示为：

$$P_i = P_1 / R_i$$

由此可见，每个城市的规模及其序位的乘积是常数 P_1，即这个国家或地区最大城市的人口数量。对于最大城市，人口为 P_1，位序为 1；对于位序为 2 的城市，人口为最大城市人口的一半；位序为 3 的城市人口则为最大城市人口的 1/3。这就是 1949 年由齐普夫（George Kingsley Zipf）提出的位序—规模法则或齐普夫法则。

1999 年，区域经济学家藤田（Masa Fujita）模拟的长期仿真结果表明位序—规模法则接近成熟空间经济系统的长期分布特征。英国、德国、意大利等国家高等级城市规模分布实际观测值近似满足位序—规模法则，但随着城市等级的降低，实际观测值开始偏离位序—规模法则，总体上更像是介于位序—规模法则与首位式分布的过渡分布。更有甚者，如爱尔兰、丹麦、法国、韩国等许多工业化国家，城市规模分布高度偏斜，不满足任何形式的位序—规模关系。因此，对这类研究结果要持十分谨慎的态度。

（二）测度数据和方法

从数据角度看，基于齐普夫法则对中国城市规模分布特征的研究，目前主要分为基于统计数据、基于传统城市遥感和基于夜间灯光数据三个方面的研究。这里基于 DMSP-OLS 夜间灯光数据进行研究。[①]

DMSP-OLS 夜间灯光数据记录的是全球范围内夜间人类社会经济活动的强度信息，已经被大量经济学家用以开展更为精确的经济研究。该数据空间分辨率为 1 公里，基本覆盖全球人类活动区域，并且表征的是人

---

① DMSP 为美国国防气象卫星计划（Defense Meteorological Satellite Program）的简称。OLS 为 DMSP 上的线性扫描业务系统（Operational Linescan System）的简称。

类活动高度聚集的城市地区,因此成为近些年来城市研究领域中的新宠,得出的一系列结论表明,该数据能够较好地表征城镇化水平、经济状况、人口密度等。然而,DMSP-OLS 在不同年份采用的卫星不同,并且传感器也有差异,导致不同年份不同传感器间的长时间序列数据不具有连续性和可比性,因此本章首先基于不变目标法对 1992—2013 年间的数据进行时序校正。

城市规模分布的基本条件是对城市规模的可靠测度,但如何有效地确定城市规模依然是城市研究中的一个难题,客观定义城市空间范围是有效确定城市规模的基本前提。定义城市规模的前提是明确定义城市的空间地域范围,只有有效界定地域范围并客观确定城市规模,得出来的城市规模等级分布才能真实反映城市体系的真实特征。因此,本章基于校正后的 DMSP-OLS 夜间灯光数据、增强型植被指数(EVI)和归一化水体指数(NDWI),采用支持向量机的遥感监督分类提取实体城市信息(见图7-4)。得到城市地域范围后,利用区域内夜间灯光强度总和来表示城市规模,计算公式如下:

$$P_i = TLI_i = \sum_i DN_i \times C_i$$

式中,P_i 表示城市规模,TLI_i 为区域 i 的灯光总量,DN_i 为第 i 级灰度值,C_i 为第 i 级灰度值的栅格数。由于夜间灯光数据的亮度值为一个单纯的数值,所以在本章中定义的城市规模是一个无量纲量。

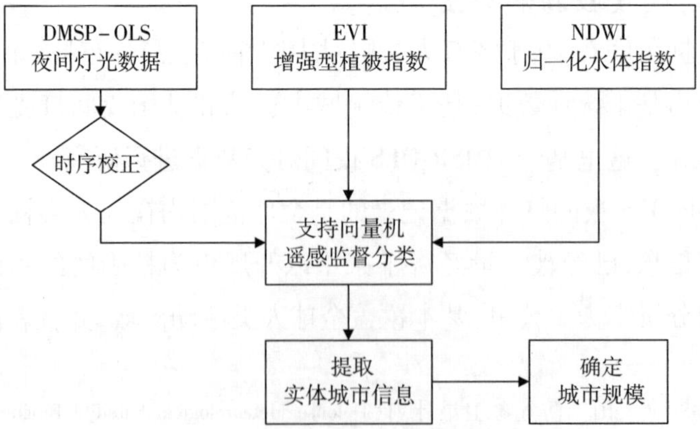

图7-4 确定城市规模的具体流程图

二、中国城市规模分布特征

（一）城市位序—规模分布

根据上文中的齐普夫法则计算得到 1992—2013 年间中国城市规模分布的齐普夫指数，如表 7-5 所示。

表 7-5　1992—2013 年中国城市规模分布的齐普夫指数

年份	q	R^2	年份	q	R^2
1992	0.906	0.9029	2003	0.882	0.9237
1993	0.891	0.8967	2004	0.898	0.9230
1994	0.870	0.9008	2005	0.902	0.9231
1995	0.854	0.8989	2006	0.909	0.9184
1996	0.850	0.9054	2007	0.914	0.9175
1997	0.841	0.9047	2008	0.920	0.9201
1998	0.839	0.9066	2009	0.922	0.9163
1999	0.832	0.9071	2010	0.927	0.9176
2000	0.833	0.9066	2011	0.926	0.9157
2001	0.846	0.9071	2012	0.928	0.9137
2002	0.866	0.9152	2013	0.928	0.9231

资料来源：笔者测算。

从表 7-5 中可以看出，中国城市位序—规模分布的齐普夫指数 q 接近 1，2013 年达到 0.928，但始终小于 1，因而可以认为服从齐普夫分布且属于偏分散的齐普夫分布。

与以往基于统计资料、城市遥感数据的研究相比，我们得到的更为真实的齐普夫指数 q 明显较高。应该特别指出的是，根据本章数据和方法，中国城市规模分布虽属分散型，但是与以往基于统计资料、城市遥感数据的研究相比，指数 q 明显较高。例如，王振波等（2015）以城市常住人口、建成区面积和经济总量构建城市规模评价指数发现 2010 年的 q 值为 0.86，陈婕（2008）以非农业人口数据得到 1990 年、1995 年、2000 年的 q 值均为 0.5 左右，周晓艳等（2015）以建成区面积数据得到 2000—2008 年

的 q 值介于 0.740—0.844 之间,吕薇和刁承泰(2013)以建成区面积数据得到 2000—2010 年的 q 值介于 0.819—0.908 之间,闫永涛和冯长春(2009)以 1994—2004 年市区非农业人口、建成区面积数据得到 q 值分别约为 0.7、0.6,无不明显小于我们得到的相应年份的 q 值。余吉祥和段玉彬(2013)曾指出,基于市区非农业人口的研究低估了城市规模分布的集中度。从我们的研究来看,以往无论是基于市区非农业人口的研究还是基于建成区等其他各类研究,均低估了城市规模分布的集中度,中国城市规模并没有通常认为的那么分散。

从区域差异来看,我们可以根据 2013 年 q 值与 1 的大小关系,简单地分为偏集中型($q>1$)和偏分散型($q<1$)两种。根据变化趋势不同,偏集中型可以进一步分为四种类型,即:(1)单调上升型,包括广东、福建、黑龙江、吉林、四川、重庆、新疆、浙江和海南 9 省(自治区、直辖市)。其中,浙江变化很小,黑龙江、吉林、四川、重庆和新疆由早期的偏分散型转化为偏集中型且以新疆、四川、重庆、黑龙江转型最为剧烈。(2)单调下降型,包括宁夏、贵州、广西 3 省(自治区),且以贵州下降幅度最大。(3)U 形,包括陕西、湖北、云南 3 省,且湖北变动最剧烈。(4)倒 U 形,仅存在于京津冀地区。

偏分散型则可以分为五种类型,即:(1)单调下降型,包括山东、江苏、上海、山西、内蒙古、甘肃、西藏、青海。其中,除青海外,其他地方均系从早期的偏集中型转换为偏分散型,且以甘肃、山西两省变动幅度最大。(2)单调上升型,仅有辽宁。(3)U 形,包括江西、河南和湖南。(4)倒 U 形,仅有安徽。(5)L 形,仅有甘肃。然而,综观全部区域,似乎并未表现出特别明显的地域分异规律。

(二)城市位序—规模分布 U 形变动

将 1990—2015 年的齐普夫指数绘制成曲线,呈现明显的 U 形变动,结果如图 7-5 所示。

为什么呈 U 形变化?这里涉及的因素可能多种多样。第一,城市发展方针的转变。我国"三五"到"九五"(1966—2000 年)期间,城市发展的总体方针一直是"严格控制大城市规模"。"十五"到"十二五"

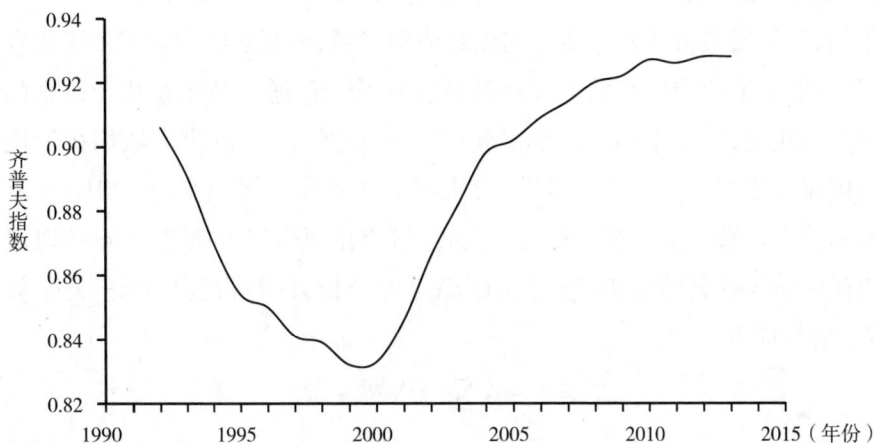

图 7-5 1990—2015 年齐普夫指数变化图

资料来源：笔者测算。

(2001—2015 年)期间，"大中小城市和小城镇协调发展"，国家不再限制大城市的规模。可以看出，2000 年之前国家对于大城市的态度是限制发展，2000 年之后就取消了限制，大城市得到相比之前更多的发展机会。第二，暂停设市工作。1997 年之后国家全面暂停"撤县设市"工作，县城由于无法得到行政级别的提高，从而获取发展所需资源的能力减弱。第三，加入世界贸易组织(WTO)。我国在 2001 年加入世界贸易组织，大城市的全球化程度得到空前提高，其城市规模也得到大幅增加。

然而，应该看到的是，20 世纪 90 年代要素驱动以劳动密集型产业为主导，各个地方均有可无限供给的廉价劳动力，因而，城市规模分布趋于均匀化。2000 年后进入投资驱动，新一轮重工业化，以资本密集型为主导，大城市资本积累能力强、配套条件好、趋向发展较快。因此，经济发展方式转变可能是城市位序—规模 U 形曲线更为重要和根本的决定因素。

考虑到以下事实，有理由认为中国城市规模分布变化将趋于稳定，不同等级城市可能趋于并行增长。第一，恢复设市工作，中小城市和小城镇动员和组织资源能力增强；第二，基本公共服务均等化，中小城市和小城镇吸引力相对增强;第三,房地产去库存,将使中小城市集聚更多的人口;第四,经济发展方式进一步迈向创新驱动发展,创新功能在大城市聚集发展,一般制造业向中小城市和小城镇转移;第五,逆城镇化和基于通勤的都市圈建设,将使中小城市获得新的发展机会;第六,促进区域均衡发展的国家反磁力中心建设。事实上,从图7-5也可以看出来,自2010年以来齐普夫指数从上升转趋稳定。另外,城市排序也趋于锁定,本章选取规模排序前300名的城市,通过位序稳定性分析,计算得到位序相关系数R_s,公式如下:

$$R_s = 1 - 6\sum_j D_j^2(R^3 - R)$$

式中,R_s为位序相关系数,R为城市数量,D_j为j区域不同年份间的位序差。R_s越大,城市规模等级结构越稳;反之,则相反。所得结果如图7-6所示。

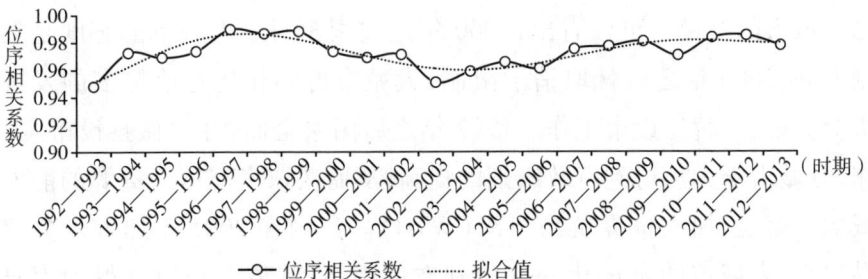

图7-6　1992—2013年城市规模位序稳定性分析结果

资料来源:笔者测算。

第四节　走规模中立之路

关于我国城镇化道路的分歧与论争主要始于20世纪80年代初。随着我国城市发展方针从"控制大城市规模、合理发展中等城市、积极发展小城市"向"大中小城市和小城镇协调发展"转变,21世纪最初十余年这一论争一度相对衰落。然而,进入新时代以来,随着《国家新型城镇化规划(2014—2020年)》提出"严格控制城区人口500万以上的特大城市人口规模"[1],《中共中央国务院关于加快推进生态文明建设的意见》强调"严格控制特大城市规模,增强中小城市承载能力,促进大中小城市和小城镇协调发展"[2],《中华人民共和国国民经济和社会发展第十三个五年规划纲要》提出"加快发展中小城市和特色镇"[3]以及党的十九大提出"以城市群为主体构建大中小城市和小城镇协调发展的城镇格局"[4],这一争论在新型城镇化和城乡一体化发展背景下又重新抬起头来。

大城市及以上城市优先发展的主张,强调大城市及以上城市集聚经济的相对重要性、现阶段存在的规模不经济是非规模因素的产物、人口向大城市及以上城市集聚不足是城镇化面临的主要矛盾,特大城市和超大城市更有利于中国参与全球范围的竞争,要明确重点发展大城市及以上城市的战略(蔡继明等,2012;樊纲和胡彩梅,2017;陆铭,2016、2017)。这一主张的具体建议核心是全面放开大城市落户条件。

中小城市和小城镇优先发展的主张,认为进入 21 世纪以来我国人口过度涌入大城市,导致难以根治的"城市病",而中小城市和小城镇严重落后,这严重制约了城镇化质量和城乡一体化水平提高,应该把城镇化重点转移到发展中小城市,特别是小城镇上来(李培林,2013;许经勇,2018)。这一主张的具体政策建议核心是加快中小城市和小城镇基础设施、公共服务建设,疏解承接大城市及以上城市产业功能。

以上两种主张从具体政策建议来看都是合理的,但从全局来看则都是不敢苟同的。我们认为,新时代以城市群为主体构建大中小城市和小城镇协调发展的城镇格局应走规模中立之路。走规模中立之路的主张是空间一体化发展战略在城市规模发展方针上的具体化。空间一体化发展

---

[1]　《国家新型城镇化规划(2014—2020 年)》,新华社北京 2014 年 3 月 16 日电,中华人民共和国中央人民政府网站:http://www.gov.cn/zhengce/2014-03/16/content_2640075.htm。

[2]　《中共中央国务院关于加快推进生态文明建设的意见》,人民出版社 2015 年版,第6 页。

[3]　《中华人民共和国国民经济和社会发展第十三个五年规划纲要》,人民出版社 2016 年版,第 81 页。

[4]　习近平:《决胜全面建成小康社会　夺取新时代中国特色社会主义伟大胜利——在中国共产党第十九次全国代表大会上的报告》,人民出版社 2017 年版,第 33 页。

战略理论是在20世纪80年代末和90年代初在我国区域协调发展战略探索中提出的（杨开忠，1993a、1993b、1994）。十六年后，世界银行（2009）强调指出空间一体化是一个国家和地区成功发展之道。在我国，空间一体化发展战略主张不仅突破了区域平衡发展抑或区域不平衡发展战略的理论窠臼，而且为党的十四大报告起草提供了背景材料①，促进了我国区域发展战略从不平衡发展向区域协调发展战略的转变，同时也为作为特殊区域的城镇之规模发展方针从大抑或小的最优转向大中小城镇协调发展提供了理论基础。

这一主张认为，城乡区域发展是满足人的需要的过程，以实现人的幸福为目的。在市场经济条件下，达到这一目的必须让市场机制在空间资源配置中发挥决定性作用。然而，市场机制有效决定空间资源配置是有条件的也有失灵的时候。因此，政府的作用是必不可少的。这种政府作用就是推动空间一体化，这包括两方面。第一，无差别化空间一体化：建设全国统一大市场、共同的公共制度以及互联互通、通达程度均衡的基础设施和公共服务网络，促进商品自由贸易、要素自由流动，保障个人、企业、地方之间的公平竞争，不断为市场机制在空间资源配置中有效发挥决定性作用创造条件。第二，差别化空间干预：立足经济效率、包容性、韧性、可持续性发展，对落后、衰退、过密、过疏等问题地区进行调节，对国土空间开发性质、区位、强度和时序进行管制，努力防止和弥补市场机制失灵。

在发达的市场经济中，无差别化空间一体化已基本实现，政府在空间资源配置中的作用主要在于差别化空间干预，因而，平衡发展、空间成长管理是发达市场经济城乡区域政策的普遍取向。然而，在欠发达的市场经济中，制度、基础设施和公共服务空间分割严重，统一市场机制很不完善，这不仅制约了空间经济效率的提高，不利于可持续性发展，而且造成了额外的不公平竞争和发展差距。因此，与发达市场经济不同，在欠发达

---

① 为给党的十四大报告起草准备科学背景材料，1992年有关方面下达10余个专题研究，其中之一便是"我国区域经济协调发展的基本思路"。该项研究由已故著名经济学家、时任国务院发展研究中心主任孙尚清先生主持，本书作者之一杨开忠教授受邀研究起草总报告。

市场经济中,既要推进无差别化空间一体化又要进行差别化空间干预,在空间一体化发展早中期,前者甚至是主要方面。

城镇作为一个地区无疑是空间一体化发展战略主张适用的对象。因此,2001年以来,空间一体化论突破大城市优先发展抑或小城市(镇)优先发展的窠臼,具体、明确地应用于大中小城镇协调发展和新型城镇化方针政策研究(国务院发展研究中心和世界银行联合课题组,2014;杨开忠,2001、2014、2019)。从城镇规模发展方针来看,空间一体化发展战略意味着政府应该在不同规模城镇之间保持竞争中立。一方面,不论城镇大小都要纳入无差别化空间一体化框架中去,成为全国统一大市场、共同的公共制度以及互联互通、通达程度均衡的基础设施和公共服务体系的一个节点,在市场机制决定资源配置中能够机会均等地获取资源。在市场经济中,大中小城市和小城镇的发展优先顺序以及以城市群为主体的大中小城市和小城镇协调发展格局,根本是市场机制决定的结果,而非政府差别化干预的方针政策。另一方面,城镇不论大小和区位都要纳入政府防止和弥补市场失灵的差别化空间干预架构,在面临市场失败时能够公平、公正获得政府对症下药的空间干预。在市场经济中,政府依据弥补市场失败而非城镇大小和位置对城镇发展进行干预。因此,我们把空间一体化战略应用在城镇规模发展方针上的具体含义,称为规模中立战略,主张新时代要跳出大城市及以上城市优先抑或中小城市和小城镇优先的窠臼,走规模中立的大中小城市和小城镇协调发展之路。从规模中立方针政策来看,我国城镇化存在以下三方面的主要问题。

首先,从无差别化空间一体化来看,关键在于六个方面的改革。一是户籍改革。以人的自由迁徙为目标,在有合法稳定就业和合法稳定住所的条件下,在切实落实城区常住人口300万以下城镇全面取消落户限制的同时,着手加快全面取消Ⅰ型大城市和特大城市落户限制,全面放宽超大城市落户条件。二是土地改革。加快形成城乡统一建设用地市场,开征对房地产持有环节征税。与开放人口自由迁徙进程相配套,逐步改革现行"人地钱挂钩"制度,建立健全全国统一的土地开发权跨地区交易市场。三是环境改革。建立健全水权、碳排放、环境排放权和节能市场,强化生态环境保护的制度、激励和工具，使之能在跨部门、跨地区的范围内有效实施。四是创新改革。形成知识创造、保存、传播和应用的自由市场，激发创新活力。五是围绕实现基本公共服务可及程度和基础设施通达程度均等化、人民生活水平大体相当的目标，加快中小城市和小城镇基础设施和公共服务建设，深入推进大中小城市和小城镇基础设施和公共服务互联互通。六是城市治理改革。以地方治理现代化为目标，深入推进政府职能转变，深化政区改革，努力弱化行政等级对大小城镇间公平竞争的不良影响。

其次，从差别化空间干预来看，除了尽可能取消针对城镇规模等级制定的差别化干预政策外，关键在于两个方面。一是深化城镇规划改革。城镇规划是政府差别化干预城镇的基本手段和依据。我国传统的城镇规划是社会经济计划的空间继续与落实，建立在经济社会发展相对确定性的基础上。应该说，在传统的计划经济下，传统的城镇规划是具有相当合理性的。然而，随着计划经济转变为市场经济，社会经济发展不确定性显著增强，规划不可能对未来作出准确的预测，基于确定性的传统规划自然基本失灵。因此，应市场经济发展要求，要深化城镇规划改革。20世纪90年代后，特别是21世纪以来，在传统城镇规划框架下纳入众多旨在减少不确定性的规划内容，如城市空间发展战略规划、近期建设规划等。然而，实践表明，这并未解决城镇规划失效问题，未来改革方向在于：研究吸收先进国家和地区经验，探讨基于自然、基于市场、基于社会的解决方案，建立充分包容经济、社会、技术、自然各类不确定性的新城镇规划。二是建立健全"问题城镇"制度。我国探索实行了老工业基地城市、资源枯竭型城镇援助政策，但尚未建立起一整套"问题城镇"制度。因此，应适应新时代高质量发展要求，在总结经验的基础上，借鉴国外制定实施"问题地区"政策的经验，划分落后城镇、萧条城镇、人口过疏城镇、人口过密城镇等"问题城镇"类型，建立确定受援城镇对象的规则和程序，完善"问题城镇"援助政策。

最后，实施规模中立的现代化都市圈培育发展政策。都市圈即都市区，是核心城区与周围地区之间基于一定的职住分离、经由一定通勤联系组成的功能性城市。20 世纪 80 年代末 90 年代初以来,随着我国经济发展和机动化水平提高,都市圈开始受到理论界关注。2014 年,党中央、国务院《国家新型城镇化规划(2014—2020 年)》首次于中央文件中提出培育发展"通勤高效、一体发展的都市圈"的要求。2018 年 9 月,习近平同志在辽宁沈阳主持召开深入推进东北振兴座谈会并发表重要讲话,强调"培育发展现代化都市圈"①。2019 年,经国务院同意,发布《国家发展改革委关于培育发展现代化都市圈的指导意见》。因此,培育发展现代化都市圈已经成为国家重要城镇发展方针。

从理论上来讲,未来应在进一步把握都市圈科学内涵的基础上,明确都市圈划分的中心核和通勤强度标准。从中心核的划分标准来看,目前都市圈中心核规定为超大特大城市或辐射带动功能强的大城市,但客观上我国大中小城市,甚至小城镇经由通勤联系正在与周边地区组成大小不同的都市圈,同时,美国②、日本③等国际经验表明,中心核 1 万人以上的城镇均可组成都市圈。显然,这种偏向超大城市、特大城市的安排,没有充分体现我国大中小都市圈发展的客观趋势,对中小城市和小城镇是不公平的。因此,要按照大中小城市和小城镇协调发展的要求,适应我国都市圈发展的客观趋势,借鉴国际经验,坚持规模中立,公平对待各种不同规模的都市圈,推进大中小都市圈一体化发展。

---

① 《解放思想锐意进取深化改革破解矛盾　以新气象新担当新作为推进东北振兴》,《人民日报》2018 年 9 月 29 日。

② 美国预算办公室 1910 年率先提出"metropolitan district",劳动保障局等其他机构也相继提出"labor market area"等术语。1949 年,美国协调委员会将这些术语统一为"standardized metropolitan area"。1959 年,"standardized metropolitan area"更名为"standardized metropolitan statistical area"。1990 年,"standardized metropolitan statistical area"统一简化为"metropolitan area"。然而,为统筹以人口 1 万至 5 万小城市为核心的功能地域,2000 年美国预算与管理办公室重新梳理了功能地域意义的城镇相关概念,以"core based statistical area"统称不同规模等级的功能意义上之城镇,并根据核心城市地域人口规模将之分为"metropolitan statistical area"和"micropolitan statistical area"两个基本等级,从而形成迄今为止美国功能性城镇最新概念体系。

③ 2002 年以来,日本学者金本良嗣借鉴美国城镇圈提出的"城镇雇佣圈(uea-urban employment area)",不仅在城市经济学中已形成都市的定义,而且为日本经济产业省、内阁府、国土交通厅在年度白皮书中采用,其中心核标准和等级划分完全与前述美国城镇圈标准一致,即中心核人口需达到 1 万以上,其中,中心核人口 5 万及以上的称为都市雇佣圈(metropolitan employment area),5 万以下的称为小城镇雇佣圈(micropolitan employment area)。

第八章　城市层级与自我融资：
中国特色的制度安排

在前面的章节中，我们已经看到集聚所产生的经济效率改善对城市产生、发展与扩展的重要推动作用。在新中国70年的发展历程中，从计划经济体制向社会主义市场经济体制的转变，不仅见证了上述市场化力量对城市发展和城镇化形态产生的巨大影响，也仍然可见一些具有中国特色的制度安排使中国城镇化进程所形成的个性化特征。城市管理体制就是其中非常重要的方面。

在本章我们将首先介绍以城市级别这样极具特色的管理体制对城市产生和扩张的影响。然后，我们结合一些实证的分析手段，观察这一中国城镇化道路中最具特色的制度安排对城市人口分布所产生的结果。此后，我们将讨论如何通过深化改革，提高城市的自我融资功能，并形成与市场经济相兼容的可持续的城镇化道路。

第一节　城市级别与城市管理体制

在前面的章节中，我们分析了城镇化推进的三种途径：城市人口的自然增长、行政区划的重构和城市迁移人口的增加。我们已经看到，迁移在城镇化进程中发挥了极其重要的作用，是结构性变化的重要体现和原动力。行政区划的重构往往有两种方式：其一，是通过城市数目的增加，即通过新生城市来提高城镇化的过程；其二，在保持城市数量不变的情况下，通过"村改居""县改区"等方式实现城市的外延式发展。

一、城市级别

在中国,城市不仅有大小之别,还有行政级别上的差异,并成为城市管理中最具中国特色的制度安排。依照行政级别划分,有省级的直辖市、副省级城市、地级市和县级市,而建制镇虽然没有进入城市管理的序列,但在不少经济发达和人口聚集地区,建制镇不仅人口规模较大,也履行了城市的功能,并成为中国城镇化进程的重要力量。

改革开放前的计划经济体制下,城乡分治的特点明显,各个城市间的边界与功能划分也因此相对清晰。虽然不同城市之间已经存在行政级别的差异,但高级别的城市和低级别的城市之间并没有行政管辖的隶属关系,相互之间的行政影响并不大。

随着改革开放进程的推进,尤其是农村劳动力流动、乡镇企业发展所推动的城乡关系进一步融合,城乡分治的行政管理体制越来越不适应社会经济发展的需要。因此,城市管理体制的改革也逐渐从城乡分治,转变到城市不仅管理城区,也对所辖行政区域的非城区进行管理的新体制。在这种情况下,城市管理和配置资源的范围得到了扩大。这种实践开始于中共中央〔1982〕51号文件提出的"改革地区体制,实行市领导县体制"的改革思路。随后,"市管县"成为越来越普遍的城市行政管理体制。此后,随着部分县城镇化水平的不断提升和经济发展水平的提高,开始实施"撤县设市"的管理体制改革。但是,县级市在行政关系上仍然隶属于原来的上一个级别的城市,于是就形成了市中有市、大市管小市的现象。

随着城镇化进程的推进,一些新的改革措施也不断涌现,例如一些大城市所辖县域通过改为市辖行政区的方式纳入城市管理,还有一些原本划分为乡村的区域,随着城市扩张而成为城市边缘区域,并通过"村改居"的方式定义为城市。虽然这些改革举措从经济属性上看并不是聚集效应所推动的,但行政管理体制的改变对这些地区后续的发展也会产生实质性的影响。

二、城市数量的变化

在实施改革开放政策之前,中国的经济发展战略选择是重工业优先的发展道路。为了保证工业化的积累,城镇化也必须控制在一定的水平之内。控制城镇化水平的措施一方面体现为对城市数量的严格控制;另一方面,表现为通过特定的制度安排使城乡之间相互分割。在前面的章节中我们已经分析了,实现城乡分割的具体制度安排就是中国特有的户籍制度。这个制度把城乡人口的分布人为割裂开来,人口的自由迁移被禁止,城镇化过程因而未能随着经济增长而得以推进。

城市数量作为城镇化水平的重要影响因素,其变化过程是观察中国城镇化进程的一个重要维度。而且,由于上述的极具中国特色的城市行政级别安排,由城市级别构成的城市结构的变化,也体现了城市管理体制的重要内容,并对整个城镇化进程产生影响。图8-1描绘了新中国成立以来城市数量的变化情况。1950—1978年,城市数量基本被控制在200个以下,在部分经历经济危机的年份城市的数量甚至减少。改革开放以来,城市数目有了显著的增加,增长速度非常明显,到1998年全国城市总数已达668个,是改革开放以前的3倍多。但随后,新设立城市受到了控制,城市总数变化很小,基本围绕着660个小幅波动。截至2017年各个类型城市的总数为661个。

从图8-1中我们还可以看出,在不同的时期各个级别的城市结构也有变化。新中国成立之初至1954年,直辖市的数量一度超过10个,后来一直保持稳定。由于经济体制改革的需要,在20世纪90年代中期,部分城市实行计划单列,其行政级别也调整为副省级。自1996年重庆升格为直辖市后,副省级城市的数量一直保持在15个。在新中国成立以后的相当长时期内,地级市和县级市的比例关系也大致稳定。1950年,全国共设有63个地级市和68个县级市。其间,二者的比例关系虽有一些调整,主要是在1959—1962年增加了一些县级市,但到改革开放之初,地级市为98个,县级市为92个,二者大致维持了1∶1的比例。如前所述,从20世纪80年代开始,城市管理体制开始了较为明显的调整。一方面,一些

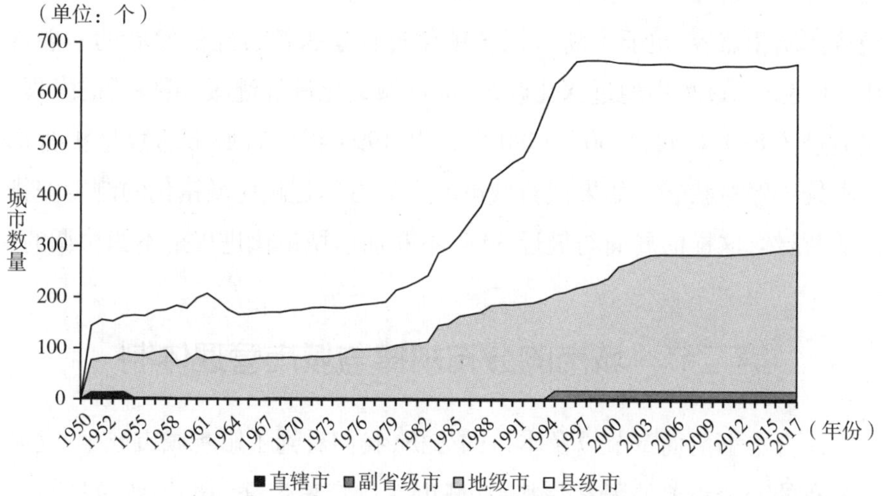

（单位：个）

城市数量

■ 直辖市　■ 副省级市　□ 地级市　□ 县级市

图 8-1　1950—2017 年中国各级别城市数目的变化

资料来源:1950—1998 年数据来源于国家统计局城市社会经济调查总队:《新中国城市 50 年》,新华
　　　出版社 1999 年版;1999 年以后数据来源于国家统计局:历年《中国统计年鉴》,中国统计出
　　　版社。

地区级的行政区转为地级市;另一方面,县改市开始逐步推行,因此地级
市和县级市的数量都开始明显增加。其中,县级市的增加占新增城市的
绝大部分,每年新增城市有一半以上是县级市。

　　城市数量的增加自然是经济增长和城镇化水平提高的客观反映,新
生城市大多通过撤县建市的方式产生,其衍生过程使用的仍是行政审批
的手段。这也表明,计划经济时期的城市管理手段仍然在目前的城市管
理体制中发挥着重要的作用。与此同时,这一时期城市数量的增长也是
城镇化内在需求增加与相关制度改革滞后之间矛盾的体现。由于城市人
口规模的限制并没有完全取消,户籍制度仍然在约束着人口迁移行为,因
此,这一时期的城镇化还不能反映经济发展和产业结构变化的需要。一
个表现就是城市增长主要表现为城市数量在增加,城市内涵扩张的机制
没有发挥作用,大城市发展相对缓慢。

　　一如中国实行社会主义市场经济体制是一个不断探索的过程,在经
济不断发展、改革不断深化的过程中实现城镇化,也是一个不断探索的过

程。在这一过程中,既要使中国的城镇化道路与中国特色社会主义市场经济体制相兼容,也要不断审视城镇化过程是否符合经济发展的一般规律,并在这一过程中通过深化改革,促进城镇化进程健康、可持续的发展。仅通过图8-1观察,1950—1980年以及1994年以后城市的数量扩张都基本处于停滞状态。如果把新城市的产生看作是顺应城镇化的制度安排的话,显然,这样的局面与最近30年不断加速城镇化进程是不相协调的。

第二节　城市的分布规律与城市管理体制

结合本书前面章节以及本章的分析,我们看到了影响城市产生、发展和分布的两个重要的因素。其一,城市人口集聚带来的聚集效应提高和经济效率改善,以及由此推动的城镇化水平提升;其二,城市管理体制变化对城市数量、扩张和分布产生的影响。那么自发形成的城镇化进程与上述两个因素交织而形成的城镇化,有什么结果上的差异呢?

城市经济学家认为,城市规模的分布是反映市场机制在城市发展过程中的作用的重要指针。埃兹和格莱泽等(Ades和Glaeser等,1995)就认为,在那些经济集中化程度高的国家,特大型城市的规模较之市场化国家的大型城市规模更大。而对于市场机制运行良好的国家,城市规模的排序和城市规模之间存在着一定的规律性,即所谓的城市位序—规模法则。① 该法则指出,第二大城市的人口规模是最大城市的一半,而第三大城市则是最大城市人口规模的1/3,以此类推。

作为一种经济现象,位序—规模法则为什么会引起很多经济学家的思考?克鲁格曼(Krugman,1996)认为,由于自然资源的分布也符合该法则②,因此,只要城市是按照市场经济的方式配置资源,那么其大小的分布也会符合各自的自然资源等禀赋结构的优势。阿克斯特尔和佛罗里达(Axtell和Florida,2001)认为,由于企业会根据资源禀赋和要素价格选

---

① 位序—规模法则是Zipf法则的近似描述。见本书第七章。
② 克鲁格曼所举的例证是河流规模的分布。

址,城市规模也就相应地因为企业的产生而形成。在上述诸多假说中,无论对位序—规模法则作出何种解释,市场配置资源都是城市形成和发展的基础。

我们可以利用中国和美国的数据进行对比,来观察中国的城市发展是否符合一般的规律。图8-2是利用1991年美国135个城市区域的数据绘制的,该图的横轴是每个城市人口的对数,纵轴是城市规模排序的对数。从该图中我们可以看出,实际的数据和拟合的直线非常吻合,拟合优度(R^2)达到0.986,数据自动地展现出如此一致的关系令人颇感惊奇(Gabaix 和 Ioannides,2004)。而且,不仅仅是美国,通过大量的实证研究,经济学家们发现,该法则和很多发达国家的实际情况都高度吻合(Brakman 等,2001;Soo,2005)。

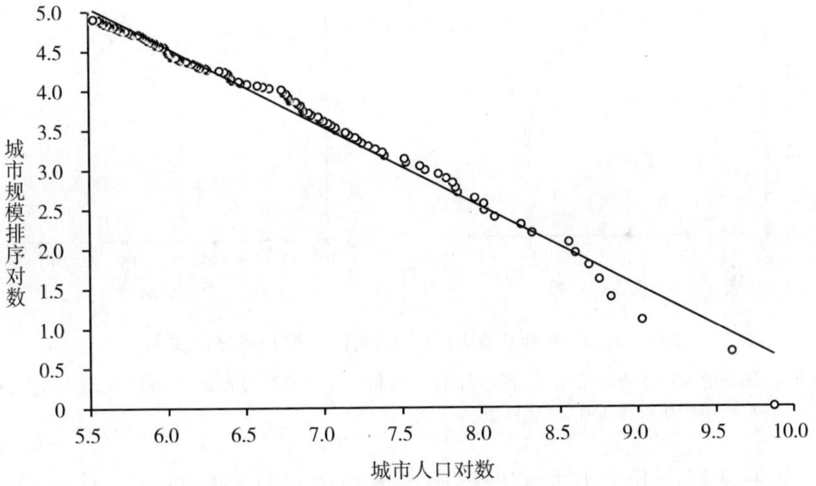

图8-2　1991年美国135个城市区域人口规模和排序的关系

资料来源:Gabaix, Xavier and Yannis Ioannides, "The Evolution of City Size Distributions", in J. Vernon Henderson and Jacques-François Thisse(eds.), *Handbook of Regional and Urban Economics*, *Volume* 4, Amsterdam:Elsevier,2004。

我们再来观察一下,经历了改革之初的城市数量扩张和人口从农村向城市大规模流动后,中国的城市人口分布会呈现出什么样的画面。根据现行的人口统计体系,中国的城市人口包括两个统计口径,其一为户籍人口,即取得城市本地户口的居民;其二为常住人口,不仅包括常住在本地的城市户籍人口,还包括在城市居住6个月以上但没有本地户籍的外来人口。显然,随着劳动力市场的发育及其所推动的人口流动的规模越来越大,户籍人口已经无法准确反映城市的实际生产、生活的人口规模。相形之下,常住人口则是更加合理的指标。人口普查提供了关于城市户籍人口和常住人口比较权威的数据。我们以2000年的第五次全国人口普查和2010年的第六次全国人口普查数据为基础,对全国600多个城市的规模和排序之间的关系进行了拟合,所得结果分别见之于图8-3和图8-4。

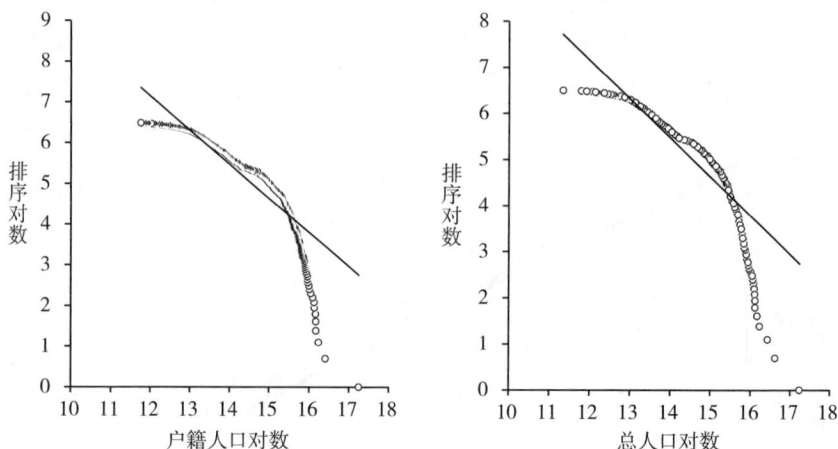

图8-3　2000年中国城市区域人口规模和排序的关系

资料来源:国务院人口普查办公室、国家统计局人口和社会科技统计司编:《2000人口普查分县资料》,中国统计出版社2003年版。

我们从以下几个方面来理解中国城市人口分布的特征。其一,基于本章前面讨论的中国城镇化演进的特征,城市的人口分布与市场经济国家自然形成的分布状态是否有差异。其二,常住人口和户籍人口分别反映了两种体制下的人口分布状态,如果我们以这两种不同的口径作为观察基础,城市人口的分布模式是否会有差异。如果二者存在差异,是否可以解释中国人口分布特征与其他国家的不同。其三,我们在2000年和2010年两个时点上观察了中国城市人口分布的变化,其间,中国的城镇化进程发生显著的变化,那么,城市人口的分布模式是否也发生了相应的

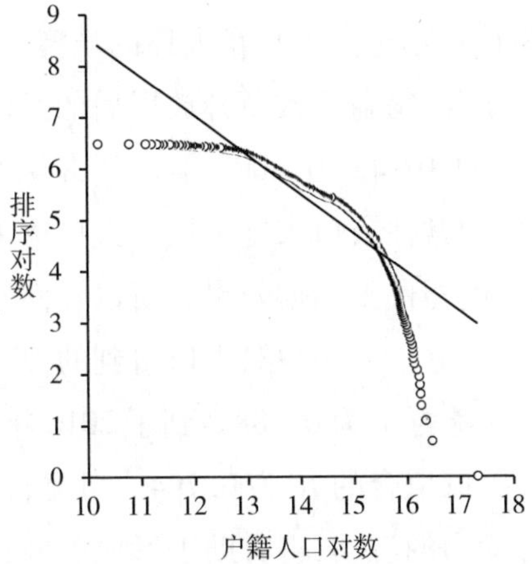

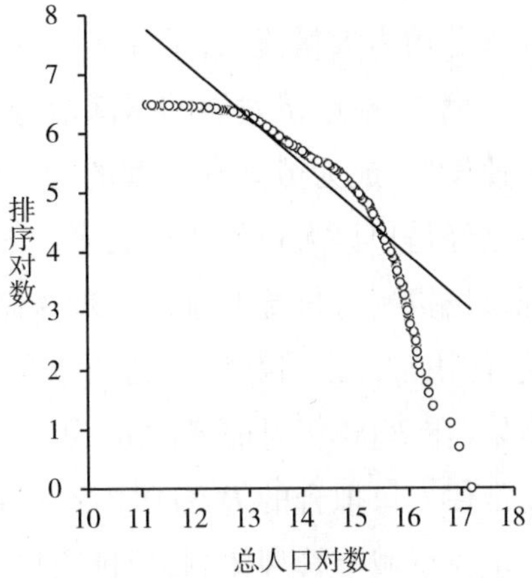

图 8-4　2010 年中国城市区域人口规模和排序的关系

资料来源:国务院人口普查办公室、国家统计局人口和就业统计司编:《中国 2010 年人口普查分县资料》,中国统计出版社 2012 年版。

变化。

从总体上看,中国的城市人口规模的分布模式和市场经济国家有比较大的差异,我们看到用中国的资料所绘制的图 8-3 和图 8-4 与图 8-2 的拟合程度有较为明显的差异。图 8-2 中,每一个点所代表的城市实际人口规模和城市实际分布点基本在拟合直线的附近,而图 8-3 和图 8-4 的各个点(城市)则散落在拟合线的周围,拟合优度明显低于图 8-2 的情形。而且,曲线的两端分别代表着人口规模大的城市和人口规模小的城市,普遍位于拟合线的下方,而中等规模的城市位于拟合线的上方。

这种现象意味着,大城市的人口规模没有达到其自然分布状态下应该具有的规模,而一些小城市的设置可能并非由于人口自然聚集的结果,因而,要小于拟合线显示的规模。不难理解,当大城市的人口规模受到限制时,中等规模城市往往成为人口流动的目的地,因此,中等城市的规模较之自然流动时形成的规模更大。由此可见,中国独特的城市管理体制的确对中国城市人口规模分布发展产生了比较大的影响。

如前所述,在图 8-3 和图 8-4 中,我们分别使用了城市户籍人口和城市常住人口两种不同的城市人口统计口径。由于常住人口反映了人口自然流动和聚集的效果,是市场机制作用的反映。在一些经济发达地区,外来劳动力大量流入,常住人口的规模往往远远大于户籍人口的规模。

例如,在经济发展的东南沿海城市东莞,得益于改革开放以后的经济快速发展,成为劳动密集型的加工制造业的中心,在 2000 年时其常住人口已经是户籍人口的 4 倍之多。因此使用常住人口来度量城市人口可体现市场机制对传统的城市管理体制形成的扭曲的纠偏效果。所以我们看到,使用常住人口数据得到的拟合关系,要好于使用户籍人口得到的拟合结果,在 2000 年时前者的 R^2 为 0.836,后者的 R^2 为 0.788。到了 2010 年,以常住人口拟合的 R^2 为 0.817,以户籍人口拟合的 R^2 为 0.794。可见,进一步改革城市管理体制,促进人口和劳动力的流动,将有助于形成更加合理的城市布局和城市发展机制。

同时我们也应当看到,即便是以常住人口作为城市人口分布的考察基础,以行政区划为基础的城市人口分布仍然与图 8-2 所展现的情形有较为明显的差异。也就是说,人口的流动可以部分纠正传统管理体制形成的扭曲,但仅仅依靠劳动力市场形成的迁移尚不足以完全纠正偏差。我们还看到,即便在中国城镇化进程迅猛发展的时期,城市人口分布的模式并没有明显改变,因此,对城市管理体制的改革仍然任重道远。

在新近的研究中,有学者根据城市灯光的密集程度,来重新定义城市区域,并以此为基础对包括中国在内的几个发展中国家城市人口分布模式进行分析(Dingel 等,2019)。结果发现,如果摒弃传统的以行政区划为基础的城市区域定义方式,中国的城市人口分布很好地达到了位序—规模法则所预期的拟合程度。[1] 也就是说,经济发展和城镇化推进的现实已经形成了一种自然的城市人口分布模式,只不过目前的城市管理体制,尚未形成一个与之相适应的治理体系。这也正是未来的改革之路所需要解决的问题。

---

① 见本书第七章的讨论。

第三节　走向自我融资的城市发展

从前面的分析我们看到,如果城市的产生和消亡是由市场机制决定,那么城市数量的多少以及城市人口的分布就有自发的调整力量,从而形成一种自然的分布关系。虽然改革开放以来大量的人口流动导致的人口重新布局,已经形成了一种自然的分布关系(Dingel 等,2019),我们姑且把基于城市灯光所形成的城市人口分布称为城市人口的"经济分布"。城市人口的经济分布关系显然并没有和现行城市管理体制下所定义的人口的"行政分布"相一致。理解新中国成立 70 年来城市发展的决定机制,为什么人口的"经济分布"和"行政分布"会出现差异,也有助于我们清晰未来的改革方向,为城市的内生发展找到其本源和动力。

一、完善自我融资的城市内生发展机制

以行政级别为基础的城市级层脱胎于计划经济体制下的城乡关系,形成最大限度地汲取农业剩余服务的城市发展模式。按照市场经济原则,城乡资源配置似乎是分割的,形成城乡二元经济格局,但是,按照计划经济的原则和目标,实际上,当时的城乡资源配置是一体的,即城市的发展是仰仗其触角所及而获得的农业剩余才得以发展的。换句话说,城市发展是依赖型的或再分配型的。改革之初的一项仍然带有浓厚的计划经济色彩的改革——市管县或市带县就反映了这种城乡关系。这时的城市级层几乎等同于级别,不同级别的城市规模分别由其控制的农村范围所决定。同一级别的城市通常没有规模上面的显著差别。

假设完全的市场经济条件下城乡关系是相互辐射型的,但各自的发展具有独立性,即分别取决于自身的融资能力而发展。城市不再依赖于来自农村的经济资源而发展,相应地,农村也具有自生的发展能力,其经济发展也不依赖于城市。当然,两者之间的产品交换和生产要素流动没有障碍。城市级层取决于一系列与其发展潜力相关的因素,所以城市规模各不相同,但没有什么级别之分,也不应该有生活水平上的差别。

在经济转轨时期,城市发展模式从资源再分配型向可持续的自我融资型转变,形成了一系列过渡模式,即城市发展既依靠自我融资又依靠再分配。因此,在过渡与转型时期,城市发展模式分化为三种类型。第一,既有再分配来源,又有自我融资渠道得以发展的城市。如北京、天津、上海这样的直辖市,尽管可能在自我融资方面也具有很强的优势和能力,但由行政级别所赋予的优越性和承担的责任,使其不可避免地要依赖再分配。沿海地区的一些大城市,特别是自身经济发展水平较高,得以吸引大量投资,但同时又被赋予计划单列地位的城市,也属于这种类型。第二,主要依靠自我融资得以发展的城市。这基本上是指沿海地区的一些中小城市,特别是依靠乡镇企业和三资企业得以迅速发展的新兴城市。第三,再分配来源枯竭,自我融资能力没有形成从而难以发展的城市。许多中西部地区的城市很可能陷入这种境地。

这三种类型城市提供城市公共服务的方式和基础设施建设的模式因而也不尽相同:第一种仍然具有一定的计划经济色彩,第二种是比较市场化和社会化的模式;第三种虽然介于前两种之间,但由于财政拮据、筹资无门,城市建设往往陷入尴尬境地。

与城市发展的上述类型相对应,以户籍制度为核心的迁移政策改革在进展上也有巨大差别。城市政府的改革动机通常取决于两个条件。第一,城镇的户口已经没有多少含金量。即城镇政府既不保证提供就业机会,也没有通过户口可以获得的福利。因此,增加城市人口规模不会加重城市政府的财政负担。第二,城镇的发展已经或者期望从劳动力流动中获得资源配置效益。①

因此,推进城镇化、扩大城市的劳动力需求和迁移政策改革是互为条件、互相促进的。从政治经济学分析角度看,是否进行城市管理体制改革,在什么时机进行,改革的力度和深度如何,都取决于作为改革主体的城市政府对于改革的成本和收益的衡量及判断。

---

① 根据计量经济学分析,在改革期间,劳动力从低生产率部门(农业)向高生产率部门(非农产业)的转移,对 GDP 的增长率贡献了 16%(世界银行,1997;蔡昉和王德文,1999)。

改革的力度从而为改革付出的努力，取决于从改革获得收益与改革本身的成本之间的均衡。而决定改革成本与收益以及两者之间均衡的决定性因素是改革带来的资源重新配置效益的相对重要程度。一个城市的发展越是依赖于自我融资而不是再分配，它从劳动力流动带来的资源重新配置效应以及城市发展带来的聚集效应中的获益就越大，其推进迁移政策改革的成本越小，收益越大。

在那些地区经济和政府都比较切身地体会到劳动力流动带来的资源重新配置效应，或者城市政府不再能够承诺政策性的社会福利的城市，城市管理体制乃至人口迁移政策往往能够获得较深入的改革。在一些再分配功能的历史遗留较多、自我融资能力较强的城市，对更加开放和人口自由流动的改革往往激励不足。这些城市的居民具有更高的社会保障水平、良好的市容，甚至较低的高考录取分数线等，户口含金量仍然较大。虽然政府也看到了劳动力流动有利于提高配置效率，但维持较低的失业率和下岗率，保持社会稳定等承诺具有更高的优先地位，因此，对城市管理体制改革的力度往往不足。

二、以户籍制度为抓手促进劳动力更自由地流动

作为一项完整的制度体系，户籍制度所发挥的功能早已不是人口登记那么简单，而是作为一个身份识别的工具，成为计划经济体制下人口管理的核心。我们可以将计划经济条件下的户籍制度理解为三个组成部分：人口的登记与管理、劳动力配置和广义的福利体系（例如，社会保障制度、社会救助体系、基本公共服务等）。由于其每一个组成部分的改革不仅涉及不同的政府职能部门，也涉及地区之间以及中央和地方之间利益关系的调整，因此对户籍制度全面彻底的改革，必然是一个庞大的工程。而户籍制度改革的终极目标是将户籍制度回归其简单的"人口登记与管理"属性，脱离与其他制度的关联。在实践中，每个省份甚至每个城市的改革措施都不尽相同，从比较彻底的改革举措到微不足道的改革意图，形成了一个可供分析的系列。我们可以将这个系列归纳为三种模式，从中可以看到改革力度的依次减弱。

第一种模式以小城镇户籍制度改革为代表,特点是"最低条件,全面放开"。2001年,《国务院批转公安部关于推进小城镇户籍管理制度改革意见的通知》发布,并且从当年10月1日起,小城镇户籍管理制度改革从试点走向全面实施。在全国2万多个小城镇入户的基本条件降低到只须"在城镇有稳定的生活来源和合法住所",凡符合这些条件的外地个人或家庭皆可申请获得城镇户口。这可以说是1958年实行户籍制度以来迈出的最大改革步伐,是比较彻底的户籍制度改革。

第二种模式以中等城市以及一些大城市为代表,特点是"取消限额,条件准入"。随着小城镇户籍制度改革的全面推进,许多中等城市甚至一些省会城市也进行了力度比较大的户籍制度改革。其做法是放宽申请条件,大幅度降低在城市落户的门槛。市场发育比较快、经济活跃的一些沿海地区中等城市,以及中西部急于加快发展步伐的大中城市,都采取了这种模式。这种户籍制度改革模式,既符合劳动力市场发育的客观要求,又符合循序渐进的改革推进方式。从2017年以来出现的部分城市"抢人大战",从一定程度上说,仍然是这种改革模式的延续。

第三种模式以北京、上海等特大城市为代表,特点是"筑高门槛,开大城门"。在许多中小城市纷纷放松户籍控制的同时,北京、上海等特大城市仅仅为特殊人才的引进开了绿灯,而对广大普通劳动力的进入反倒抬高了准入门槛。例如,上海市甚至停止实施其门槛已经很高的蓝证户口制度。因此,门槛提高的结果并不导致城门的开大。比较而言,这类城市的户籍制度改革尚没有实质性的进步。

可见,经济转轨时期的城镇化实际上与市场化进程是一致的,两者互为条件。随着整体市场化水平的提高,从而消除了城市发展中的资源再分配因素以后,阻碍城镇化的障碍也将得以消除,城镇化进程会进一步加速。

2014年7月印发的《国务院关于进一步推进户籍制度改革的意见》,旨在进一步推进户籍制度改革、促进有能力在城镇稳定就业和生活的常住人口有序实现市民化,稳步推进城镇基本公共服务常住人口全覆盖。该意见从顶层设计的视角,提出了进一步推进户籍制度改革的总体思路。

然而,从实际的推进情况看,目前户籍制度改革的进程和所取得的成果,离改革的终极目标仍然有距离。

如前所述,渐进改革方式的好处在于,在改革初期从相对简单的领域入手,容易突破,也更容易获得改革的收益,因此改革的阻力较小。但也不可避免地在改革进入一定阶段后,面临一些关键领域的挑战。如果缺乏更大的决心和勇气去推动改革,那么改革事业可能会面临停滞,甚至是倒退。这就是为什么说当前很多领域的改革进程已经进入深水区的主要原因。从户籍制度改革的一般逻辑看,以下几个方面的因素是制约当前户籍制度改革继续向纵深推进的关键所在。

首先,在分类改革的思路下,户籍制度改革的收益与成本不对等,户籍制度改革收益的外部性,制约了地方参与户籍制度改革的积极性,因此很难在地方层面上进行总体推进。总结改革开放以来的经验会发现,改革措施的顺利推进绝大多数是由于改革的收益大于改革的成本,从而调动了改革的主体和参与者的积极性。户籍制度改革概莫能外。其实,户籍制度改革所能产生的收益是非常可观的。根据我们的测算,全面彻底地推进户籍制度改革将带来经济效率的改善,并推动经济增长每年达到1—2个百分点,相对于超过 1 万亿元的 GDP(都阳等,2014)。然而,这部分经济增长的收益难以在各个地方具体核算、明确分享,因此,对于地方政府而言,这部分收益具有较强的外部性。相反,在户籍制度分类改革的思路下,与户籍制度改革相关的改革成本又需要地方政府承担。在这种收益与成本不匹配的情况下,关键领域的突破也就必然受到地方改革动力不足的制约。

其次,社会保障的一体化和基本公共服务的均等化是当前户籍制度改革亟待解决的突破口,但需要中央政府在顶层设计和协调中央与地方关系上有更明确的改革方案。要使得户籍制度回归人口登记与管理的初始功能,其核心就是要剥离社会保障与基本公共服务与户籍的关联。只有建立全国统一、可以携带和转移的社会保障和基本公共服务制度,使这些原本附着于户籍的福利仅仅与公民身份挂钩,户籍的地域性才会不起作用。由此看来,中央财政需要在建立一体化和均等化的公共服务和社会保障体系上承担更多的责任,才能更有效地推进户籍制度的全面改革。

第三,很多地方政府消极地看待低技能人口在社会经济发展中的作用,也制约了户籍制度改革的继续推进和深化。一直以来,由于户籍制度改革不彻底,人口迁移的主要构成是劳动力的流动,导致了城市流入人口和农村留守人口的高度选择性。经过多年来大规模的劳动力转移,年轻的和受教育程度高的人口大多实现了在城市地区就业、居住,成为城市常住人口。这也意味着,进一步的户籍制度改革将要吸引的目标群体是劳动技能相对较低的人口。

有一种较为流行的观点认为,这些低技能人口的流入不会给城市发展带来贡献,因此,很多人口流入地政府对待户籍制度的全面改革也比较消极。实际上,从过去的发展历程和其他国家发展经验看,开放和包容的城市劳动力市场,通过吸引低技能劳动力的加入,可以提高城市劳动力市场的专业化程度,实现更有效的社会分工,同时也会提高高素质劳动者的生产率水平。因此,全面彻底的户籍制度改革将是一举多得的举措。

因此,在经济发展和城镇化水平达到一定高度以后,继续依赖于各个地方和城市依据自身条件进行户籍制度改革可能会延缓甚至阻碍户籍制度改革的进程。这不仅不利于形成更加统一的国内劳动力市场,也不利于促进和激励各个城市走向具有自我融资能力的内生发展模式。在这种情况下,加强改革的顶层设计和统筹布局,是改革进入深水区后打破僵局的一个必然选择。

《国家新型城镇化规划(2014—2020年)》明确提出了如下的发展目标,到2020年"常住人口城镇化率达到60%左右,户籍人口城镇化率达到45%左右,户籍人口城镇化率与常住人口城镇化率差距缩小2个百分点左右,努力实现1亿左右农业转移人口和其他常住人口在城镇落户"。①2019年5月《中共中央国务院关于建立健全城乡融合发展体制机制和政策体系的意见》从城乡融合发展的高度,对户籍制度改革提出了更加具

---

① 《国家新型城镇化规划(2014—2020年)》,新华社北京2014年3月16日电,中华人民共和国中央人民政府网站:http://www.gov.cn/zhengce/2014-03/16/content_2640075.htm。

体的目标和要求,要求除个别超大城市外,所有城市都要放开落户限制。

随着改革进程的不断提速,与社会主义市场经济体制相适应的城市管理体系和城市发展模式将进一步得到完善和发展。

第九章　城乡一体化中的城镇化

　　城镇化本质上是重新塑造城乡关系的一个过程。无论是发达国家的早期工业化历史,还是许多发展中国家的实践,以及中国计划经济时期的教训,都从经验上表明一个带有规律性的现象,即在经济发展处于较低阶段,因而城镇化水平也较低的时候,城镇化常常执行从农村汲取生产要素、从农业获得低成本产品供给,以加快工业化积累的职能。因此,在这样的发展阶段上,农村与城市的资源流动关系是单向而不是双向的,因而两者之间既不是建立在市场经济基础上的平等交换,也没有工业对农业的支持以及城市对农村的反哺。

　　改革开放以来,随着产品市场和生产要素市场建立起来并逐步完善,市场机制在资源配置中发挥着越来越重要的作用,城乡之间的关系在政策上更多地得到统筹兼顾,在实践中渐渐趋于一体化。但是,根本改变历史形成的割裂城乡发展的体制格局,形成崭新的城乡关系面貌,还有很长的路要走,仍须在诸多领域深化改革。

第一节　乡村振兴战略

　　党的十九大提出乡村振兴战略,作为决胜全面建成小康社会七大重大战略部署之一。实施这个战略与推进新型城镇化既不是对立的关系,也并非在侧重点上有所不同,而是你中有我、我中有你,相互补充、相互促进的关系。特别需要认识到的是,只有把乡村振兴战略与新型城镇化战略同时推进,才可以使后者的目标更加明确,实施手段更加协调和统筹兼顾,推进过程更加健康和更可持续。

按照党中央、国务院的部署，实施乡村振兴战略的目标任务有三个时间节点：第一，到 2020 年，乡村振兴取得重要进展，制度框架和政策体系基本形成；第二，到 2035 年，乡村振兴取得决定性进展，农业农村现代化基本实现；第三，到 2050 年，乡村全面振兴，农业强、农村美、农民富全面实现。①

乡村振兴战略与新型城镇化都是建设现代化经济体系及至推进现代化建设的必由之路，两者不仅目标是相同的，推进手段也是一致的和互补的。高度城镇化是经济社会现代化的一个综合体现，因此也是各国现代化过程中都要追求的结果。但是，达到这个结果的过程本身，却因国情的不同而应该有所差异。换句话说，就城镇化而言，可以有且必然有推进过程中的中国特色，却没有且不应该有最终目标上的中国例外。而实施乡村振兴战略，就是为了保证这个有中国特色的城镇化过程与必然走向高度城镇化结果之间的一致性。

为了避免一些发展中国家城镇化进程中出现农业萎缩、农村凋敝和农民生活改善滞后于经济发展的不利后果，习近平总书记强调指出，城镇化进程中农村也不能衰落，要相得益彰，相辅相成。② 同时，习近平总书记还告诫我们"任何时候都不能忽视农业、不能忘记农民、不能淡漠农村"。③ 毋庸置疑，这里所讲的"任何时候"就包括在追求城镇化水平提高的时候。

例如，从实施乡村振兴战略的角度，实现农业农村现代化必然要推动农业的适度规模经营，而土地规模如何扩大，在什么阶段上扩大到什么程度，取决于农业劳动力转移所处的阶段及其稳定性；从推进城镇化的角度，劳动力转移又需要以农业劳动生产率的提高为前提条件，而后者又受到经营规模狭小的制约。对于如何破解这个循环难题，党的十九大提出

---

① 参见《中共中央国务院关于实施乡村振兴战略的意见》，新华社北京 2018 年 2 月 4 日电，中华人民共和国中央人民政府网，见 http://www.gov.cn/zhengce/2018 - 02/04/content_5263807.htm。

② 《奋进在新时代的浩荡春风里》，《人民日报》2018 年 3 月 17 日。

③ 《习近平在吉林调研时强调保持战略定力增强发展自信　坚持变中求新变中求进变中突破》，《人民日报》2015 年 7 月 19 日。

的乡村振兴战略及其他一系列部署给出了答案。

城镇化是一个长期的历史自然过程。在这个过程中，既有人口从农村向城镇迁移的正向城镇化，也不可避免有农民工返乡等逆城镇化。通过加快户籍制度改革，促进农业转移人口市民化，可以保证城镇化作为库兹涅茨过程持续推进；实施乡村振兴战略，可以使劳动力、人才的返乡不会成为一个逆库兹涅茨过程；同时，乡村振兴战略不仅为农村人才和劳动力创造一片用武之地，也使城镇化的推进更加行稳致远。

习近平总书记指出，要让精英人才到乡村的舞台上大施拳脚，让农民企业家在农村壮大发展。[①] 通过激发出各类人才和劳动力的人力资本潜力和活力，将农村生产要素进行合理、优化的配置，不仅保证人力资源的返乡和下乡与进城一样具有效率改进的功能，而且是实施乡村振兴战略和实现农业农村现代化的关键一环。

城镇化过程中乡村不能凋敝，一个重要的要求就是实行农业农村的现代化，其中农业现代化的根本标志在于更高的劳动生产率。因此，回答农业现代化制约在哪里这个问题，就是要找出制约农业劳动生产率的关键因素。

第二节　农业劳动生产率

按照经济学原理，农业份额下降特别是农业劳动力比重下降，核心就是对农业与非农产业生产要素配置不均衡格局进行调整。因此，这个过程不言自明的结果应该是形成农业与非农产业的劳动生产率趋同，即便不是数学意义上的同一化。然而事实却是，虽然改革开放时期中国的农业劳动力得到大量转移，并且形成人类历史上和平时期最大规模的人口迁移，这个预期的劳动生产率趋同现象却没有出现。

中国的改革是从农村起步的，以实行家庭联产承包责任制、废除人民公社制度为标志。家庭联产承包责任制的具体形式是"大包干"，形象地

---

① 习近平：《发展是第一要务，人才是第一资源，创新是第一动力》，新华网，见 http://www.xinhuanet.com/politics/2018lh/2018-03/07/c_1122502719.htm。

说就是,土地以长期经营权的方式承包给农民,而后者在承包地上生产的产品,"交足国家的、留足集体的,剩下都是自己的"。家庭联产承包责任制的普遍实行,加上提高农产品收购价格等改革因素,极大地调动了农民的劳动积极性,生产效率得到大幅度提高。

农村改革具有深远的意义。首先,农产品产量大幅度提高,迅速解决了农民不得温饱的极度贫困状况,逐步消除了城市食品供给凭票供应的短缺状态,直到最终基本消除世界银行定义的绝对贫困(每天收入不足按 2011 年价格折算的 1.9 购买力美元)。其次,为农业剩余劳动力转移创造了条件,推动大规模农民工进入城市从事非农产业,提升了产业结构,带来了资源重新配置效率。2018 年,离开本乡镇外出务工的农村劳动力达到 1.73 亿人,其中 78%进入各级城镇。最后,随着农业比重逐渐下降,农业现代化水平不断得到提高,支撑了经济高速增长。

农村改革对国民经济的所有这些贡献,都离不开农业劳动生产率的提高。在 1978—2017 年期间,按照不变价计算的每个劳动力平均生产的农业增加值,即农业劳动生产率,提高了 6.26 倍,年平均增长率为 5.2%。从不同时期观察到的农业劳动生产率的增长特点,也折射了改革和发展的阶段性特征(见图 9-1)。

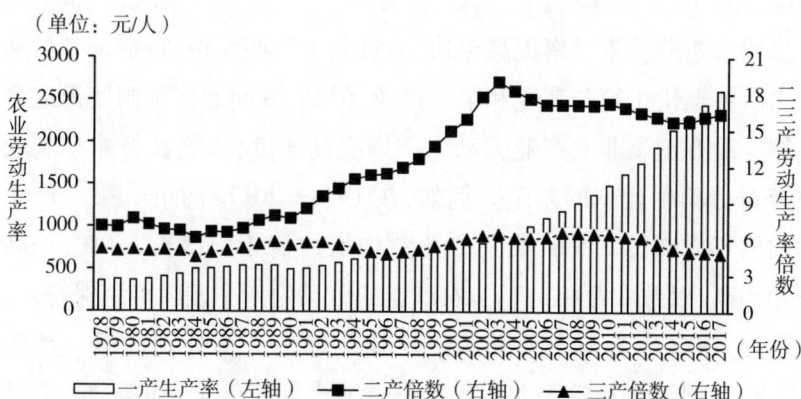

图 9-1 1978—2017 年农业劳动生产率及其与非农产业关系

资料来源:国家统计局,见 http://www.stats.gov.cn。

在家庭联产承包责任制迅速普及的年份,即 1980—1984 年期间,农业劳动生产率提高较快。但是,由于这个改革只具有一次性效应,20 世纪 80 年代中期以后农业劳动生产率提高就缓慢下来。直到 1992 年邓小平南方谈话之后,沿海地区制造业发展产生对劳动力的大量需求,剩余劳动力转移速度较快,农业劳动生产率提高形成一个高峰,随后因城市就业企业实行减员增效改革,就业压力加大导致农业劳动力转移速度放慢,生产率提高速度也再次减缓。

2001 年中国加入世界贸易组织后,外向型制造业对劳动力需求再次膨胀,并且在 2004 年中国经济迎来了刘易斯转折点,劳动力短缺和非熟练工人的工资上涨从此成为常态,又一次加快了农业劳动生产率的提高速度。这样的速度迄今已经保持多年,尚未有减缓的趋势。

农业劳动生产率的大幅度提高,为劳动力转移出农业和快速城镇化奠定了基础,事实上是整个改革开放时期中国经济高速增长的基础性保障。在此基础上,人口红利才得以兑现,分别表现为劳动力数量供给充足、劳动力质量(人力资本)加快改善、低人口抚养比有利于高储蓄率从而资本积累、劳动力充分供给有助于延缓资本报酬递减现象,保障投资高回报率,以及转移剩余劳动力带来资源重新配置效率,使全要素生产率得到提高。

虽然农业劳动生产率提高很快,并且其中一些年份,特别是刘易斯转折点之后甚至快于第二产业和第三产业,但是,其间起伏徘徊使得这个速度整体上没有跑赢非农产业劳动生产率提高速度,未能显著缩小农业与非农产业劳动生产率的差距。例如,在 1978—2017 年期间,第二产业劳均增加值年均增长 7.5%,第三产业劳均增加值年均增长 5.0%,提高速度也相当高,以致农业相对于非农产业的劳动生产率差距得到保持。

例如,1978 年第二产业和第三产业劳动生产率分别是第一产业的 7.0 倍和 5.1 倍,随后这个差距曾经有过缩小到较低水平的时候,但是也曾经达到过很高的水平,如 2003 年第二产业和第三产业的劳均增加值,分别达到农业的 19.0 倍和 6.4 倍。2017 年,这两个产业劳动生产率仍然分别为农业的 16.4 倍和 4.8 倍。这种状况对于城乡协调发展和保持中国经济增长持续健康构成一个阻碍因素,亟待实现重大的突破。

从发展经济学的意义上说,这里显然存在一个悖论。一方面,一系列预期发生的现象皆发生了:不仅如此大规模的剩余劳动力从农业中转移出来,及至迎来了以劳动力短缺和工资上涨为特征的第一个刘易斯转折点,而且在农业生产中出现了明显的资本替代劳动现象,具有显著的劳动节约型特点的农业机械化快速推进。另一方面,上述现象应该导致的结果却没有出现,即没有出现劳动生产率的产业间趋同。与此相关的一个统计表现则是农业的就业份额下降滞后于产值的下降。

从国际经验来看,这种现象并非中国的结构变化所独有。已有的研究表明,即便如今的发达国家(如经济合作与发展组织国家),也曾在相当长的时间里,在经济增长的同时,农业产值比重下降大大快于农业就业比重的下降。由于劳动力市场的一体化过程需要时间,由此产生的两者之间的离散现象开始缩小,或者说农业与非农产业劳动生产率之间的趋同,要到人均收入达到很高水平时,农业劳动力被充分输送到非农产业时才真正开始(Barrett 等,2010)。

不过,中国有着一个十分特殊的表现,即农业经营中的土地规模极度狭小,导致农业劳动生产率未能达到预期的提高。自 20 世纪 80 年代中期以后,作为家庭联产承包责任制改革的结果,农户成为中国农业的基本经营单位,原来由生产队统一耕种的土地,按照农户家庭成员数和劳动力数的一定比例,以及好坏搭配的原则,分配到每个农户。为了巩固这一改革成果,国家通过法律把家庭经营确定为农业基本经营制度,并将承包期延长为 30 年。

这不仅形成极为狭小的土地规模,而且每户的土地也往往是分散的。而这种地块的分割也因过多的道路、田埂和沟渠导致耕地利用率的降低。而且,即使随着劳动力短缺形成土地集中的内在要求,由于现行的户籍制度使农民难以改变永久居住地,土地经营规模难有实质性的扩大,更不必说人户与土地的分离而又不能充分流转和集中造成的土地撂荒或粗放耕种了。

中国农户的平均土地规模,不仅远远小于欧美发达国家、东欧国家、拉丁美洲和非洲国家,甚至显著小于亚洲邻国。由于中国每个农户的土地还分散在若干不同位置,每个农户的土地平均被分散为五六块甚至更多(Gao等,2012)。按照国际标准,中国农业的土地规模以及由此导致的农业经营规模十分狭小,迄今仍是毋庸置疑的事实。

例如,按照目前中国农村户均0.67公顷耕地规模来看,仅为美国农场平均规模的0.4%,法国平均规模的1.5%,日本平均规模的56.2%,纳米比亚平均规模的23.3%,匈牙利平均规模的10.1%,巴西平均规模的0.9%,巴基斯坦平均规模的21.8%(FAO,2010)。这个超小型的户均土地规模甚至小于土改以后形成的平均农户规模(1.02公顷)(苏星,1965)。

在迎来刘易斯转折点之后,中国农业的边际资本生产力呈现继续下降的趋势,由此可以说明,在生产要素相对稀缺从而相对价格发生变化的条件下,农业经营规模狭小已经构成一种制约因素,导致资本报酬递减和投资回报率下降。

利用全国农产品成本收益调查数据,以物质与服务费用以及用工数量反映粮食作物实际发生的投入,一项研究通过以粳稻、玉米和小麦三种粮食作物为代表,估计中国农业生产函数,并根据估算结果计算三种作物的资本和劳动边际生产力(见图9-2),从中可以得出一些结论。

首先,直到1984年改革效应显现之前,中国农业反映出典型的二元经济特征,表现为劳动的边际生产力十分低下,即与刘易斯"零值劳动"假说(劳动边际生产力为零或负数)是相符的。与缺乏现代生产要素的较低发展阶段对应,当时资本的边际生产力较高也符合理论预期。

其次,以1978—1990年为基准时期,三种粮食作物资本边际生产力递减趋势与劳动边际生产力递增趋势均非常明显。特别是到2007—2013年期间,粳稻的资本边际生产力降低了27%;同期玉米和小麦的资本边际生产力分别下降了29%和19%。与之相对应,粳稻的劳动边际生产力同期增长了50倍;玉米和小麦的劳动边际生产力则分别增长了7倍和55倍。三种粮食作物劳动边际生产力的提高幅度,远远高于资本边际生产力的下降幅度。

粳稻

（单位：千克）

■ 资本边际生产力　■ 劳动边际生产力

玉米

（单位：千克）

■ 资本边际生产力　■ 劳动边际生产力

小麦

（单位：千克）

■ 资本边际生产力　■ 劳动边际生产力

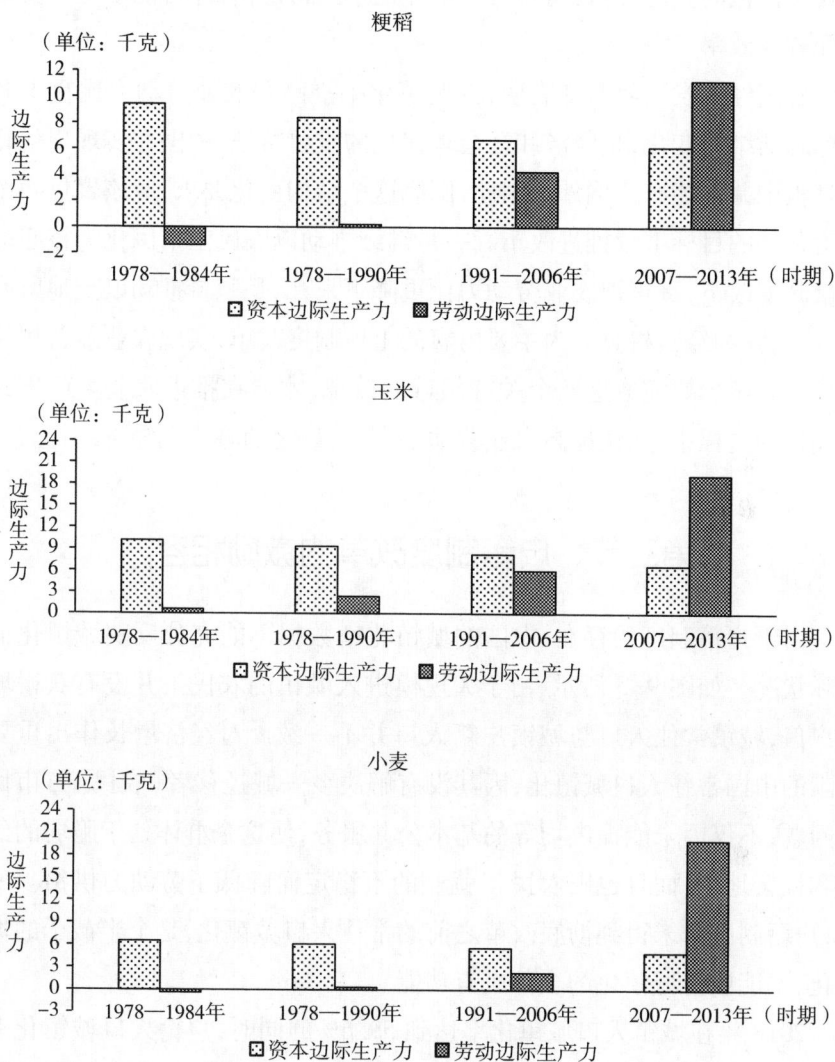

图 9-2　粮食作物边际生产力变化

资料来源：蔡昉、王美艳：《从穷人经济到规模经济——发展阶段变化对中国农业提出的挑战》，《经济研究》2016 年第 5 期。

　　最后，我们观察到，在迎来刘易斯转折点之后，中国农业的资本边际生产力呈现继续下降的趋势，由此可见，在劳动力短缺现象出现的条件下，农业经营规模过于狭小已经构成一种制约因素，导致资本报酬递减和农业物质投入回报率下降。引进现代化的生产要素固然是实现农业生产方式现代化的关键,但是需要一个临界最小经营规模,才可能使生产要素的配置有效率。

各国经济发展经验都表明,以城镇化率提高和农业劳动力比重下降为标志的结构变化,是经济和社会现代化的重要特征,中国在实现现代化的过程中并不能有所例外。因此,围绕这个结构变化要求,应该聚焦两个互为条件的目标继续推进改革。一是继续推动以农民工市民化为核心的户籍制度改革,真正把农业劳动力比重降下来;二是坚持推动以土地所有权、承包权和经营权分立为主要内容的土地制度改革,实现农业经营规模的扩大。至少要完成这两个关键领域的改革,才能在推进农业生产方式现代化的过程中,加快提高农业劳动生产率,最终消除二元经济结构。

第三节　户籍制度改革的激励相容

由于户籍制度的存在,中国的城镇化率数据不能充分反映城镇化的实际状况。如图9-3所示,由于大规模进入城镇的农民工并没有获得城市户口,城镇常住人口与城镇户籍人口并不一致。对经济增长作出重要贡献的中国常住人口城镇化,因其没有解决乡—城迁移者(农民工)市民化问题,不仅因未能提供均等的基本公共服务,使这个群体处于脆弱的经济和社会地位;而且也因农民工就业的不稳定而降低了劳动力供给。所以,户籍制度尚未得到彻底改革之前的常住人口城镇化,是个半截子的城镇化,不能履行城镇化的全部应有功能。

2018年在城镇人口城镇化率达到59.6%的同时,户籍人口城镇化率仅为43.4%,两者之间的差别为16.2个百分点。从图9-3看,两个城镇化指标之间的差距没有明显的缩小。更值得担忧的是,随着人口转变阶段的变化,这个依靠常住人口推动的城镇化必然显著减速,甚至难以为继,影响中国经济增长的可持续性。继全国劳动年龄人口于2011年以来出现负增长之后,农村16—19岁人口也于2015年进入负增长。由于这个人口群体是每年新成长外出劳动力的主体,其人数减少必然导致外出劳动力增速放慢,因而城镇化减速。2010—2017年期间,虽然城镇化率

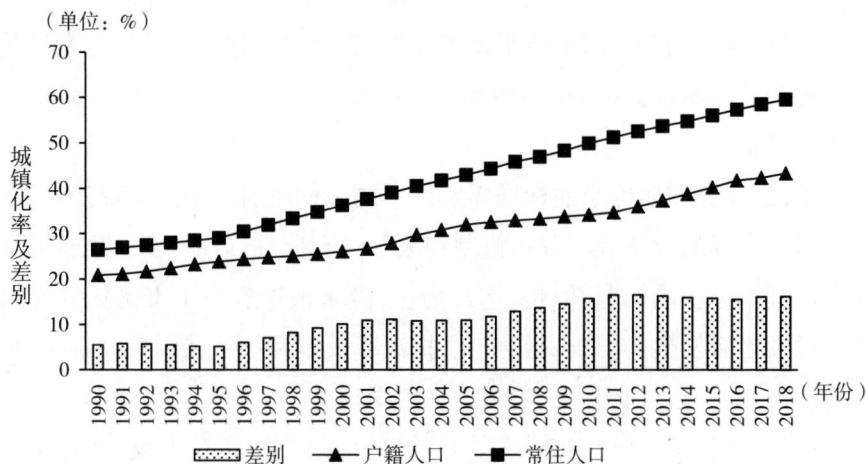

图 9-3 1990—2018 年常住人口与户籍人口城镇化率及其差别

资料来源：国家统计局，见 http://www.stats.gov.cn。

仍在提高，但每年的提高速度则以每年 6.7% 的速度递减，城镇化率的年度增长率从 3.33% 下降到 2.04%。

因此，逻辑结论必然是通过户籍制度改革推进农民工市民化，让新型城镇化成为经济增长新引擎。户籍制度改革很久以来就是学术界的讨论话题，也一直被决策者置于改革日程的重要位置上，可以说属于共识度最高的改革领域之一。但是，这项改革迄今为止仍未取得突破性的进展，因而改革红利没有显示出来。为什么这项改革如此推而不动？我们可以归纳以下几个方面的原因，同时希望对认识其他供给侧结构性改革面临的问题具有参考价值。

第一，没有真切地看到此项改革可能产生的改革红利。对一个高度关注经济增长速度的政府来说，需求侧的刺激性政策通常在实施手段上是有形的，实施效果也可以是迅速、及时的，并且具有与政策手段的对应性。相反，对于供给侧结构性改革来说，政策手段似乎看不见摸不着，而且政策手段与效果之间没有清晰和确定的一一对应关系。

由此，政府看待城镇化对于经济增长的积极影响，次序分别为：(1)拉动投资的效果容易被看到，这几乎成为当前推动城镇化的最主要动力。然而,这种努力容易走向需求侧刺激性政策。(2)培养新的中等收入群体,拉动消费需求的效果也可以看到。但是,这方面的努力容易受到既得利益的阻挠。(3)提高劳动参与率和全要素生产率的效果尚未得到真正确信。

第二,没有按照恰当的标准界定好不同级别政府间的改革责任,因而尚未形成合理的改革成本分担机制和改革红利分享预期。中央政府很早就提出成本分担的问题,但是,迄今为止,尚未根据农民工市民化的支出要求以及之后发生的支出责任变化,把改革成本和收益在中央政府、省级政府和市级政府之间作出分担和分享的安排。

例如,在国家发展和改革委员会颁布的《国家新型城镇化规划(2014—2020年)》中,设了专章讨论成本分担问题,但是,其中仅仅规定:"各级政府根据基本公共服务的事权划分,承担相应的财政支出责任,增强农业转移人口落户较多地区政府的公共服务保障能力"①,没有对中央政府责任给出确切的预期,使作为城镇化推动主体的地方政府缺乏应有的激励。

第三,前述两种情况形成了错误的激励,使得新型城镇化的内涵和外延或多或少被改变。在中国,城市具有行政级别的性质,使得规模越大基本公共服务水平越高,户籍制度改革的政府成本也就越高。在没有解决好成本分担和红利分享问题的情况下,大城市政府没有接纳新市民的应有动机。

因此,地方政府往往以中央政府"严格控制城区人口500万以上的特大城市人口规模"、防止"大城市病"、"加快发展中小城市"等要求为借口,在实施中避重就轻,已经悄无声息地改变了新型城镇化的发展方向,仅仅在农民工完全没有迁移和落户意向的小城镇身上大做文章。按照这个倾向,中央"户籍人口城镇化率加快提高"的要求,也很可能最终是通过改变统计口径,或者主要依靠郊区人口改变户籍身份而得到满足。这

① 参见《国家新型城镇化规划(2014—2020年)》,新华社北京2014年3月16日电,中华人民共和国中央人民政府网站,见http://www.gov.cn/zhengce/2014-03/16/content_2640075.htm。

与我们对新型城镇化及其作为中国经济增长引擎的期望大相径庭。

经济发展的一般规律表明,城镇化水平是发展的必然结果,也是现代化的标志;对于从中等收入向高收入过渡的发展阶段来说,城镇化还是保持经济持续增长的重要手段;而对于中国来说,新型城镇化更具有通过结构性改革,矫正体制性扭曲,延长传统增长动能和挖掘新增长源泉的特殊重要性,关系到中国经济增长能否保持中央政府要求的中高速。因此,在上述三个方面明确认识,实现改革的激励相容,才能真正推进新型城镇化。

首先,任何改革都要把目标定在体制机制的转变上,而不要用指标做引导加以推进,这一点非常重要。如果单纯追求指标性改革,一些地方就可能考虑以重新划分城乡分界的办法,通过就地转移的方式,提高户籍人口城镇化率。但是,这种变化不会带来资源重新配置效率,也不能实质性增加劳动力供给。只有以农民工及其家庭的市民化为核心,户籍制度的改革才能着眼于资源重新配置,推动新型城镇化,获得提高潜在增长率这一改革红利。

其次,我们需要认识到户籍制度改革具有真金白银、立竿见影的改革红利,即从增加劳动力供给、保持资源重新配置过程等供给侧,以及扩大居民消费等需求侧,提高潜在增长率。一项模拟研究表明,户籍制度改革可以通过提高对非农产业的劳动参与和资源重新配置效率,显著提高中国经济潜在增长率(Cai 和 Lu,2013)。这意味着户籍制度改革可以产生显而易见的改革红利。

再次,游离在核心问题之外进行的配套制度改革,因现存的激励不相容问题,不能使核心改革得以突破。城市基本公共服务供给,如最低生活保障制度、基本社会保险、义务教育和保障性住房等,主要是地方政府的责任。在存在着地方政府财政能力和支出责任之间矛盾的情况下,只要城市人口仍然有户籍人口和非户籍人口之分,农民工终究无法充分均等地获得城市的基本公共服务。虽然目前许多城市已经采取居住证加积分制的办法,以此来渐进地推进农民工的市民化,但是,积分制中的标准终究是地方政府设置的,只要存在着支出责任不对称导致的激励不相容问题,均等的基本公共服务供给就难以落实。

最后,聚焦户籍制度的核心改革,有利于提出更明确的改革目标和措施。既然在农民工市民化问题上存在着改革成本与收益的不对称,从而中央政府与地方政府改革激励不相容的问题,那么推动户籍制度改革就需要顶层设计。因此,在新一轮改革中,由中央提出农民工市民化的改革目标,只有通过直接聚焦户籍制度改革,才可能是可操作、可督促和可评估的。此外,直接提出农民工落户目标,可以使改革成本与改革收益之间的对应性更强,从而在中央政府和地方政府之间分担改革成本的制度安排,就不再由于过于模糊而停留在口头上。

第四节　农村土地制度改革

家庭联产承包责任制的实行,无疑从激励机制上支持了从个人角度衡量的劳动效率,相应地把农业中劳动力过剩从而边际生产力低下的现象显性化,促进劳动力退出。然而,劳动力的退出却是一个由不同阶段构成的连续过程,从片面粮食生产到种植业多种经营,再到农、林、牧、渔业全面发展,继而依次到乡镇企业、小城镇和各级城市,每一个步骤都是对现有的低生产率部门的退出。既然家庭联产承包责任制改革的效应是一次性的,劳动力从低生产率部门退出的推动力必然要由进一步的改革来支撑。

事实上,家庭联产承包责任制改革的一次性效应显现后,决策者和研究者都观察到农业生产和农民收入出现的徘徊。在1980—1984年期间,在家庭联产承包责任制得到迅速推广的同时,农产品收购价格前所未有地大幅度提高(如1979年农产品生产价格提高22.1%)。在这种激励效果下,在用工数量和播种面积都明显减少的情况下,粮食总产量以年均2.2%的速度增长。而在随后的四年里,在用工数量和播种面积都十分稳定的情况下,粮食总产量却以年均1.8%的速度减少。从家庭联产承包责任制改革显现出一次性效果前后的这种变化,可以看出这个时期改革效应的特点。

作为对这种情况的积极反应,早在20世纪80年代后期,相关研究者就提出"农村第二步改革"的命题,而实践者们则进行了各种尝试,政府也出台了诸多改革举措,鼓励各地进行了不同形式的探索。由于这些探索和试验的影响力都远不如家庭联产承包责任制,所以在学术研究文献中并不占据显著地位,有些甚至已经被淡忘。

不过,凡此种种改革,从微观层面看,是农民为了进一步提高收入而尝试进行的局部试验;从宏观层面看,则得到了旨在保障农业稳定增长的各级政府的认同或鼓励;而从历史层面看,许多也与今日的相关改革具有一脉相承的关系。下面,我们以土地制度的改革探索为例予以说明。

家庭联产承包责任制划分土地的做法,是根据每个农户的人口数和劳动力数,分别赋予两者不同的权重后再进行平均分配。于是,在农村人均(或劳均)土地较少的资源禀赋条件下,就形成了狭小的土地经营规模。更有甚者,由于不同的地块质量不等,出于"公平"的需要,在很多情况下分地时还要给每户尽可能相同的搭配,这样就把地块进一步细小化。

在改革初期,解决农业劳动激励问题是第一位的,规模经济问题尚未显现出来。以致人们一度对局部地区利用村集体的权威尝试集中土地的做法十分警惕,也援引了诸多经济学文献,论证农业中规模经济不甚重要。例如,舒尔茨关于农业中生产要素具有"假不可分性"的论述(Schultz,1983),恰亚诺夫关于小型家庭农场优越性的研究(恰亚诺夫,1996),当时都被研究者用来为小规模农业经营的合理性乃至永久性存在背书。

但是,事实并非如此。随着农业劳动力剩余现象逐渐显现出来,在劳动力转移压力渐渐增大的同时,现实中提出了利用规模经济的需要,相应地,农业经营中便也形成了对土地流转的要求。实际上,这就是一种对制度的需求,要求诱致出一种促进土地流转的机制。在当时,这种制度需求与其说是为了实现一定程度的规模经营,毋宁说是为剩余劳动力的退出创造条件。

当时,相应的制度创新主要有两种形式。第一是农户之间自发地协商,对承包土地进行转包。由于转包土地实际上是把承包土地的权利

（剩余索取权）和责任（税收、统购征购任务和集体提留）同时转让，因此在不同地区，根据不尽相同的条件即权利与责任的相对分量，形成了土地的转包"价格"。第二是集体出面对土地承包经营权作出重新划分。典型形式叫作"两田制"，即土地被划分为口粮田和责任田两个部分，前者仍然根据人口和劳动力数量平均分配，后者则实行规模化招标经营。

可见，旨在推动土地流转的改革其实起步很早，并且，随着农业劳动力转移的持续进行，这方面的改革试验也一直没有间断。发展到今日，土地转包的制度形式更加完善，模式也趋于多样化，土地转包的规模和范围显著扩大。

不能实现彻底的身份迁移，农民工则缺乏在城市稳定居住和就业的预期，加之农村土地流转上的制度缺陷，即不能使农民以可支配产权的形式，对土地进行重新配置，导致土地流转不充分，不能按照提高农业劳动生产率的要求实现规模扩大。我们从农民工的构成，可以看到不彻底的转移造成对土地流转的障碍。在 2017 年 2.87 亿农民工中，40.0% 只是在本乡镇内转移到非农产业就业，他们还会兼顾农业生产；46.6% 为离开本乡镇就业的家庭成员，其家庭其他成员仍然在农村务农；只有 13.3% 为举家外迁[1]，可能具有转出土地的意愿。

为了更加有力地推动土地流转、促进土地资源有效配置，自"十三五"以来，农村土地所有权、承包权、经营权"三权分置"改革得到积极推进。截至 2016 年 6 月底，在全国 2.3 亿农户中，发生过土地流转的农户已超过 7000 万户，占全部农户的比例超过 30%，其中沿海发达省份的这一比例更是超过 50%。[2] 党的十九大报告进一步强调深化农村土地制度改革，完善承包地"三权分置"制度。

从户籍制度和土地制度两个方向上进行改革，推动农业劳动生产率提高问题解决的政策，充分反映在中共中央、国务院于 2019 年 4 月 15 日

---

① 国家统计局《全国农民工监测调查报告》（国家统计局网站，http://www.stats.gov.cn）在较早的版本中提供了 2010—2014 年举家外迁数据，之后未再提供该信息。笔者根据当时的比例及其年平均提高速度，估算出 2017 年这类迁移人口约为 3825 万。

② 《农村土地〈"三权分置"意见〉政策解读》，2016 年，中华人民共和国国务院新闻办公室网，见 http://www.scio.gov.cn/m/34473/34515/Document/1515220/1515220.htm。

颁布的《关于建立健全城乡融合发展体制机制和政策体系的意见》中,即第一,有力有序有效深化户籍制度改革,放开放宽除个别超大城市外的城市落户限制;第二,完善农村承包地"三权分置"制度,在依法保护集体所有权和农户承包权的前提下,平等保护并进一步放活土地经营权。只有真正落实好这两项要求,才能保持农业劳动生产率的持续提高,有力支撑城乡融合发展。

第十章　区域经济中的城镇化

城镇化水平是经济发展的一个重要标志,因而经济发展的区域不平衡也表现在城镇化水平的区域差异上。相应地,发生在区域间的生产要素流动,特别是劳动力流动,常常也执行着与非农化和城镇化相应的功能。另外,区域经济发展又有其自身的独特性质,即它并不像城镇化和非农化发展那样,提出一个以此消彼长为目标的变化要求,而是以均衡化为最终归宿,其中也包括城镇化水平的均衡化。

本章我们讨论区域经济发展中的城镇化问题,从区域间人口流动与城镇化、非农化这样的库兹涅茨过程不尽相同之处出发,尝试解释何以区域均衡发展战略对不同地区产生相异的效果,进而导致城镇化的不同表现。基于对产业转移的雁阵模式中国特色版本的阐述,本章对东北经济振兴提出政策建议。

第一节　胡焕庸线及其拓展版

著名地理学家胡焕庸在 1935 年发表的一篇论文中,为了说明中国人口区域分布的不平衡和梯度特征,以黑龙江瑷珲至云南腾冲的一条人为连接线,把中国大陆版图划分为东南和西北两部分并从中发现,当时中国96%的人口集中在这条线的东南部,只有 4% 的人口居住在西北部(胡焕庸,1935)。这条连接线被人们称为胡焕庸线。

随着时间的推移,这个八十多年前得出的研究结论并没有为人们所忘却,近年来反而引起人们更多的关注。表面上看,这似乎来自新闻效应。2009 年,《中国国家地理》杂志社与中国地理学会,共同发起评选中国地理百年大发现,结果是"胡焕庸线"赫然上榜。2014 年,李克强总理在国家博物馆参观人居科学研究展览时,现场把中西部地区的城镇化问题,与胡焕庸线联系在一起,提出"如何打破这个规律,统筹规划、协调发展,让中西部老百姓在家门口也能分享现代化"这样一个重要课题。[①]

胡焕庸线产生的这种网红效应,因以下几个原因而并不令人感到意外。

首先,很多人发现,这条关于中国陆地国土的西北—东南分界线,可以从多个视角进行广泛的扩展。例如,从人均 GDP、专利注册数量和人力资本密集度、市场活跃度,以及夜间灯光分布等诸多方面,都可以看到胡焕庸线两侧对比分明的相应差异。总体上来说,这些扩展都揭示,中国的区域经济活动水平和城镇化水平,以胡焕庸线为大致分界,两个部分存在着明显的差异,西北部分严重落后于东南部分。

近年来,随着遥感技术的发展,夜间灯光数据在衡量人类经济活动方面的应用日益广泛。这方面有一系列重要国际文献,发现相对于 GDP 等统计数据描述,夜间灯光数据可以更为客观地衡量一个国家和地区的经济发展水平(Henderson 等,2012;Nordhaus 和 Chen,2012)。中国学者也使用夜间灯光数据,刻画了中国的经济发展水平区域特征(范子英等,2016;徐康宁等,2015)。

在可公开获取的夜间灯光数据中,应用最为广泛的是由美国国家海洋和大气管理局(NOAA)发布的"全球夜间灯光数据"。该数据中衡量灯光亮度的指标(DN 值)取值范围为 0—63,取值越大代表亮度越高。我们应用"全球夜间灯光数据"中的"稳定灯光数据"(stable lights)绘制了中国各省(自治区、直辖市)2013 年夜间灯光亮度均值,以观察经济发展的地区差异。可以发现,2013 年夜间灯光亮度最高的为上海;东部地区的夜间灯光亮度最高、中部地区次之、西部最低。很显然,这种灯光分布差异也具有胡焕庸线所描述的分界特征,反映了不同地区人口的密集程度,或者更确切地说,灯光的亮度与宽泛定义的城镇化水平有着密切的

---

① 参见人民网,见 http://politics.people.com.cn/n/2014/1128/c1001-26113082.html。

联系。

　　其次,研究发现,胡焕庸发表该文章已经过去八十多年,其中所揭示的人口分布区域特征却变化甚微。例如,进行一定必要的调整后,胡焕庸线的西北部分(约占全国国土面积的56.2%)与东南部分(约占全国国土面积的43.8%)的人口分布比例,1935年分别为3.36%和96.64%。进一步,我们从中华人民共和国成立以来历次人口普查结果看,这个人口分布比例只发生了缓慢和小幅的变化:1964年分别为5.79%和94.21%,1982年分别为5.87%和94.13%,1990年分别为5.92%和94.08%,2000年分别为6.16%和93.84%,2010年分别为6.35%和93.65%(顾行发等,2017)。

　　最后,历史上形成并延续至今的胡焕庸线,与如今我们使用的东部、中部和西部地区划分,就其特征对比来说具有很大的相似性和相关性,从经济发展的角度而言,也具有相同的政策针对性。地理学家提出的问题,特别是这样一个具有鲜明特征的描述性概念,固然值得不同领域的研究者予以解答甚至扩展,然而,经济学家和政策制定者需要回答的则是,这个地理特征刻画的背后,究竟具有什么样的经济社会含义,为什么其中体现的历史特征得以长期延续,从中我们应该得出怎样的政策含义。

第二节　跨地区人口流动的内涵

　　经济发展既包括总量的扩张,也包括结构的变化,一般来说集中表现为农业(产值和劳动力)比重的下降和城镇化水平的提高。从这个意义出发,在假设其他条件不变的情况下,区域之间的人口流动并不必然是这种结构变化的反映。在相对均衡的区域格局下,人口流动应该是出自个人动机的有来有往过程,以及顺应产业短期变化发生的一种调节现象。因此,发展经济学中无论是描述劳动力迁移的刘易斯模型,还是描述产业结构变化的库兹涅茨模型,从本质上来说都不是讨论区域人口流动问题的理论。

　　然而,作为中国特色城镇化的过程,人口迁移或流动同时表现为三个方向:劳动力从农业向非农产业转移、从农村向城镇迁移,以及从中西部地区向东部地区流动。这是因为中国的区域格局因其特殊的原因,在区域差距中体现了结构性差异,因而区域格局作为一种历史遗产,会诱致出系统性和持续性的人口流动现象。

例如,根据 2000 年第五次全国人口普查数据,在全部东部省份的现住人口中,户口登记地为外省的流入人口共 4242 万,其中户口登记地在中西部省份的占 84.0%,其中来自中部省份和西部省份的分别占 52.5% 和 31.5%。

根据国家统计局《2018 年农民工监测调查报告》,在 2018 年 1.73 亿离开本乡镇的外出农民工中,有 44.0% 是跨省流动,其中中部地区跨省流动的比例为 60.6%、西部地区跨省流动的比例为 49.6%、东北地区跨省流动的比例为 26.4%,而东部地区跨省流动的比例仅为 17.2%。

从上述人口的区域流动数字可见,流动方向是从经济落后的地区向经济发达的地区。此外,我们还可以分别从产业结构、城乡差异和改革开放梯度性等角度,观察引致人口在区域间流动的主要因素,并理解这种流动现象背后的机理。

第一,总体来说,处于沿海地区的东部省份,工业化或非农产业化程度较高,而中部地区和西部地区产业结构则具有更为突出的农业经济特征。1995 年数据显示,东部地区农业增加值占地区总产值比重平均为 15.6%,而中部地区和西部地区这一比重分别为 26.9% 和 26.8%(见图 10-1)。我们选取 1995 年数据,一是由于官方统计来源中缺少更早年份的数据,二是中国明显的区域人口流动也主要是从 20 世纪 90 年代中期开始。

正是由于东、中、西三类地区在产业结构上存在这种差异,随着改革开放和发展的进程,农业比重下降规律的作用,同时也反映在区域人口流动上面,即相当一部分中西部地区的农业剩余劳动力,以沿海地区为转移目的地,因而实现了就业的非农产业化。

第二,基于相同的因素并且与产业结构差异相关,城镇化水平在三类地区之间也存在着不平衡的现象。由于分省城镇化率数据不完整且口径

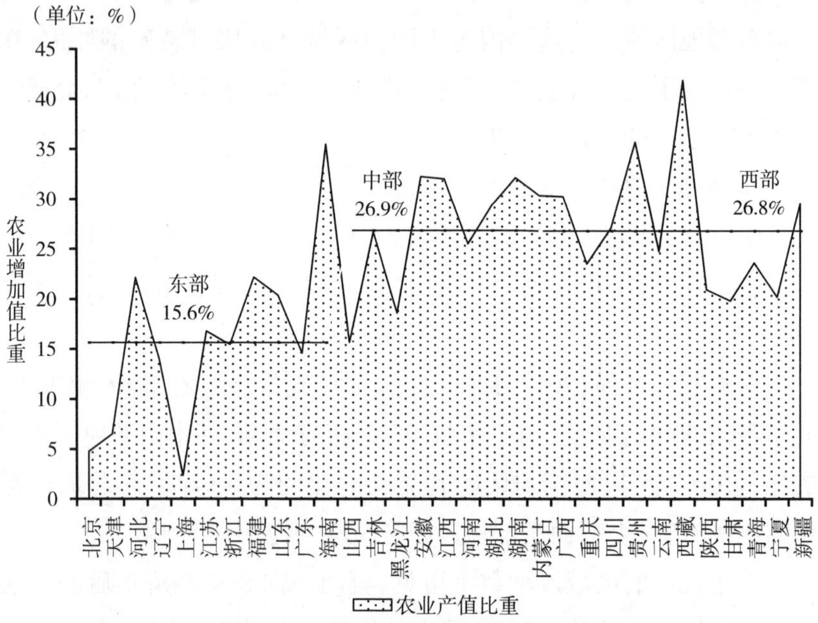

（单位：%）

图 10-1　1995 年分省和分地区农业产值比重

资料来源：国家统计局，见 http://www.stats.gov.cn。

不尽统一，这里我们仅以 2005—2018 年的城镇人口城镇化率为依据进行分析（见图 10-2）。2005 年，东部、中部和西部地区的平均城镇化率分别为 53.6%、39.1% 和 34.5%，全国总体城镇化率为 43.0%。自那以后，这个比较明显的城镇化水平区域差距发生了什么变化呢？

在全国快速的城镇化过程中，尽管人口呈现从中西部向东部地区集中的倾向，由于这种人口的区域流动表现为有来有去，即以农民工外出打工生命周期为界而呈现钟摆模式，加上城镇化速度的边际递减特征作用，所以，东部地区城镇化速度并没有表现出更快的趋势。另外，随着中国经济跨越了刘易斯转折点，借助西部大开发战略及中部崛起战略带来的基础设施和投资环境改善，从沿海地区向中西部地区的产业转移加快。相应地，中西部地区城镇化表现出赶超的势头。以全国城镇化率为基准（设其为 1），东部、中部和西部地区的比率分别从 2005 年的 1.25、0.91 和 0.80 变化为 2018 年的 1.14、0.94 和 0.89，呈现出显著的趋同。

（单位：%）

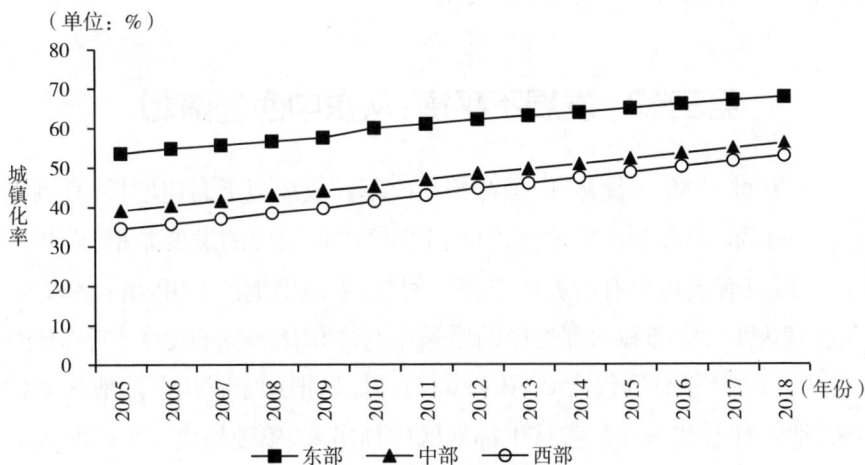

图 10-2　2005—2018 年三类地区的城镇化率变化

资料来源：国家统计局，见 http://www.stats.gov.cn。

　　第三，改革开放从一开始便具有一定程度的区域梯度性。虽然农村改革大多滥觞于较贫困的省份，如四川省、安徽省和内蒙古自治区都是家庭联产承包责任制最早的发源地，但是，更全面的经济体制改革较多在经济活动密集程度大的省份取得突破。而对外开放的举措则表现出更为突出的地区梯度特点。

　　例如，1979 年 4 月，邓小平首次提出开办"出口特区"，同年 7 月中共中央、国务院决定在广东省的深圳、珠海和汕头以及福建省的厦门建立出口特区（后来称作经济特区），标志着对外开放的开始。初期的对外开放带有试验性和地域性，建立经济特区之后，进而开放沿海城市和沿海省份，及至扩大到沿边和沿江开放。20 世纪 90 年代，中国为加入世界贸易组织作出积极努力，开始全方位拥抱经济全球化。

　　贸易扩大、引进外资和沿海地区外向型经济发展，为从农村转移出来的劳动力提供了大量就业机会，引导产业结构转向符合资源比较优势的配置，也为制造业产品赢得了国际市场竞争力。随着家庭联产承包责任制的一个效应显现出来，即农民获得了自主配置生产要素特别是劳动力的权利，农民遵循劳动力市场上的收入信号，分别进行了经济活动领域的转移和包括跨区域在内的地区间迁移。

第三节 发展不平衡：从东中西到南北

自20世纪80年代初，中国开始在改革开放环境下高速增长，直到世纪之交，东部、中部和西部地区之间仍然存在着较大的发展差距，而且中西部地区没有表现出有赶超的态势。例如，以东部地区GDP增长率为基准（设其为1），中部和西部地区的增长率与之相比形成的比率（或称相对增长率），1999年分别仅为0.80和0.74。如果把辽宁省从东部地区中抽出来，把吉林省和黑龙江省从中部地区中抽出来，单独构成一个东北地区组，其相对增长率也仅为0.80（见图10-3）。

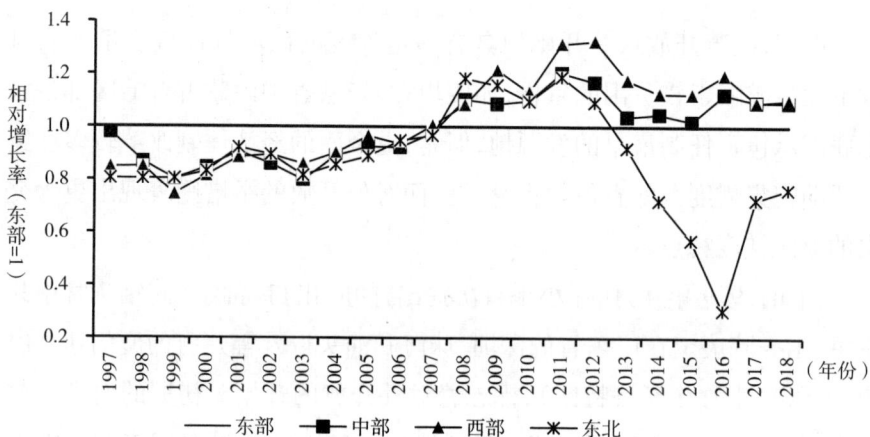

图10-3 1997—2018年相对于东部的地区相对增长率

资料来源：国家统计局，见 http://www.stats.gov.cn。

不过，事后来看，中西部地区（以及东北地区）经济增长滞后于东部地区的态势，已经于20世纪末见底。此后，随着国家实施西部大开发战略、东北等老工业基地振兴战略，以及中部崛起战略等，政策效果逐渐显现出来，后发地区随后的经济增长速度明显加速，并向东部地区的增长速度靠拢及至赶超。

在 2007 年左右,中部、西部和东北地区的相对增长率达到 1,即实现了与东部地区的同步增长。并且,在那之后这三类后发地区的增长速度显著超过东部地区。例如,2011 年,中部、西部和东北地区的相对增长率分别为 1.20、1.31 和 1.19。这种趋势意味着后发地区开始了与发达地区的趋同过程。

然而,在中西部和东北地区达到赶超表现的巅峰状态之后,则呈现出两种趋势。第一,后发地区增长速度领先发达地区的势头有所弱化。第二,中西部地区与东北地区增长速度形成明显分化的趋势。在中西部地区相对增长率仍然保持在 1 以上的同时,自 2013 年之后,东北地区的相对增长率大幅度下降到 1 以下。2012—2018 年间,GDP 年平均增长率全国为 7.8%,东部地区为 7.8%,中部地区为 8.5%,西部地区为 8.6%,而东北地区仅为 5.2%。① 而从分省情况看,辽宁省、吉林省和黑龙江省在此期间的增长速度,在全国各省中均属垫底的水平。

东北三省经济增长这种疲弱表现,引起十分广泛的关注,舆论以及研究者分别以"困难""困局""衰退"乃至"塌陷"等语言描述东北经济,甚至认为中国传统的东中西区域差距已经演变为南北差距。同时,鉴于东北地区及其经济在全国的重要性,人们纷纷探讨这一地区经济发展遭遇挫折的原因。

东北三省是新中国工业化的先驱,也被称为"共和国长子"。例如,在第一个五年计划完成之后的 1957 年,东北三省 GDP 总量占全国的比重高达 13.9%,直至 1978 年改革开放之初,这一比重仍保持在 13.3%。然而,到了东北地区等老工业基地振兴战略实施之前的 2000 年,这个比重已经下降到 9.7%,而 2018 年该比重进一步下降到只有 6.3%。

在中国区域经济发展趋于均衡化的背景下,如何准确认识东北现象,对于判断当前中国经济增长现状十分重要,也是展望未来经济增长可持

---

① 中国经济增长率的统计始终存在着分省数字大于全国数字的问题,因此,在进行地区分解时,全国历年增长率数字是根据各省 GDP 加总后计算的,明显高于国家统计局公布的全国增长率。之所以做这种处理是由于数据可得性的原因,并不意味着对不同数据的准确性作判断。

续性的必要理论铺垫。此外,找到东北经济问题的关键,也有助于正确评价区域发展战略成效,总结其中的成败得失。这里,特别需要我们回答的问题是,为什么迄今为止中西部地区呈现赶超的趋势,而东北地区却遭遇发展困境。

正如对于已知具有营养缺陷的特定人口群体需要进行营养干预一样,旨在缩小区域差距的发展战略,无疑应该着眼于"缺什么补什么"。经济增长理论认为,落后地区可以实现赶超的原因,在于这些地区缺少的是物质资本和人力资本,分别表现为基础设施落后、民间投资不足、劳动者技能缺乏,以及营商环境导致资本配置效率低等。

虽然无论发展水平如何,每个地区都有其资源禀赋的比较优势,但是,由于历史原因,对于落后地区来说,实现增长的临界最小(物质和人力)资本积累水平能力不足,并且难以在短期内自行得到突破。因此,国家主导的区域均衡发展战略给予有针对性的支持,帮助其打破传统均衡状态,是必要的、预期有效的支持干预。在资本报酬递减规律的作用下,这些新兴地区预期可以实现比发达地区更快的经济增长,因而形成赶超过程并达到趋同目标。

可见,虽然区域发展战略针对不同地区特点而具有不尽相同的重点任务,如西部大开发战略更强调基础设施建设、东北等老工业基地振兴战略更侧重解决职工养老保险等负担问题,以及与资源枯竭相关的发展可持续性问题,但是,加大转移支付力度和倾斜投资是共同的举措,并且被认为是实打实的中央支持,旨在推动落后地区的赶超,破解困难地区的难题,实现与东南沿海地区发展水平的趋同。

以 2000 年作为西部大开发战略实施起始时间,以 2003 年作为东北振兴战略实施起始时间,从表 10-1 中可以看到,中西部地区和东北地区在相关战略实施之后,全社会固定资产投资总体来说都发生了巨大的跳跃。譬如把 2001—2010 年全社会固定资产投资实际年均增长率与1991—2000 年相比较,中部、西部和东北地区分别提高了 11.8 个、8.6 个和16.3 个百分点,明显大于没有特殊区域政策支持的东部地区(仅提高 4.6个百分点)。把这个结果与图 10-3 的区域经济增长表现加以对照,也可以看到在这个时期,大规模投资的确使后发地区实现了更快的经济增长。

表 10-1　1991—2017 年分地区不同时期投资增长　　（单位:%）

时　　　期	东部地区	中部地区	西部地区	东北地区
1991—2000 年	14.57	12.72	14.66	9.01
2001—2010 年	19.13	24.50	23.27	25.31
2011—2017 年	10.41	13.02	14.03	−0.41

资料来源:国家统计局,见 http://www.stats.gov.cn。

　　但是,这一轮政策扶持下的投资高速增长,无论对中西部地区来说还是对东北地区来说,在 2010 年之后都没有得到延续。事实上,所有地区随后都经历了投资增长的减速。2011—2017 年间的年均固定资产投资实际增长率,与前期的增长率相比,在东部、中部、西部和东北地区分别降低了 8.7 个、11.5 个、9.2 个和 25.7 个百分点。

　　我们可以从三个时期的主要特点观察不同地区投资增长速度变化的含义。总体来说,第一个时期即 1991—2000 年间,主要特点是经济改革释放增长潜力;第二个时期即 2001—2010 年间,主要特点是扩大开放释放增长潜力;第三个时期即 2011—2017 年间,主要特点则是人口红利消失导致增长减速。

　　在第一个时期改革和发展的基础上,进入实施区域均衡发展战略的第二个时期后,所有地区投资增长速度都明显加快,相应推动所有地区实现更快的经济增长。而且,其中东部地区属于伴随高速增长而形成的内生型投资增长,中西部和东北地区则明显得益于政策的倾斜。

　　进入第三个时期之后,在人口红利消失导致中国经济潜在增长率下降的条件下,以及在各地区投资增长速度都下降的同时,东部地区的变化属于回归其常态;中西部地区保持了领先于东部地区的势头,说明赶超型增长仍在延续;而东北地区投资率和经济增长速度都经历了陡峭的下滑。由此可见,相关区域均衡发展战略的实施效果,在中西部表现得比较明显,在东北地区则不尽如人意。

　　我们再回到趋同问题上,以便进一步认识区域发展战略效果的差异。

根据增长理论的假设,趋同在统计意义上表现为:一个地区在起始时点上人均收入水平越低,其在随后一定时期内的经济增长速度便越快。在图10-4中,我们把各省2000年人均GDP与各该省在2001—2018年间年均实际增长率进行对照,从具有负斜率的趋势线可以看到一定程度的趋同倾向。其中就东北地区来看,吉林省相对而言符合起点低,因而随后呈现趋同倾向的情形;而辽宁省和黑龙江省的初始人均收入则具有较高水平,因而随后也没有显现出趋同的趋势。

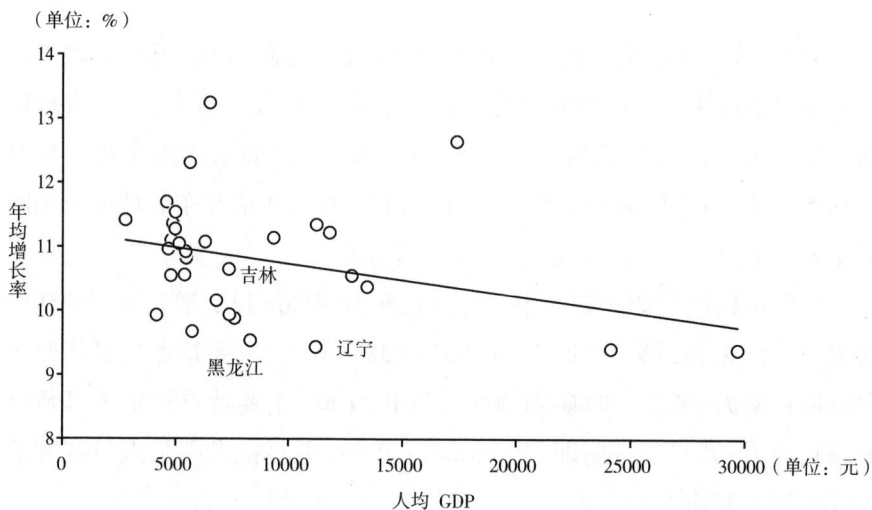

图10-4 初始人均GDP与随后时期年均增长率的关系

资料来源:国家统计局,见 http://www.stats.gov.cn。

可见,东北振兴战略的取向,除了基本公共服务均等化等共同点之外,至少仅就预期产生赶超从而趋同效果这一点而言,与西部大开发战略及中部崛起战略应该是不同的。正因为如此,倾斜政策产生的扩大投资效应终究不可持续,进而一段时期投资驱动的经济增长也不可持续。

从城镇化水平来看,事实上东北地区曾经显著领先于全国平均水平(见图10-5)。由于经济增长遭遇困难,东北地区劳动力大规模向省外和地区外流动。既然这一地区城镇化水平并不低于全国水平,因此,这种劳动力的外流,没有像中西部地区那样最终带来自身城镇化水平的提高,而是造成至少在当前这一段时期陷入城镇化相对停滞的境地,被其他地区所赶超。

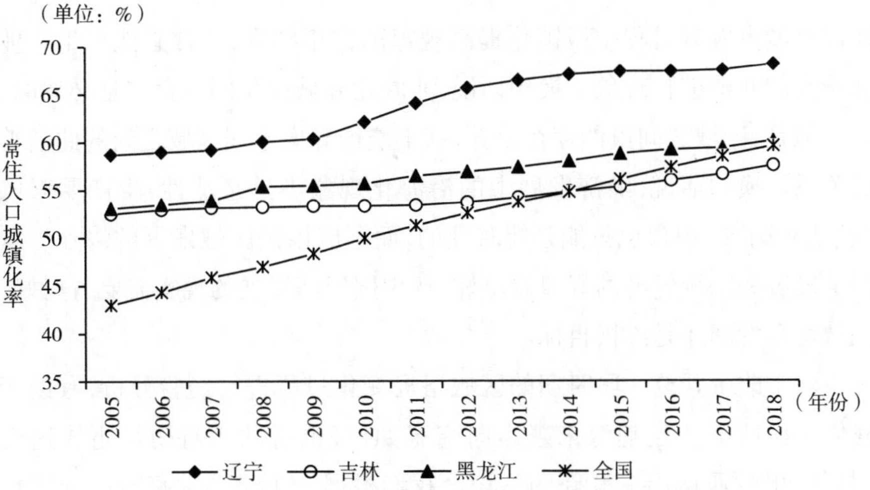

（单位：%）

图 10-5　2005—2018 年其他地区对东北地区的城镇化赶超

资料来源：国家统计局，见 http://www.stats.gov.cn。

　　基于对中西部地区和东北地区的出发点差异的澄清，以及对区域均衡发展战略对两类地区效果差异的解释，我们可以得出的结论是，应该着眼于更加针对该地区的资源禀赋、历史遗产和发展现状，结合中国经济整体发展部署，实现东北振兴战略的升级。我们将在第五节回到这个问题的讨论上来。

第四节　打破规律还是突破屏障？

　　新闻记者概括的关于胡焕庸线的"李克强之问"，本质上要求我们从两个方面去回答。第一，胡焕庸线作为一个人口分布事实，在多大程度上反映不可违背的客观规律，在多大程度上是依循特定条件发挥作用的、随着条件的变化而可以改变的。第二，能否通过创造必要的发展条件，促进中西部地区的基础设施建设、营商环境改善和人力资本提升，进而实现赶超型经济增长。

　　虽然中国的区域差异中体现了农业与非农产业的差异以及乡村与城镇的差异，但是，区域差异与后两种差异毕竟具有不尽相同的性质，因而未必得出相同的政策含义。例如,作为产业演变过程中农业份额下降规律以及城乡发展过程中城镇化提高规律的作用结果,通常必然发生产业和城乡的此消彼长现象。换句话说,非农化和城镇化同时存在是必然的。

但是,区域之间虽然存在差异,却不能推导出不同区域之间的此消彼长关系。换句话说,经济发展中的沿海化现象不是必然性,生产要素的"孔雀东南飞"现象也只能是暂时性的,而不应该是区域发展的终点。从经济发展和区域经济的规律看也好,从中国经济发展的现实需要看也好,区域均衡发展才是终极目标。

对于改革开放一段时期的区域格局变化过程进行经验分析,有助于我们认识这个变化趋势未来走向究竟如何,也有助于对胡焕庸线这个"规律"的性质得出一些新的认识。我们根据一个经济学家建议的统计方法[①],把劳动生产率(劳均增加值)提高分解为东部、中部和西部地区加总贡献和地区间重新配置贡献两个部分,其中重新配置贡献又分为静态效应和动态效应两个部分,并与以往对三次产业进行的类似分解进行比较(见表10-2和表10-3)。

表10-2　劳动生产率贡献因素的产业分解　　(单位:%)

数据区间	产业贡献	产业间重配	静态效应	动态效应
1978—2015 年	55.1	44.9	4.6	40.2

资料来源:蔡昉:《中国经济改革效应分析——劳动力重新配置的视角》,《经济研究》2017 年第 7 期。

表10-3　劳动生产率贡献因素的地区分解　　(单位:%)

数据区间	地区贡献	地区间重配	静态效应	动态效应
1993—2010 年	98.3	1.7	0.2	1.5

资料来源:笔者测算。

如表10-2所示,在1978—2015年间,在第一产业、第二产业和第三

---

① 计算方法请参见 Timmer, Marcel and Adam Szirmai, "Productivity Growth in Asian Manufacturing: The Structural Bonus Hypothesis Examined", *Structural Change and Economic Dynamics*, Vol. 11, No. 4, 2000。

产业各自对劳动生产率提高作出贡献的同时,劳动力在三个产业间进行重新配置的效应十分显著。其中的资源重新配置效率又可分解为静态转移效应,即劳动力向初始年份劳动生产率较高产业转移的贡献,以及动态转移效应,即劳动力向劳动生产率提高速度较快的产业转移的贡献。计算结果显示,在中国的产业结构变化效应中,动态效应是占支配地位的贡献因素。

按照相同的方法对东部地区、中部地区和西部地区进行劳动生产率分解(见表10-3),却没有发现明显的资源重新配置效应。即三个地区各自对劳动生产率提高作出的贡献合计,占到全部生产率提高的98.3%,劳动力从中西部地区向东部地区流动的贡献微乎其微。这一结果可以分别从几个方面来认识。

一个需要考察的问题是关于劳动力统计的覆盖问题。由于分地区劳动力数量的数据不全,这里只能就1993—2010年较短的时间进行计算。更重要的是,以往的研究表明,存在着两个可能导致这种区域间流动人口严重低估的统计问题,因而在分省计算劳动生产率时,作为分子的就业人口有极大的可能性被显著低估,使得人口从中西部地区向东部地区流动带来的资源重新配置效应相应被低估。

首先,虽然目前关于人口的统计是使用居住六个月及以上这个常住定义,但是,包括全国人口普查、1%人口抽样调查和千分之一人口抽样调查在内的多数调查,对没有本地户籍的常住人口覆盖率不够,也就是说对未落户的常住流动人口会产生遗漏,抽样比率越小则遗漏现象越严重。由于中西部地区向东部地区的人口流动大多属于没有户籍地变更的非终身常住现象,外来人口未能被实际输入地纳入常住人口统计范围的可能性较大。

其次,就业人员的统计可能造成遗漏外来农民工的可能性更大。目前关于就业的统计有两个体系。一种是通过报表制度由用人单位上报。由于农民工的就业常常通过派遣工或者临时雇用的方式,而且签订劳动合同的比例较低,所以,有些企业并不把农民工作为正式职工纳入报表中。另一种是基于住户调查的方式,使用的抽样框是千分之一人口抽样调查系统。由于农民工虽然外出或者在城市居住超过六个月,但是,他们的就业单位并不稳定,常住地点也不固定,因此,农民工及其家庭成员被纳入调查抽样框架,从而纳入统计覆盖之中的可能性也较小。

在严重低估了从中西部地区流入东部地区的劳动力数量的情况下,资源重新配置效应也就不显著了,而这种效应本来应该是存在的。不过,即使在数据合理的情况下,我们没有像在三次产业间资源重新配置效应那样,观察到人口区域流动即劳动力在三类地区之间的资源重新配置的显著效应,也是符合理论预期的。

也就是说,胡焕庸线所揭示的人口分布现象,并不像随着经济发展和人均收入水平提高,农业份额下降和城镇化率提高一样是经济发展的"铁律",而只是在特定历史背景下和约束条件下某些发展规律发挥作用的表征现象。撇开世界上由于历史原因形成的沿海地区经济活动集中的特点不说,我们先来看为什么中国改革开放以来,不是在中西部地区而是在沿海地区形成了制造业中心,并使劳动密集型产业兑现了资源比较优势,进而赢得了全球竞争力。

中国被称为制造业中心,在很长时间里是由于劳动密集型产业的发展和产品出口。这个产业地位及其形成,分别以两个与贸易相关的经济学理论为依据,即古典经济学开创的比较优势原理和新贸易经济学的规模经济原理。[①] 前者解释了为什么是中国具备条件成为新的制造业中心——有着丰富且具有必要受教育程度的劳动力,表现为比较优势;后者解释了为什么是沿海地区,而不是劳动力更加丰富的中部地区率先形成制造业中心——较好的交通运输及其他基础设施条件和产业配套能力,表现为规模经济。

也正是因此,改革开放以来中国的经济增长形成了区域性和梯度特点。为了解决区域发展不平衡的问题,加快经济增长的梯度推进,在把改革开放逐步深入到中西部地区的同时,针对这些省份人力资本欠缺、基础设施薄弱、产业结构单一以及对资源依赖性过强等制约经济发展速度的问

---

① 关于这种新贸易理论,请参见 Krugman, Paul, "Increasing Returns and Economic Geography", *Journal of Political Economy*, Vol. 99, No. 3, 1991。

题,从21世纪初开始,中央政府开始实施西部大开发战略,随后又启动中部崛起战略和东北等老工业基地振兴战略等,基础设施投资和基本公共服务投入大幅度向中西部地区倾斜,并落实在一系列重大建设项目的实施上。

这几个区域发展战略以及实施的一系列建设项目,显著改善了中西部地区的交通状况、基础设施条件、基本公共服务保障能力和人力资本水平,推动了产品市场和要素市场发育,显著改善了投资条件和发展环境。随后我们会看到,这种区域均衡发展战略已经在很大程度上改变了胡焕庸线隐含的区域发展条件,意味着可以在尊重规律性的前提下,实现对中国区域间这种百年格局的突破。

第五节　升级版雁阵模式

经济学家把东亚经济体之间由于比较优势差异及变化而发生的产业转移概括为雁阵模式。对该模式,有三个要点需要强调,即如果从不同经济体或不同区域之间关系的角度观察经济发展的话,第一是具有梯度性,世界经济或区域经济发展有先行者和赶超者,有领头雁和追随群;第二是具有渐次性,经济体各自按照资源禀赋和比较优势变化定位发展模式;第三是具有动态性,随着比较优势和其他条件变化,不同经济体的相对地位发生变化,原有发展模式也会改变。

按照雁阵模式内在的逻辑而非表面现象,我们可以预期也确实看到,日本向亚洲"四小龙"以及后者向东盟国家和中国大陆进行产业转移的雁阵模式,在此时此地发生了形态变化。

首先,随着西部大开发战略和中部崛起战略效果的显现,并且由于这些地区相对而言仍然保持劳动力成本较低的优势,尽管发生了制造业转移到其他国家的情况,产业转移也普遍地发生在沿海地区与中西部地区之间,国际的雁阵模式变成了中国的国内版。

原因之一是,在一定时期内,我们预期中西部地区工资成本将继续低于东部地区。固然,随着民工荒现象的出现以及中西部地区发展创造了更多的就业机会,农民工工资在东中西三类地区之间出现了趋同的趋势。

但是,从劳动争议案件总数量和发生率东部地区占压倒性多数的情况看,东部地区的现行工资水平更加不能使工人满意,而为了吸引劳动者,工资的继续快速上涨压力明显高于中西部地区。

相比而言,中西部地区的现行工资水平,对本地劳动者,特别是那些年龄偏大的农村劳动力仍然是有吸引力的,因此,在他们被动员到非农产业就业的情况下,工资的提高可能会相对平稳。这样,我们从地区工资差异以及潜在的劳动力供给角度,看到劳动密集型产业向中西部地区转移的空间。而且,在工资吸引力之外,中西部地区的农民工及其家庭对在本地城镇落户的预期,也抵消一部分工资上涨压力。

产业在区域上的配置不仅由生产要素成本因素决定,还与影响企业生产成本和交易成本的聚集效应密切相关。较早的一项研究,利用1998—2008年中国制造业规模以上(即主营业务收入在500万元以上)企业数据,以及分县财政税收数据,发现产业聚集效应在2004年以前主宰着劳动密集型产业的区域配置,结果是更多地集中在东部地区。而在那之后该效应逐渐下降,企业的综合经营成本上升和要素成本的提高,逐渐成为影响产业配置的主要因素(Qu等,2012)。

因此,自2004年发生民工荒并且随后工资普遍上涨以后,劳动密集型产业从东部地区向中西部地区(主要是中部地区)的转移就开始发生了。譬如从先后三次进行的全国经济普查数据,我们便可以看到,东部地区在全国制造业中的比重显著降低,在2004—2013年间以年均2.2%的速度下降,与此同时,中部和西部地区制造业在全国的比重明显提高,两类地区这一比重的年均提高速度分别为4.5%和3.3%(见表10-4)。

表10-4　制造业主营业务收入地区分布　　　(单位:%)

时　间	东部地区	中部地区	西部地区
第一次全国经济普查(2004年)	72.23	18.53	9.24
第二次全国经济普查(2008年)	67.38	22.34	10.28
第三次全国经济普查(2013年)	59.64	27.93	12.44

资料来源:国家统计局,见 http://www.stats.gov.cn。

其次,随着人均收入水平继续提高,以及劳动力短缺现象渗透整个中国内地省份,进而各地工资水平进一步趋同,中国在一些劳动密集型产业上的比较优势终究会丧失,因而雁阵模式不可避免地要回归其国际版,即劳动密集型制造业向尚享有人口机会窗口的国家转移。"一带一路"建设的推进,应用中国改革开放发展共享实践所证明的有效经验,着眼于改善"一带一路"沿线国家基础设施条件,实现互联互通,进行国际产能合作,通过人文交流实现民心相通,正是在培育着这个国际版雁阵模式。

再次,正如贸易与合作并不仅仅以生产要素具有互补性为唯一前提,规模经济效应也曾对传统制造业的区位布局产生重要影响一样,更高水平的聚集效应和规模经济,应该是粤港澳大湾区建设、长江经济带一体化发展等一系列区域发展战略的经济学依据,也是提高产业在全球价值链中地位的必然要求,我们可以称之为雁阵模式的规模经济版。相应地,这类区域合作模式也是中国经济更加开放,获得新的动能,以实现更有效率、更加公平、更可持续的高质量发展的重要抓手。

最后,鉴于以前的分析表明,东北振兴战略与针对中西部地区的区域均衡战略,从对象上和目标上都应该有所不同,从以上关于雁阵模式不同版本的理论和经验看,东北地区完全有机会创新一个规模经济版雁阵模式,可以视之为改造传统产业的规模经济雁阵模式,也同时成为东北振兴战略的升级版。从雁阵模式本意及变形版本的共性,我们可以得到以下启发。

第一,不应该过分拘泥于当前的生产要素禀赋特点,而应该把包括历史遗产在内的各种发展条件一并考虑。如果仅仅从发展水平看,中国仍处于中等偏上收入阶段,似乎还有发展劳动密集型产业的潜力。然而,一方面,中国人口红利正在加快丧失,而东北的人口老龄化更是处在加快阶段;另一方面,东北的装备制造业基础不是包袱,而是特殊的发展条件。显然,复制沿海地区传统制造业发展模式,并不能取得所期望的东北振兴结果。

第二,产业结构调整方向的确立不应该一概而论,而是要遵循劳动生产率不断提高的原则。从理论逻辑和中国现状来看,各产业之间存在着劳动生产率的显著差异,由低到高的排列顺序依次为农业、建筑业、服务业和制造业,因而产业结构调整也必须按照相同的方向。具体对东北地区来说,在产业结构调整中,既不能误判误导,从装备制造业退回到劳动密集型制造业,从制造业退回到低端服务业、建筑业或农业,更不能缘木求鱼,从农业规模经营退回到狭小农户。

第三,推进改革开放,营造良好的营商环境和市场竞争环境,是颠扑不破且有高度共识的道理。在发展新阶段上,经济增长的源泉归根结底要转到全要素生产率的提高上面。一方面,尚存的传统生产率潜力仍需要体制机制的改革予以挖掘;另一方面,新的生产率提高必须在"创造性破坏"中实现。供给侧结构性改革体现的正是这种不破不立原则,是东北再振兴的必由之路。

第十一章　新中国城市规划

1949 年 3 月，毛泽东同志在党的七届二中全会上指出，"党的工作重心必须放在城市，必须用极大的努力学会管理城市和建设城市"。[①] 为人民规划是新中国城市规划不变的初心。回顾和总结新中国城市规划历史经验，不仅有助于把握城市规划演变趋势和方向，而且可以为人类社会特别是发展中国家规划建设可持续城市贡献中国智慧。本章对 70 年来新中国城市规划理论、体系、体制演变特征进行了初步总结。

第一节　城市规划理论研究

理论是行动的基础，城市规划不可避免地遵循规划运作的理论。纵观 70 年，随着社会主要矛盾和社会经济变迁，新中国城市规划实务背后的理论经历了深刻的转型。在改革开放之前，借鉴苏联城市规划模式（邹德慈等，2014），逐渐形成了生产建设计划驱动型城市规划；改革开放过程中，在总结新中国城市规划经验的基础上，吸收欧美现代城市规划思想，逐步形成了招商引资驱动型城市规划；党的十八大以来，适应我国社会主要矛盾转换，形成了生活品质驱动型城市规划。

一、生产建设计划驱动型城市规划理论

在改革开放之前，实行计划经济，社会主要矛盾是人民对于建立先进的工业国的要求同落后的农业国的现实之间的矛盾、先进的社会制度同

[①] 《毛泽东选集》第四卷，人民出版社 1991 年版，第 1427 页。

落后的社会生产力之间的矛盾,必须集中力量发展社会生产,把我国尽快地从落后的农业国变为先进的工业国。因此,为人民规划即为发展生产而规划。1949年毛泽东同志在党的七届二中全会上强调指出:"从我们接管城市的第一天起,我们的眼睛就要向着这个城市的生产事业的恢复和发展。""只有将城市的生产恢复起来和发展起来了,将消费的城市变成生产的城市了,人民政权才能巩固起来。城市中其他的工作……,都是围绕着生产建设这一个中心工作并为这个中心工作服务的。"[①]1951年2月,中共中央政治局扩大会议提出"在城市建设计划中,应贯彻为生产、为工人阶级服务的观点"。[②] 1978年4月,中央批转《关于加强城市建设工作的意见》强调指出,城市建设和管理工作要贯彻为生产、为城市群众服务的方针。在计划经济体制中,"为谁生产、生产什么、如何生产、在哪里生产"由计划决定。于是,为发展生产而规划就是为生产建设计划而规划。因此,改革开放前的城市规划是"生产建设计划驱动型"。这种模式具有以下基本特征。

首先,城市规划是国民经济计划的继续和具体化。为生产建设计划、工业建设计划而规划就是在空间上继续和具体落实国民经济计划。因而,城市规划是国民经济计划工作的继续和空间具体化。国民经济计划以工业建设为主线,于是城市规划以落实工业建设计划项目及相关配套设施为主线,将构成城市生产生活环境的工厂、住宅、商店、学校、交通设施以及公园绿地等各项实质单元加以合理安排。

1952年9月,政务院召开的第一次全国城市建设工作会议提出,城市建设的主要物质基础是工业建设,工业建设计划、地点和速度决定城市建设的计划、地点和速度,城市建设必须采取与工业建设相适应的方针,根据国家的长期计划加强规划设计工作。

1958年,为适应"大跃进"的需要,中央提出"用城市建设的大跃进来

---

① 毛泽东:《在中国共产党第七届中央委员会第二次全体会议上的报告》,人民出版社2004年版,第7—8页。

② 中共中央文献研究室编:《建国以来重要文献选编》第二册,中央文献出版社1992年版,第41页。

适应工业建设的大跃进"。三线建设方针是要"大分散、小集中""依山傍水扎大营",因而城市规划建设采取"大分散、小集中,不建集中的城市,多搞小城镇"的方针。因而,无论从理论逻辑还是从实践经验看,生产建设驱动型城市规划亦可称为工业建设驱动型城市规划。

其次,城市规划以工农结合、城乡结合为原则。马克思、恩格斯认为,以社会生产力高度发展为前提的共产主义社会,不仅消灭了剥削制度,而且消灭了工农、城乡、脑体劳动三大差别。据此,随着社会生产力发展,三大差别将消失,为生产服务的城市规划自然应该遵循消灭三大差别的规律,以工农结合、城乡结合为原则。因此,毛泽东同志在党的七届二中全会上要求,"城乡必须兼顾,必须使城市工作和乡村工作,使工人和农民,使工业和农业,紧密地联系起来。"①我国城市规划在 20 世纪 60 年代和 70 年代在工农结合、城乡结合上进行了两个方面的探索。

一是不建集中的城市,多搞小城镇。1958 年 7 月,第一次全国城市规划工作座谈会总结了新中国成立近十年来城市规划的工作经验,认为我国城市的发展要大中小城市相结合,以发展中小城市为主,要有计划地建设卫星城市作为大城市继续发展的方向,加强区域规划。1962 年 6 月,周恩来同志视察大庆油田时指示,像大庆这样的矿区,不搞集中大城市,分散建设居民点,把家属组织起来参加农副业生产,可以做到工农结合、城乡结合,对生产、生活都有好处。② 这一经验影响深远。1965 年开始的三线建设强调"大分散、小集中,不建集中的城市,多搞小城镇"。1978 年 2 月,第七届全国人大第二次会议通过的《政府工作报告》仍旧强调,在工业建设中,要贯彻工农结合、城乡结合的方针,在有条件的地方,要像大庆那样,组织职工和家属搞好农副业生产。③

二是人民公社规划。1958 年,《中共中央关于在农村建立人民公社

---

① 毛泽东:《在中国共产党第七届中央委员会第二次全体会议上的报告》,人民出版社 2004 年版,第 5 页。

② 陈扬勇:《走出西花厅——周恩来视察全国纪实》,人民出版社 2009 年版,第 239 页。

③ 《中华人民共和国第五届全国人民代表大会第一次会议文件》,人民出版社 1978 年版,第 24 页。

问题的决议》指出,建立农林牧副渔全面发展、工农商学兵互相结合的人民公社,是指导农民加速社会主义建设,提前建成社会主义并逐步过渡到共产主义所必须采取的基本方针。[①] 1960 年 1 月,中共中央政治局扩大会议要求使人民公社的做法进一步向城市试办和推广。为贯彻这一方针,1960 年 4 月,第二次全国城市规划工作座谈会要求根据城市人民公社的组织形式和发展前途来编制城市规划,体现工、农、商、学、兵"五位一体"的原则,并对天津、郑州、哈尔滨等城市为全面组织人民公社的生产和生活形成的"十网"[②]"五化"[③]"五环"[④]进行了宣扬。

第三,城市规划是实现社会收益最大化的手段。城市规划被视为实现社会收益最大化的手段,是"完全理性"的。这要求城市规划工作者收集完备信息,提出所有可供选择的规划方案并从中选择那个社会收益超过成本最多的规划方案。苏联援建的 156 项工程和为其配套的 694 个限额以上项目的选址是这种模式的典型代表。156 项工程和 694 个限额以上项目的选址是"一五"计划重要工业城市规划的基础。为实现社会收益最大化,从 1950 年开始,中央人民政府各工业部门就派人在全国 200多个城镇进行摸底调查,为选择合适的建厂地点做前期准备工作。1953年 4 月至 1954 年年初,为充分发挥集体理性的作用,在国家计委副主任李富春率领下,在国家计委组织下,各工业部门和铁道、卫生、水利、电力、公安、文化、城建等部门的领导、技术人员和苏联专家近百人组成西北、华北、中南和西南联合选厂址工作组前往各地,通过中央与地方、各部门之间、官学民之间相互交流、取得共识,确定 156 项工程选址布局。在此基础上,按照苏联模式组织编制了重要工业城市规划。

然而,决策者发现,由于时间、信息、人力、物力、财力的限制,人们无法确认所有可供选择的规划方案及其后果、无法准确计算规划方案的社

---

① 中共中央文献研究室编:《建国以来重要文献选编》第十一册,中央文献出版社 1995年版,第 447 页。

② 十网:生产网、食堂网、托儿网、服务网、教育网、卫生保健网、商业网、文体网、绿化网、车库网。

③ 五化:家务劳动社会化、生活集体化、教育普及化、卫生经常化、公社园林化。

④ 五环:环形供水、环形供电、环形交通运输、环形供煤气、环形供热。

会成本和收益,苏联城市规划模式遭遇接连不断的批评。进而,1958年7月,全国城市规划工作座谈会结合落实"大跃进"精神,倡导"快速规划"的基本方法。

"快速规划"方法背后的基本逻辑是:规划是一个渐进的、先粗后细的、点面结合的、边际调整的历史过程,在这个历史过程中,现在的规划是以往规划的修正。因而,"快速规划"方法是一种可与西方20世纪50年代末兴起的渐进主义城市规划模式(约翰·利维,2003;Lindblom,1959)相提并论的中国城市规划模式。与苏联城市规划模式不同,这种规划模式所需人力、物力、财力、知识和理论较少,因而使规划更容易被社会所接受。因而,在"快速规划"方法提出后,全国各地修改或编制城市规划的速度显著加快。据1958年统计,全国编制或修改的大中小城市规划有1200多个,143个大中城市和1087个县镇完成初步规划,进行农村居民点规划试点的有2000多个,还有一些地区进行了区域规划(邹德慈等,2014)。

"快速规划"方法带来的城市规划方案储备量的大幅增长是1960年11月18日李富春副总理在第九次全国计划会议上宣布"三年不搞城市规划"的重要因素。由于单纯地把"快速规划"解读为"大跃进"运动的政治产物,在20世纪70年代城市规划开始复苏的过程中,城市规划界并未从理论上总结"快速规划"内涵的逻辑并以此为契机进行理论创新,城市规划又回归到集体理性模式轨道。1983年11月,国务院同意并批转城乡建设环境部《关于重点项目建设中城市规划和前期工作意见的报告》,仍旧要求采取"一五"时期的做法,由国家计委牵头,城市规划等中央和地方有关部门参加,对重点建设项目实行联合选址。

二、招商引资驱动型城市规划理论

党的十一届三中全会以后,我国城市规划建设进入了一个新的发展阶段。在这个阶段,我国社会主要矛盾确定为人民日益增长的物质文化需要同落后的社会生产之间的矛盾,根本任务是发展社会生产力,以经济建设为中心,以改革开放为根本动力,经济体制从计划经济逐步转变为市场经济。为人民规划即为发展生产规划。然而,在市场经济体制下,"为谁生产、生产什么、怎样生产、在哪里生产"由市场机制决定,一个城市能否发展决定于其在市场竞争中能否获取发展生产所需要的稀缺资源。因而,为发展生产而规划就是为城市获取稀缺资源而规划,城市规划可以界定为稀缺资源市场营销驱动型。这种模式具有以下基本特点。

第一,城市规划是指导和调控城市建设和发展的基本手段。正如上述,这一阶段的城市规划是为城市获取稀缺资源而规划的。这首先意味着,城市规划是政府按照自己的意愿、意志和利益自主调控资源投入和配置的工具,城市土地国家所有为这种调控奠定了更为坚实的基础。

因此,20世纪90年代中期以来,城市规划被定义为政府指导和调控城市建设与发展的基本手段或公共政策。这表现在,1996年《国务院关于加强城市规划工作的通知》指出,城市规划是指导城市合理发展,建设和管理城市的重要依据和手段;2000年《国务院办公厅关于加强和改进城乡规划工作的通知》强调,城乡规划是政府指导和调控城乡建设与发展的基本手段;自党的十六大倡导和谐社会建设以来,则在此基础上增加了维护社会公平、保障公共安全和公众利益的功能;2005年发布的《城市规划编制办法》强调城市规划是"政府调控城市空间资源、指导城乡发展与建设、维护社会公平、保障公共安全和公众利益的重要公共政策之一"①。然而,市场经济具有内在的动态成长性和波动性。在经济高速增长阶段,这种动态性更是十分突出。这就自然要求,作为指导和调控城市建设和发展基本手段的城市规划,具有与时俱进的高度灵活性。结果,在这一阶段,城市规划虽然在公共政策中的地位显著提高了,但也变得"朝令夕改",缺乏足够的权威性、严肃性和科学性,有时甚至成为短期逐利行为的"有形之手"。

第二,城市规划是招商引资驱动的。在这一阶段,我国基本上处于劳动力可无限供给下的经济发展阶段,物质资本短缺是经济发展的瓶颈因素,这使得以经济建设为中心事实上成为以物质资本积累为中心了。在

---

① 《中华人民共和国国务院公报》2006年第33号,第27—30页。

市场化、全球化和分权竞争的地方政府条件下,我国城市之间是存在竞争的,为了成功积累物质资本、实现经济发展,就必须比竞争对手能够更加有效地吸引、留住投资者和企业。于是,为吸引、留住企业和投资者,引进工商管理,特别是营销地方的理念和方法,把"城市未来发展"视为"产品",面向投资者、企业进行开发、包装和行销,成为城市政府的必然选择。

因而,从20世纪90年代初开始,我国城市规划普遍成为城市政府招商引资的战略营销工具,各城市无不通过城市规划千方百计地为招商引资提供廉价的建设用地及配套基础设施、公共服务和优惠政策,招商引资成为城市规划的优先目标和任务。因此,稀缺资源市场营销驱动型城市规划实质上就是招商引资驱动型城市规划。招商引资驱动推动了资本积累和经济增长,成为造就"中国经济奇迹"的重要因素之一,但也带来了生产用地/工业用地过度膨胀、土地低效利用、"土地的城镇化",严重超前"人的城镇化",以及不断凸显的劳资关系和农民工的问题。

第三,城市规划偏向经济和城市。城市是现代经济增长中心。以经济建设为中心,自然对城市建设提出两个方面的要求。一是城市建设以经济建设为中心。1987年5月21日,在《国务院关于加强城市建设工作的通知》中指出,城市建设要同经济发展进程相适应,保持一个稳定、合理的发展速度。这自然意味着城市建设以经济建设为中心,把满足生产用地放在土地利用与管理的中心位置,把经济效益放在中心位置。二是经济建设以城市为中心。这是由城市的集聚效应所决定的。为确保以城市为中心,一方面,我国从1982年开始加快市管县体制改革,市管县体制迅速成为我国绝大多数地区的行政区划体制;另一方面,中央政府对地方官员实行以经济增长为核心的绩效考核制度,地方官员为获得职位晋升把经济增长最大化作为施政目标,与同级官员围绕经济增长而展开"政治晋升锦标赛"(高彦彦等,2010;马光荣和杨恩艳,2010;王颂吉和白永秀,2014)。

在这种背景下,我国城市规划立场自觉不自觉地偏离"中立",而重经济建设轻社会建设、重生产轻生活生态、重城市轻乡村,资源配置滋生出严重的经济偏向和城市偏向,土地、基础设施和公共服务配置偏向经济部门和城市部门。经济偏向和城市偏向的城市规划为中国经济奇迹提供了有力支撑,但造成了经济与社会关系、工农关系、城乡关系、人与自然关系和生产、生活、生态空间结构的严重失衡。

针对这种失衡,2003年召开的党的十六届三中全会提出"统筹城乡发展、统筹区域发展、统筹经济社会发展、统筹人与自然和谐发展、统筹国内发展和对外开放"①;2007年颁布的《中华人民共和国城乡规划法》规定,城乡规划应当遵循城乡统筹、合理布局、节约土地、集约发展和先规划后建设的原则并提出划定"禁止、限制和适宜建设的地域范围"②;国务院于2010年印发了《全国主体功能区规划》,但并未从根本上改变这一阶段城市规划经济和城市偏向的基本格局。

第四,城市规划是多元主体之间利益平衡的过程和结果。随着市场化改革深入,我国城市规划工作逐渐由单一的利益主体——中央政府分化为多元主体,即中央政府、地方政府、规划师、开发商和公众。一方面,这些利益主体在城市发展中具有各自不同的利益,必然对安排未来空间发展与保护的城市规划提出要求,有效的城市规划应把平衡多元利益作为核心课题;另一方面,我国实行土地公有,城市规划平衡多元利益的手段和力度具有西方国家难以比拟的优势。因此,改革开放以来,特别是20世纪90年代中后期,我国自觉不自觉地修正了城市规划传统上作为社会收益最大手段的价值观点,作为不同主体之间利益平衡过程和结果的价值认识开始蔓延和普及。

应该特别指出的是,利益关系的平衡是由多元利益主体相对影响力决定的,在这一阶段,公众虽然逐步成为多元利益主体之一,但始终是十分羸弱的;规划师虽然具有专门技术知识,但因追求自身利益、缺失规划伦理与市场经济社会运行的系统洞见,往往简单服从于作为"客户"的地方官员和开发商。因此,在各种利益关系中,城市规划一定程度上成为政府官员与开

---

① 《改革开放以来历届三中全会文件汇编》,人民出版社2013年版,第119页。
② 全国人民代表大会常务委员会法制工作委员会编:《中华人民共和国法律汇编(2007)》,人民出版社2008年版,第187页。

发商利益的平衡,规划师在一定程度上成为地方官员和开发商的"代言人",并滋生严重的腐败。因而,正如本章第三节所表明的,20世纪90年代末我国开始加强城市规划实施监督,但冰冻三尺非一日之寒,其成效甚微。

三、生活品质驱动型城市规划理论

进入新时代,社会主要矛盾已经转化为人民日益增长的美好生活需要和不平衡不充分发展之间的矛盾。为人民规划在于解决发展不平衡不充分问题,满足人民日益增长的美好生活需要,让人民生活更美好。为此,党的十八大提出新型城镇化。党的十八届三中全会审议通过的《中共中央关于全面深化改革若干重大问题的决定》强调"坚持走中国特色新型城镇化道路,推进以人为核心的城镇化"①。2013年召开的中央城镇化工作会议强调,要以人为本,推进以人为核心的城镇化,提高城镇人口素质和居民生活质量。2015年召开的中央城市工作会议提出不断提升城市环境质量、人民生活质量、城市竞争力,建设和谐宜居、富有活力、各具特色的现代化城市,提高新型城镇化水平,走出一条中国特色城市发展道路。接着,2016年2月《中共中央国务院关于进一步加强城市规划建设管理工作的若干意见》则指出城市规划建设管理工作的总目标是:实现城市有序建设、适度开发、高效运行,努力打造和谐宜居、富有活力、各具特色的现代化城市,让人民生活更美好。因此,新时代城市规划可以称为地方生活品质驱动型。这种模式具有以下几个特点。

第一,城市规划以创造优良人居环境为中心。为解决城市发展不平衡不充分问题、让人民生活更美好而规划,核心在于:面向现实和潜在的居民丰富和发展城市之间不可有效移动品的数量、多样性、质量和可及性,提升地方生活品质(杨开忠,2019),创造优良人居环境。

究其原因,一是补短板的需要。一方面,因传统上长期重生产轻消费、重增长轻公义、重开发轻生态、重业轻居,地方生活质量已经成为我国

---

① 《中共中央关于全面深化改革若干重大问题的决定》,人民出版社2013年版,第24页。

城市短板,一个重要的表现是,我国城市在相关全球排名中按生产指标计均表现不凡,但按生活指标计却严重滞后(杨开忠,2019);另一方面,人民日益增长的美好生活需要,不仅表现在对城市之间可移动品的更高要求,而且更为突出地表现在对城市间不可移动的休闲娱乐、教育、医疗、公平、正义、安全、美学与生态环境质量等产品的更高需求。因此,为让人民生活更美好,必须纠正传统上重生产轻消费、重增长轻公义、重开发轻生态、重业轻居的倾向,面向全体居民大力提高地方品质。

二是吸引和集聚合意人才和居民的需要。一方面,让人民生活更美好需要不断提升人民支付能力,而后者关键在于不断提高劳动生产率和人民收入水平。新时代我国劳动力、土地等初级生产要素日益稀缺,中低端产品生产能力过剩,中心城市规模过度膨胀,提升生产率关键在于创新驱动,而创新驱动本质上是人才驱动。另一方面,随着我国告别劳动可无限供给的经济发展,劳动力变得稀缺、资本变得相对丰裕,"招商引资"转向"选商择资",营销城市的目标市场正在从资本转向合意人才和合意居民。国内外理论和实践表明,人才喜好高品质的地方,高品质的地方吸引和集聚人才。为吸引人才和合意居民,城市必须因势利导,大力提升地方品质。因此,中央城镇化工作会议强调:让城市融入大自然,延续城市历史文脉,提升质量是新型城镇化的关键。[①]

2005年中央城市工作会议要求,城市工作要把创造优良人居环境作为中心目标,努力把城市建设成为人与人、人与自然和谐共处的美丽家园。2016年《中共中央国务院关于进一步加强城市规划建设管理工作的若干意见》则从提高城市设计水平,贯彻"适用、经济、绿色、美观"的建筑方针,保护历史文化风貌,提升城市建筑水平,完善城市公共服务、营造城市宜居环境等多方面,提出了创造优良环境的具体要求。2018年,中央决定将城市规划职能划归自然资源部。2019年,中央强调国土空间规划是可持续发展的空间蓝图。[②]

---

① 参见《中央城镇化工作会议在北京举行》,《人民日报》2013年12月15日。
② 参见《中共中央国务院关于建立国土空间规划体系并监督实施的若干意见》,新华社2019年5月23日电。

第二,城市规划是城市发展规律的理性反映。2013 年召开的中央城镇化会议提出"城镇化是一个自然历史过程"①,2015 年召开的中央城市工作会议强调"城市发展是一个自然历史过程,有其规律","必须认识、尊重、顺应城市发展规律,端正城市发展指导思想,切实做好城市工作"。② 2016 年印发的《中共中央国务院关于进一步加强城市规划建设管理工作的若干意见》则明确把"认识、尊重、顺应城市发展规律"作为城市规划建设管理的指导思想。这就要求,新时代城市规划要充分体现反映作为自然历史过程的城市发展之规律。换句话说,城市规划应当是城市发展规律的理性反映。在本质上,这是一种基于有限理性的规划思想理论,强调规划既是有意识的理性,但这种理性又是有限的。

按照这种理论,一要提升规划人员能力。培养一批专家型的城市管理干部③,用科学态度、先进理念、专业知识去规划、建设、管理城市④。教育部门要研究加强国土空间规划相关学科建设⑤。二要强化规划信息能力建设。推进城市智慧管理,促进大数据、物联网、云计算等现代信息技术与城市管理服务融合⑥。完善国土空间基础信息平台⑦。三要变革规划方法。探索基于自然、市场、社会、文化的有限规划,强化"负面清单"规划方法⑧,划分和管控"三区三线(城镇、农业、生态空间和生态保护红线、永久基本农田保护红线、城镇开发边界)",强化底线约束⑨。

---

① 中共中央文献研究室编:《十八大以来重要文献选编》(上),人民出版社 2014 年版,第590 页。

② 《中央城市工作会议在北京举行》,《人民日报》2015 年 12 月 23 日。

③ 参见《中央城镇化工作会议在北京举行》,《人民日报》2013 年 12 月 15 日。

④ 参见《中央城市工作会议在北京召开》,新华社 2015 年 12 月 22 日电。

⑤ 参见《中共中央国务院关于建立国土空间规划体系并监督实施的若干意见》,新华社2019 年 5 月 23 日电。

⑥ 参见《中共中央国务院关于进一步加强城市规划建设管理工作的若干意见》,新华社2016 年 2 月 21 日电。

⑦ 参见《中共中央国务院关于建立国土空间规划体系并监督实施的若干意见》,新华社2019 年 5 月 23 日电。

⑧ 指不建设区域的规划,在这里以此概称 20 世纪 90 年代末以来我国规划界提出的"控制规划"方法(齐康,1997)、"反规划"途径(俞孔坚等,2005)等各种不建设区域规划方法。

⑨ 参见《中共中央国务院关于建立国土空间规划体系并监督实施的若干意见》,新华社2019 年 5 月 23 日电。

第三,城市规划以推动国土空间高质量一体化发展为方向。城乡差别、区域差别是新时代不平衡不充分发展的突出问题。为此,党的十八大以来,我国提出实施区域协调发展战略和乡村振兴战略并使之与科教兴国战略、人才强国战略、创新驱动发展战略、可持续发展战略、军民融合发展战略一道构成我党领导中国特色社会主义事业必须长期坚持的七大战略。我国正在进入地域集中化与分散化、城镇化与"逆"城镇化、都市圈化相得益彰、相辅相成的阶段。在这个阶段,区域发展、乡村振兴必须建立健全地域融合、城乡融合发展体制机制。

因此,新时代无论是区域协调发展战略还是乡村振兴战略,本质上都是空间一体化发展战略(杨开忠,1993a、1993b、1994)。党的十八大之前,我国即提出了区域协调发展、城乡统筹和城乡一体化的原则和方针。但与以往不尽相同,新时代空间一体化以人为核心,贯穿创新、协调、绿色、开放、共享的发展理念,因而是空间高质量一体化。城市是新时代日益深重的空间互动之中心节点,它的发展势必空前且日益深重地融入到空间互动中,逐渐成为更广区域、全国甚至全球空间互动体系不可分割的内容。

有效的城市规划必须适应这种趋势,一方面,更加注重从城乡、区域、全国甚至全球空间互动体系高度确定城市发展定位和布局,更加注重上级规划对下级规划的指导、下级规划以上级规划为依据;另一方面,更加注重城市与周边地区、更广区域、全国甚至全球空间的一体化规划,更加注重相邻城市、乡村、区域规划的衔接和整合。

事实上,进入新时代以来,我国不仅先后提出了实现城乡规划从中心城区规划向全市域管控转变①、城市群规划②和都市圈规划③,而且,更为重要的是,作出了建立国土空间规划体系并监督实施的重大部署,将城乡

---

① 参见《关于城市总体规划编制试点的指导意见》(建规字〔2017〕199号)。

② 参见《中华人民共和国国民经济和社会发展第十三个五年规划纲要》,新华社2016年3月17日电。

③ 参见《国家发展改革委关于培育发展现代化都市圈的指导意见》(发改规划〔2019〕328号)。

规划、主体功能区规划、土地利用规划等空间规划融合为统一的"五级三类"国土空间规划,实现"多规合一"①。因此,新时代城市规划应该且已经以空间高质量一体化发展为方向。

第四,城市规划是最广大人民根本利益的代表。党和政府是全心全意为人民服务的,代表中国最广大人民的根本利益,除了最广大人民的根本利益,没有自己特殊的利益。在新中国,作为人民政府职能的城市规划无疑应该是最广大人民根本利益的代表。然而,在一段时间里,随着利益主体多元化,城市规划受到利益集团的严重侵蚀,在一定范围内成为强势利益集团的"俘虏"和"代言人",以致城市规划成为反腐倡廉的"重灾区"。

2015 年 10 月,以习近平同志为核心的党中央提出必须坚持以人民为中心的发展思想。城市是发展中心,以人民为中心的发展思想必然意味着以人民为中心的城市发展思想。因此,同年 12 月中央城市工作会议要求城市工作坚持以人民为中心的发展思想,坚持人民城市为人民,强调这是做好城市工作的出发点和落脚点。城市规划是城市建设的龙头,是城市发展的蓝图和"坐标",在城市发展中起着基础性作用。

坚持以人民为中心的城市发展思想,必然意味着坚持以人民为中心的城市规划思想,坚持人民城市为人民必然意味着人民城市规划为人民。因此,城市规划必须是最广大人民根本利益的代表,城市规划工作者必须是最广大人民根本利益的"代言人"。因此,与 1999 年人事部、建设部《注册城市规划师执业资格制度暂行规定》提出"维护国家、社会和公众的利益"不尽相同,2017 年 5 月,人力资源和社会保障部、住房和城乡建设部印发《注册城乡规划师职业资格制度规定》,强调旨在"维护国家、社会和公共利益";2019 年,《中共中央国务院关于建立国土空间规划体系并监督实施的若干意见》明确指出,建立全国统一、责权清晰、科学高效的国土空间规划体系,是坚持以人民为中心的重要手段,要坚持以人民为中心做好国土空间规划顶层设计。

---

① 参见《中共中央国务院关于建立国土空间规划体系并监督实施的若干意见》,新华社 2019 年 5 月 23 日电。

第二节　新中国城市规划编制办法转型

从 1952 年 4 月,中财委聘请一批苏联城市规划专家来华工作开始,在苏联专家援助下,我国借鉴苏联经验迅速形成了城市规划编制方式方法,并于 1956 年颁布了《城市规划编制暂行办法》。在计划经济下,作为国民经济计划的继续和具体化,城市规划编制依据是具体明确的,编制目标、任务和内容是确定的。

改革开放以来,随着市场机制在资源配置中的基础性和决定性作用不断确立,国民经济和社会发展计划从指令性全能计划向预期性、约束性结合的有限规划转变以及分权竞争地方政府的兴起,城市规划编制依据变得越来越不具体明确,编制目标、任务和内容变得越来越不确定,这使得计划经济体制下城市规划编制模式变得越来越不适应,迫切需要创新。因应这种需要,改革开放以来,我国城市规划编制办法不断创新,主要经历了四个方面的转型。

一、从单一的物质环境向物质环境、经济、社会发展的综合转型

在计划经济下,经济和社会发展是由计划安排的。作为计划的继续和具体化,城市规划的主要职责是根据既定的经济和社会发展计划研究设计城市物质环境,除了参与计划部门牵头的重大工业项目联合选址外,几乎不涉及城市经济和社会发展的内容。

事实上,1956 年发布的《城市规划编制暂行办法》第十七条对总体规划任务的规定,除拟定城市发展的技术经济根据、确定城市性质,拟定近期和远期人口发展规模涉及经济社会发展外,其他诸如正确选择城市发展用地,合理布置城市功能分区和市中心、区中心的位置、街道和广场系统、绿化和河湖系统,拟定城市各项用地的技术经济指标,估算城市各项建设用地,编制城市土地使用平衡表,都是物质环境或物质环境影响方面的规定。

　　然而,改革开放以来,随着市场机制引入,国民经济计划逐步从全能型向有限型转变、从指令性向预期性和约束性相结合转变,城市规划面临的经济和社会发展环境变得越来越不确定,为适应、引导城市经济和社会发展,城市规划不得不逐渐开始研究制定城市经济和社会发展。

　　例如,1984年颁布的国务院《城市规划条例》第四条关于城市规划任务的规定,有关经济和社会发展的内容,除城市性质、规模外,明确要求合理地确定城市在规划期内经济和社会发展的目标。1991年《城市规划编制办法》第七条规定编制城市规划应当对城市的国民经济与社会发展进行深入研究,第二十条规定城市总体规划纲要应论证城市国民经济和社会发展条件,原则确定规划期内城市发展目标。

　　然而,可能是考虑到与国民经济和社会发展规划的关系,从1989年颁布的《中华人民共和国城市规划法》到2007年颁布的《中华人民共和国城乡规划法》及其以后的修订版,虽然仍旧强调以经济和社会发展战略与规划为依据,但均没有把"合理地确定城市在规划期内经济和社会发展的目标"规定为城市规划任务,这使建设部门颁布的城市规划编制办法要求研究确定规划期内城市经济和社会发展的效力减弱。这是20世纪90年代城市总体规划大多数脱离实际、缺乏预见性、批准时即过时、水平普遍不如20世纪80年代总体规划的一个重要影响因素。

　　为弥补这一不足,自2000年6月广州城市发展概念规划工作开展以来,一种非法定的研究类型——城市发展战略研究(仇保兴,2003;李晓江,2003;吴志强等,2003)"风起云涌"。城市发展战略也称空间发展战略研究、概念性规划,最早始于20世纪70年代末80年代早期对我国社会主义建设道路的重新探索,当时许多地理学、经济学工作者开展了大量城市发展战略研究[1],它是包括经济、社会、生态、空间的综合研究,重在

---

　　[1]　著名经济学家、中国社会科学院研究员于光远、李成勋教授和著名地理学家、北京大学陈传康教授是这方面的积极倡导者。本章作者杨开忠1983年至1985年在陈传康教授指导下攻读理学硕士,其间参与了陈传康主持的《连云港市域发展战略研究》等多项城市发展战略研究,并以此为基础完成北京大学硕士学位论文。《连云港市域发展战略研究》率先提出和论证开辟新欧亚大陆桥建议与方案(陈传康,1991)。

明确城市长远发展目标与可能、空间发展方向和结构以及重大基础设施、重大生态环境保护问题,为之后的城市总体规划编制与修改提供了重要的基础,因而其至今不衰。经济、社会、生态、空间综合研究取向使城市规划成为融经济学、区域科学、地理学、管理学、社会学、生态学等多学科理论和方法的综合学科,2011年国务院学位委员会、教育部颁布的《学位授予和人才培养学科目录(2011年)》顺应这种趋势将建筑学一级学科的二级学科城市规划调整为城乡规划并升格至一级学科。

二、由指令性全能规划向指令与指导相结合的有限规划转变

在计划经济体制下,作为国民经济计划的继续和具体化,城市规划本质上是全能的,城市规划即指令计划,政府以城市规划为依据直接控制城市建设和发展。改革开放以来,随着城市土地、建设、人口流动管制的逐步放松,城市土地、建设、劳动力市场逐渐发展起来,政府在城市建设和发展中的作用由全能向有限转变。

与此相应,作为政府职能的城市规划自然逐渐由指令型全能建设规划向指令与指导相结合的有限型成长管理规划转变。在这里,所谓城市成长管理即城市空间成长管理,是指对开发建设的性质、功能/用途、区位、规模/强度、品质和时序的管理,分为针对整个城市的宏观成长管理和针对具体开发建设的微观成长管理。

首先,从发展型到管控型转变的空间成长宏观管理。从空间成长宏观管理来看,在计划经济体制下,城市规划仅简单涉及城市性质、人口规模和功能分区。改革开放以来,适应市场化和政府职能转变,我国城市规划强化了城市空间成长的宏观管理,在坚持确定城市性质、预测城市人口规模、进行城市功能分区的同时,逐步建立起以空间成长宏观管理为主的城市总体规划。

1980年颁布的《城市规划编制审批暂行办法》、1991年颁布的《城市规划编制办法》强调促进开发,要求确定城市发展方向和目标,城市总体布局和空间发展形态,选择城市发展用地,划定城市规划区范围,编制近

期建设规划,确定近期建设目标、内容和实施部署。

2002 年《国务院关于加强城乡规划监督管理的通知》下发,我国城市总体规划在宏观管理上开始注意开发的空间约束,建立城市空间成长的宏观约束体系。

2005 年颁布的《城市规划编制办法》要求确定市域生态环境、土地和水资源、能源、自然和历史文化遗产保护的综合目标和保护要求,提出空间管制原则,划定禁建区、限建区、适建区并制定空间管制措施,研究中心城区空间增长边界。

2007 年《中华人民共和国城乡规划法》第十七条则在此基础上进一步明确:确定禁止、限制和适宜建设的地域范围,是城市总体规划、镇总体规划的重要内容之一。

2013 年中央城镇化工作会议和 2015 年中央城市工作会议以来,则强调划定"三区三线",要求强化城市开发的底线刚性约束。2019 年 5 月,中共中央、国务院印发《关于建立国土空间规划体系并监督实施的若干意见》明确提出科学有序划分"三区三线"(城镇、农业、生态空间和生态保护红线、永久基本农田保护红线、城镇开发边界);在城镇开发边界内的建设实行"详细规划+规划许可"的管制方式;在城镇开发边界外的建设按照主导用途分区,实行"详细规划+规划许可"和"约束指标+分区准入"的管制方式。7 月 24 日中央全面深化改革委员会审议通过了《关于在国土空间规划中统筹划定落实三条控制线的指导意见》。

应该指出的是,尽管 2002 年后中央文件和立法开始强调对城市开发的空间约束,但早期真正落实的很少,直到进入新时代以来,以自然历史文化为基础的底线约束才开始明显"刚性"起来。

其次,详细规划二元化转型。从空间成长微观管理来看,关键在控制性详规兴起。1956 年《城市规划编制暂行办法》规定,作为总体规划的深化和具体化,详细规划是规划管理、划分用地的依据,主要任务为解决城市建设中局部性、近期性和具体的建设布置问题。如对功能区建筑空间结构、配套基础设施布点以及建筑单体形态等进行设计(仇保兴,2005)。

1980 年《城市规划编制审批暂行办法》和 1984 年《城市规划条例》规

定,详细规划的任务是对城市近期建设区域内新建或改建地段的各项建设作出具体布置和安排。因而,我国详细规划传统上是直接对建设作出具体布置的形态设计。

为适应城市土地和建设市场化,20世纪80年代初我国规划工作者开始借鉴美国区划(zoning)理念,在原有详细规划基础上探索控制建设用地性质、使用强度和空间环境的方法,逐渐提出控制性详规。1982年编制的《上海虹桥开发区土地出让规划》可以视为我国最早的控制性详细规划。经过近十年探索,1991年颁布的《城市规划编制办法》首次规定,详细规划区分为控制性详规和修建性详规,控制性详规规定建设用地的各项控制与管理要求,修建性详规直接对建设作出具体布置,并明确了二者编制依据和办法,从而奠定了控制性详规作为城市规划管理的依据并指导修建性详规的法定地位和作用。

2010年12月1日,住房和城乡建设部颁布《城市、镇控制性详细规划编制审批办法》,对城市、镇控制性详细规划编制和审批工作进一步进行了系统规范。2019年5月中共中央、国务院颁布的《关于建立国土空间规划体系并监督实施的若干意见》对详细规划作出新的界定,即详细规划是对具体地块用途和开发建设强度等作出的实施性安排,是开展国土空间开发保护活动、实施国土空间用途管制、核发城乡建设项目规划许可、进行各项建设等的法定依据。这进一步强化了详细规划由"形态设计"向"开发控制"的转型。

三、从中心城区规划到全域规划

在改革开放之前,城市规划虽然强调工农结合、城乡结合,但因以工业建设为主线,总体上限于城区或工矿区。1980年颁布的《城市规划编制审批暂行办法》强调城市规划范围为划定的城市规划区而非市全域。然而,20世纪80年代中期以来,我国城市规划开始广域化,从中心城区走向全市域。经历新中国成立30多年来的发展,到20世纪80年代中期,我国城镇体系布局初步展开,城镇发展开始受到城镇之间相互关系日益突出的制约,这使城市规划不能不系统考虑城镇体系的规模结构、职能结构与空间结构的发展趋向以及不同城镇的定位(胡序威,2006)。

在这种背景下,城镇体系规划开始应运而生,城市总体规划明确包括市域城镇体系规划和中心城区规划两个层面。1984年《城市规划条例》第四条率先指出布置城镇体系是城市规划的任务;第十五条则规定直辖市和市的总体规划应当把市的行政区域作为统一的整体,合理部署城镇体系。

1989年颁布的《中华人民共和国城市规划法》第十九条则进一步规定设市城市和县级人民政府所在地的总体规划,应当包括市或县的行政区域的城镇体系规划。2005年发布的《城市规划编制办法》鲜明规定城市总体规划包括市域城镇体系规划和中心城区规划两个方面,清晰界定了城市规划从中心城区到全市域规划的任务和内容。适应城乡职住分离和通勤联系发展,2007年颁布的《中华人民共和国城乡规划法》及其历次修订版在坚持城市规划全域化的同时,强调城乡统筹,从而使城市规划开始进一步立足于市域城乡地域体系全局。

进入新时代以来,为适应空间高质量一体化发展的要求,我国城市规划在市域化、广域化的同时,加快与市域、广域的土地利用规划、主体功能区规划等融合,进入全要素市域化、广域化进程。2019年5月颁布的《中共中央国务院关于建立国土空间规划体系并监督实施的若干意见》使城市规划融入"多规合一"的"五级三类"国土空间规划体系(见表11-1),升华为市国土空间规划,在制度上实现了"多规合一"体制下的全市域规划探索新阶段。

表11-1　国土空间规划"五级三类"编制体系

总体规划	详细规划		专项规划
全国国土空间规划			专项规划
省级国土空间规划			专项规划
市国土空间规划	（边界内）详细规划	（边界外）村庄规划	专项规划
县国土空间规划			
镇（乡）国土空间规划			

四、从静态规划向动态规划转变

城市是复杂巨系统,城市与规划存在作用与反作用,城市发展具有不确定性,在市场经济条件下尤其如此。传统城市规划忽视规划期内城市发展不确定性及其对规划的反作用,把规划视为一次性规划行为的结果和规划期内城市发展的终极蓝图。应该说,这在计划经济条件下具有一定的适应性。

然而,随着城市市场化及其对规划的反作用不断加强,规划期内城市发展不确定性日益增强,静态规划越来越不能反映和指导实际的城市发展,沦落为"规划纸上画画、墙上挂挂,全为规划"。因此,随着市场化深入发展,20世纪80年代中期以来我国开始逐渐把城市规划视为一个动态过程,重视城市规划与城市发展之间的作用与反作用,强调规划实施监测、评估、反馈和修改,建立城市规划动态维护机制。

1984年颁布的《城市规划条例》第二十条指出,城市人民政府应定期检查并报告城市总体规划的实施情况,认为确须修改时提交该城市人民代表大会或其常务委员会审议后报经原批准机关同意,从而开启了城市规划从静态向动态转型的机制。

1989年颁布的《中华人民共和国城市规划法》扩大了城市人民政府修改城市规划的权力,第二十二条规定城市人民政府可以根据城市经济和社会发展需要,对城市总体规划进行局部调整,报同级人民代表大会常务委员会和原批准机关备案,但涉及城市性质、规模、发展方向和总体布局重大变更的,须经同级人民代表大会或者其常务委员会审查同意后报原批准机关审批。

2007年颁布的《中华人民共和国城乡规划法》专章规定城乡规划的修改,比较系统地明确了总规、详规动态维护的权限、程序和规则。2009年出台的《城市总体规划实施评估办法(试行)》专门规定了总规实施评估的方法。2010年12月,住房和城乡建设部颁布的《城市、镇控制性详细规划编制审批办法》明确要求控制性详细规划组织编制机关应建立规划动态维护制度,有计划、有组织地对控制性详细规划进行评估和维护,并进一步规定了相应的维护程序。

然而，在从静态规划向动态规划转型过程中，伴生了随意修改、违规变更规划的严重现象。因此，进入新时代以来，特别是中央城镇化工作会议和中央城市工作会议以来，党和政府不断强调维护规划的科学性、权威性、连续性。

2019年5月颁布的《中共中央国务院关于建立国土空间规划体系并监督实施的若干意见》强调，规划一经批复，任何部门和个人不得随意修改、违规变更，防止出现换一届党委和政府改一次规划的现象。完善和依托国土空间基础信息平台，建立健全规划动态监测评估预警和实施监管机制；上级组织对下级规划中各类管控边界、约束性指标等管控要求的落实情况进行监督检查，将规划执行情况纳入自然资源执法督察内容；健全资源环境承载能力监测预警长效机制，建立规划定期评估制度，结合国民经济社会发展实际和规划定期评估结果，对规划进行动态调整完善。

第三节　城市规划管理转型

为研究北京(时称北平)市政建设、拟定北京城市规划，在中国共产党领导下，北京市于1949年5月成立了都市计划委员会，9月成立了以苏联专家阿布拉莫夫为组长的专家小组。经过考察研究，苏联专家于1949年年底提出了关于北京城市发展计划的报告，主张将新中国首都行政中心设置在旧城。这引起了较大争议，以梁思成、陈占祥为代表的专家提出将首都行政中心设置在北京城市西郊新市区的思路，即"梁陈方案"。城市规划管理工作因此在新中国成立伊始就被重视起来。

目前，我国城市规划管理有广义、中义、狭义之分。广义来讲，城市规划管理即城市发展管理；中义来讲，城市规划管理就是城市规划编制、审批和实施的管理；狭义来讲，城市规划管理就是城市规划实施的管理，是政府控制、监测、评估城市规划实施并反馈作用于城市规划编制审批的过程。本节是在中义概念上使用城市规划管理的，着重从谁管理、按什么程序和规则管理来梳理新中国70年来城市规划管理体制的演变。

一、起伏波动的中央集权管理模式（1949—1979年）

1949年至1979年，我国城市规划管理虽然在原则上主要实行统一领导分级管理体制，但在高度集权的计划体制下，地方各级政府权力很小，城市规划管理体制实质上是中央高度集权制。这种体制经历了一个集中作为、分散无为、再集中作为的起伏波动周期。

从"一五"计划时期开始，随着进入大规模工业化建设，特别是1954年9月全国人民代表大会第一次会议公布实施的《中华人民共和国宪法》第十三条规定："国家为了公共利益的需要，可以依照法律规定的条件，对城乡土地和其他生产资料实行征购、征用或者收归国有"，我国城市规划管理逐步建立起统一领导、分级管理、中央高度集权的城市规划管理体制。

1952年9月，中央人民政府成立建筑工程部；1953年3月，建筑工程部设立城市建设局并下设城市规划处；5月，国家计委基本建设联合办公室内设城市建设组，7月，撤销城市建设组，设城市建设计划局，从而形成国家计委与建筑工程部"双重管理"的体制。此后城市规划的主管部门有多次调整并逐渐升格。1954年8月，建工部城市建设局改称建工部城市建设总局；11月，国家建设委员会成立，国家计委城市建设计划局划归国家建委，易名城市建设局。1955年4月，城市建设总局从建筑工程部划出成为国务院直属机构。1956年4月，国家建委设置区域规划局；5月，国务院撤销城市建设总局而成立城市建设部，该部内设城市规划局，下设城市设计院。

1958年2月，第一届全国人大第五次会议决定撤销国家建设委员会，城市规划管理从国家计委与建筑工程部"双重管理"的体制进一步转变为建筑工程部"一元管理"的体制。1959年6月，建工部城市建设总局分为城市建设局和城市规划局。1960年4月，城市规划和区域规划工作从建工部城市建设局划出，成立城市规划局。在这期间，为规范和指导全国城市规划编制工作，国家建委于1956年正式颁发了《城市规划编制暂行办法》，第一次对我国城市规划编制流程和方法作出规定。该办法不仅在我国早期城市规划编制中发挥了重要作用,而且开启了我国城市规划法制建设征程,为之后修订城市规划编制办法提供了基础,意义重大。

　　然而,1960 年年底至 1971 年我国城市规划管理进入分散无为的状态。1960 年 11 月,第九次全国计划工作会议批评了城市规划过程中出现的"四过"问题,并宣布"三年不搞城市规划"。这一决定引致各地大力精简城市规划管理机构人员。1965 年 3 月,成立国家基本建设委员会,亦没有设立城市规划局,仅安排了 30 个人员编制,以开展城市规划调查研究。

　　1966 年"文化大革命"开始,国家建委城市规划局和建工部城市建设总局停止工作,各地进一步纷纷撤销城市规划建设管理机构,下放工作人员,城市规划管理形成了混乱的无政府状态,乱撤乱建、乱挤乱占到处蔓延,城市建设问题日趋严重。因而,1971 年后城市规划行政管理开始逐步恢复集中统一管理。

　　1971 年 6 月,在万里同志的主持下,北京市召开城市建设与管理工作会议,率先恢复城市规划局的建制,标志着我国城市规划建设管理工作开始逐步复苏。1972 年 5 月,国务院批转国家计委、建委、财政部《关于加强基本建设管理的几项意见》,其中规定"城市的改建和扩建,要做好规划,经过批准纳入国家计划"[1];12 月国家建设委员会设立城市建设局,统一指导和管理城市规划建设工作。1973 年 6 月,全国各省、自治区、直辖市城市规划管理工作均开始恢复起来。1974 年 10 月,为了加强城市房产业务管理,根据国务院要求,国家建委城市建设局还设立房产处。

　　1978 年 3 月,国务院召开第三次全国城市工作会议,制定了《关于加强城市建设工作的意见》,强调城市地位和作用,明确了"控制大城市规模,多搞小城镇"的城市发展方针,要求认真抓好城市规划管理工作,明确了审批要求及规划保障。中央直辖市、省会城市以及 50 万人口以上的大城市在审批流程上,需要上报国务院进行审批,其他城市的总体规划须

---

　　① 北大法宝数据库,见 http://pkulaw.cn/CLI.2.213459。

由省、自治区、直辖市审批同时报国务院备案。城市规划一旦批准,若要更改必须经过原审批机关批准,并责成各级建委监督实施。4月,中共中央批转了《关于加强城市建设工作的意见》;8月,国家建委召开城市规划座谈会,宣布全面恢复城市规划管理工作。

1979年3月,国务院发出通知成立国家城市建设总局并明确国家城市建设总局是国务院直属机构,由国家建委代管。同年,国家城市建设总局正式成立,各个省、自治区、直辖市的建委亦都普遍建立了城市规划建设管理机构。这期间,为适应城市规划工作恢复形势,国家建委于1974年5月颁发了《关于城市规划编制和审批意见》和《城市规划居住区用地控制指标(试行)》,为城市规划工作提供了新的规范性依据。

二、迈向法制化、市场化分权式管理模式(1978—2012年)

党的十一届三中全会以后,随着改革开放深入推进,我国城市规划管理体制开始从传统的中央垂直管理模式走向法制化、市场化分权管理体制。这一过程具有以下三个方面的基本要素。

(一)基于市场化的管理

1980年6月,中共中央、国务院批转国家建委《全国基本建设工作会议汇报提纲》的通知指出,"准许私人建房、私人买房,准许私人拥有自己的住房。"[1]由此城市住房改革开始提到议事日程上来。10月,全国城市规划工作会议讨论《关于征收城镇土地使用费的意见》并报国务院。1983年12月,经国务院发布《城市私有房屋管理条例》。1983年5月,经国务院批准城乡建设环境保护部印发《城镇个人建造住宅管理办法》。1984年5月,政府工作报告提出要组建多种形式的工程承包和综合开发公司,城市住宅区、新建工矿区及其公共设施工程的建设由开发公司承包。

1988年4月,第七届全国人民代表大会第一次会议通过的《宪法修

---

① 雷厚礼、武国辉编:《中国共产党执政60年》(上册),人民出版社2010年版,第520页。

正案》规定:"土地的使用权可以依照法律的规定转让"。① 1988 年 11 月《中华人民共和国城镇土地使用税暂行条例》的 1988 年 12 月修改的《中华人民共和国土地管理法》规定:"国有土地和集体所有的土地的使用权可以依法转让;国家依法实行国有土地有偿使用制度"。② 1990 年 5 月《中华人民共和国城镇国有土地使用权出让和转让暂行条例》以及《外商投资开发经营成片土地暂行管理办法》颁布。

所有这一切标志着我国城市建设从 20 世纪 80 年代伊始开始逐步市场化。适应市场化改革,我国城市规划管理开始借鉴西方市场经济国家经验引入基于市场化的机制。

一是实行城市规划行政许可制度。最早实行的是城市规划行政相对人的行为许可制度,即由规划建设行政主管部门核发选址意见书、建设用地规划许可证、建设工程规划许可证的制度,简称"一书两证"。1984 年颁布的《城市规划条例》最先规定实行建设用地许可证、建设许可证。

在此基础上,1989 年颁布的《中华人民共和国城市规划法》系统规定了我国城市规划行政许可"一书两证"制度。该法第三十条、第三十一条和第三十三条明确规定在城市规划区内:建设工程的选址和布局必须符合城市规划。设计任务书报请批准时,必须附有城市规划行政主管部门的选址意见书;进行建设需要申请用地的,必须持国家批准建设项目的有关文件,向城市规划行政主管部门申请定点,由城市规划行政主管部门核定其用地位置和界限,提供规划设计条件,核发建设用地规划许可证;新建、扩建和改建建筑物、构筑物、道路、管线和其他工程设施,必须持有关批准文件向城市规划行政主管部门提出申请,由城市规划行政主管部门根据城市规划提出的规划设计要求,核发建设工程规划许可证件。2001年 1 月发布《城市规划编制单位资质管理规定》以来,又进一步实施了编制规划单位的资格许可制度。

---

① 中共中央文献研究室编:《十三大以来重要文献选编》(上),人民出版社 1991 年版,第216 页。
② 全国人民代表大会常务委员会法制工作委员会编:《中华人民共和国法律汇编(1988)》,人民出版社 1989 年版,第 105 页。

二是实行城市规划设计单位技术经济责任制。1984年8月首次召开城市规划设计单位试行技术经济责任制座谈会。1986年城乡建设环境保护部、国家计委、财政部联合颁发《关于城市规划设计单位按工程勘察设计单位办法试行技术经济责任制的通知》。1988年1月国家计委颁发的《城市规划设计收费标准(试行)》正式实施。

(二)行政分权

1980年以后,我国开始承认城市人民政府规划管理的相对独立性,赋予以城市为中心地方政府规划管理相应的自主权,使之在中央统一领导下具有因地制宜管理本城市规划编制、审批和实施的权力。这一分权过程包括两个方面。

首先,中央向城市及以上地方人民政府赋权。这主要表现在:一是城市规划从原来的由所在城市人民政府制定放松为总体规划由城市人民政府组织编制,详细规划由城市规划主管部门组织编制;二是除省、自治区、直辖市人民政府所在地的城市以及国务院确定的城市总体规划外,100万人口以上城市的总体规划由国务院审批下放所在省、自治区人民政府审批;三是不再要求任何按规定由省、自治区、直辖市人民政府审批的城市总体规划报国家城市规划行政部门备案;四是修建性详细规划从由城市人民政府编制、审批和实施逐步放宽为无须审批;五是在1991年颁发《城市规划编制办法》的详细规划下创设控制性详细规划。

因之前已规定详细规划由城市人民政府编制、审批、实施,这事实上等于赋予城市政府以基础性、决定性开发控制权,从而奠定了城市规划管理分权模式的基础。2007年颁布的《中华人民共和国城乡规划法》第十九条规定控制性详细规划,经本级人民政府批准后,报本级人民代表大会常务委员会和上一级人民政府备案,标志着城市规划管理分权模式基本成熟。

其次,城市人民政府赋权所属下级政府。这主要是市人民政府赋权市属区县级政府。在这一过程中产生了北京模式、上海模式、深圳模式和广州模式等不同模式(田莉,2001)。

(三)法制化

基于历史经验教训和市场化、行政分权的需要,改革伊始,我国即着手推进城市规划法规建设。1980 年 10 月,全国城市规划工作会议提出尽快建立中国的城市规划法规。在此背景下,1980 年 12 月国家建委颁布《城市规划编制审批暂行办法》,1984 年 1 月,国务院正式颁布施行了我国城市规划建设第一部基本法规《城市规划条例》,从而初步建立起我国城市规划编制、审批和实施法律体系,开创了城市规划法制化的新局面。

在此基础上,1986 年成立《城市规划法》起草工作领导小组,启动《城市规划编制办法》等研究起草工作;1988 年 12 月,召开第一次全国城市规划法规体系研讨会,讨论《关于建立和健全城市规划法规体系的意见》,首次提出建立包括法律、行政法规、部门规章、地方性法规和地方规章在内的城市规划法规体系(邹德慈等,2014),标志着我国城市规划法规开始系统地迈上法制化轨道。

1989 年颁布并于 1990 年正式施行的《中华人民共和国城市规划法》是我国城市规划领域第一部基本法律,标志着城市规划法制化上了新台阶,以此为基础开始逐步研究出台了城市规划编制、审批和实施系统的具体法规文件。1996 年 5 月,为保障城市规划依法实施,《国务院关于加强城市规划工作的通知》要求形成执法检查制度,标志城市规划监督管理制度化开始启动。2002 年 5 月,《国务院关于加强城乡规划监督管理的通知》要求健全城乡规划建设的监督管理制度。2006 年 11 月建设部正式实施城市规划督察员制度。

2007 年颁布并于 2008 年实施的《中华人民共和国城乡规划法》,在进一步完善城市规划编制、审批、实施制度的同时,第一次在城乡规划基本法律中明确了监督管理的角色和制度,并首次提出听证制度。此外,《历史文化名城保护规划规范》《城市绿线管理办法》《城市紫线管理办法》等一系列法律法规相继出台,"多规分割"下的城市规划法制体系走向成熟。

三、走向"多规合一"的分权管理模式(2012 年至今)

党的十八大以来,我国城市规划管理正在适应时代要求,再塑规划管理体制,走向"多规合一"的分权管理模式。这一模式具有以下特点。

（一）多规合一

"多规合一"即在部门关系上,城乡规划、土地利用规划、主体功能区规划等空间规划在规划管理机构、编制、审批、实施、监督、法规政策和技术标准诸方面融合为统一的国土空间规划;在空间上,实现国土空间全覆盖,相邻规划相互衔接、高度一体化;在上下层级上,自上而下编制规划,上级规划指导下级规划、下级规划落实上级规划。

为了解决空间规划类型过多、内容重叠冲突、审批流程复杂、规划朝令夕改等问题,2013年中央城镇化工作会议要求建立空间规划体系,推进规划体制改革,加快规划立法工作;2014年,中共中央、国务院印发的《国家新型城镇化规划(2014—2020年)》提出推动有条件地区的经济社会发展总体规划、城市规划、土地利用规划等"多规合一";国家发展改革委、国土资源部、环境保护部、住房和城乡建设部联合下发《关于开展市县"多规合一"试点工作的通知》,决定在全国开展"多规合一"试点工作。2015年,中央城市工作会议要求促进"多规合一"。

2018年,中共中央正式发布的《关于深化党和国家机构改革的决定》指出,改革自然资源和生态环境管理体制,设立国有自然资源资产管理机构,统一行使全民所有自然资源资产所有者职责,统一行使所有国土空间用途管制职责,强化国土空间规划对各专项规划的指导约束作用,推进"多规合一",实现土地利用规划、城乡规划等有机融合。

2018年3月,第十三届全国人大第一次会议审议通过国务院机构改革方案,设置自然资源部,国家发展和改革委员会的组织编制主体功能区规划职责,住房和城乡建设部的城乡规划管理职责将整合划归自然资源部,从而实现了城乡规划、土地利用规划和主体功能区规划等空间性规划行政主管部门的整合。

2019年5月颁布的《中共中央国务院关于建立国土空间规划体系并监督实施的若干意见》(以下简称《意见》)提出实现"多规合一"的国土空间规划体系。根据《意见》,"多规合一"的新国土空间规划体系可归纳为"五级三类"编制体系(见表11-1),"五级"即全国、省、市、县和乡镇五个层级;"三类"即总体规划、详细规划、专项规划。按照《意见》,到2020

年,基本建立国土空间规划体系,逐步建立"多规合一"的规划编制审批体系、实施监督体系、法规政策体系和技术标准体系;基本完成市县以上各级国土空间总体规划编制,初步形成全国国土空间开发保护"一张图"。到2025年,健全国土空间规划法规政策和技术标准体系;全面实施国土空间监测预警和绩效考核机制;形成以国土空间规划为基础,以统一用途管制为手段的国土空间开发保护制度。到2035年,全面提升国土空间治理体系和治理能力现代化水平,基本形成生产空间集约高效、生活空间宜居适度、生态空间山清水秀,安全和谐、富有竞争力和可持续发展的国土空间格局。

在"多规合一"的国土空间规划体系中,市国土空间规划可视为城市规划的升华,是对上级国土空间规划要求的细化落实,受上级国土空间规划指导,是对本行政区域开发保护作出的具体安排,侧重实施性。

(二)精治共治法治规划

2013年,中央城镇化工作会议要求提高城镇建设水平,城市规划要由扩张性规划逐步转向限定城市边界、优化空间结构的规划,保持连续性。2014年,中共中央、国务院印发《国家新型城镇化规划(2014—2020年)》则进一步要求提升城市规划水平,保持城市规划权威性、严肃性和连续性。2015年,中央城市工作会议再次强调提高城市规划水平,要求城市工作顺应人民群众新期待,坚持精治城市、共治城市、法治城市,建设和谐宜居、富有活力、各具特色的现代化城市。为适应新型城镇化和城市工作的新要求,提高规划水平,我国城市规划管理开始着力全面深化改革。根据2015年印发的《中共中央国务院关于深入推进城市执法体制改革改进城市管理工作的指导意见》、2016年印发的《中共中央国务院关于进一步加强城市规划建设管理工作的若干意见》等,这一改革可以概括为精治共治法治三个方面。

一是以人民美好生活需要为导向,以提升城市品质为关键,以政府、市场、社会协同共治为基础,以全要素、全空间、全过程为范围,以法治为保障,全面深化规划编制、审批、实施和监管改革,实现精治规划。

在规划编制上,要求体现战略性、提高科学性(规律性)、加强协调性、注重操作性。在规划审批上，分级建立规划审查备案制度，精简规划审批内容，大幅缩减审批时间，进一步减少需报国务院审批的城市数量。在规划实施上，对所有空间分区分类实施用途管制，推动"多审合一""多证合一"，优化现行建设项目用地（海）预审、规划选址以及建设用地规划许可、建设工程规划许可等审批流程。在队伍建设上，培养一批专家型的城市规划管理干部，用科学态度、先进理念、专业知识规划建设管理城市。

二是共治规划。坚持使市场在资源配置中起决定性作用，使政府更好提供公共产品和服务，鼓励和支持社会参与，实现政府、市场、社会协同共治规划。在促进人口自由迁徙和要素自由流动上，不断放开放宽落户条件，加快建设城乡统一的人力资源市场，加快转变城市人口规模调控方式；全面推开农村土地征收制度改革和农村集体经营性建设用地入市改革，完善建设用地使用权转让、出租、抵押二级市场，加快建立城乡统一的建设用地市场；在加快推进基础设施和公共服务规划建设上，引入市场竞争机制，鼓励社会资本参与基础设施和公共服务建设和运营；稳步推进城镇基本公共服务常住人口全覆盖、全均等可及，稳定就业和生活的农业转移人口在住房、教育、文化、医疗卫生、计划生育和证照办理服务等方面，与城镇户籍居民有同等权利和义务。实现城乡基础设施可达程度比较均衡和基本公共服务可及性均等化目标。在社会参与上，依法规范和加强公众参与城市规划管理的范围、权利和途径，畅通公众有序参与的渠道，引导社会组织、市场中介机构和公民法人参与城市规划管理，充分发挥不同领域专家的作用，形成有效的社会参与制度。

三是法治规划。坚持更好发挥法治的引领和规范作用，建设规划法治体系，实现法治规划。研究制定国土空间开发保护法，加快规划相关法律法规建设；梳理与国土空间规划相关的现行法律法规和部门规章，对"多规合一"改革涉及突破现行法律法规规定的内容和条款，按程序报批，取得授权后施行，并做好过渡时期的法律法规衔接；按照"多规合一"要求，构建统一的规划技术标准体系，修订完善国土资源现状调查和国土空间规划用地分类标准，制定各级各类规划编制办法和技术规程。

纠正重"立法"轻"执法、司法、守法"的倾向，严格依法定的原则和程序编制、审批、实施和监管规划,严格执行规划建设管理行政决策法定程序,坚决遏制领导干部随意干预规划设计和工程建设的现象。

纠正重审批轻监管的倾向,按照谁审批、谁监管的原则,以规划强制性内容为重点,进一步加强规划实施监管,确保依规划进行开发建设。制定城市规划建设考核指标体系,加强地方人大对城市规划实施的监督检查,将城市规划实施情况纳入地方党政领导干部考核和离任审计。

完善社会参与机制,充分发挥专家和公众的力量,加强规划实施的社会监督。研究推动国土规划法律法规与刑法衔接,严厉惩处规划建设管理违法行为,强化法律责任追究,提高违法违规成本。

第十二章　深化对城镇化规律的认识

1978—2018 年,中国实际国民总收入年均增长 9.4%,其增速高于同期世界其他国家。这一时期,中国的城镇化速度也是世界上最快的,城镇化率从 17.9% 提高到 59.6%,每年以 3.05% 的速度提高,不仅远快于1978—2016 年高收入国家平均水平(0.33%)和低收入国家平均水平(1.39%),也明显快于处于类似人口转变阶段的"晚期人口红利国家"平均水平(1.75%),以及处于相同经济发展阶段的中等偏上收入国家平均水平(1.65%)。这一时期,中国对世界城市人口增量的贡献超过 1/4。

过去 40 年中国快速城镇化所体现的人口从农村向城市迁移,以及劳动力从农业到非农产业的重新配置,充分刻画了相关改革如何消除阻碍生产要素流动和重新配置的体制障碍,把有利的人口特征转化为高速经济增长、显著结构调整和深刻社会变迁。因此,城镇化推进的过程及其揭示的体制变革、结构转变、增长贡献和分享效应,可以成为改革开放发展分享过程的一个全方位缩影。

任何国家在其经济发展过程中,都不可避免地要遵循一些在各国都或多或少适用的一般规律,也无疑会表现出由国情和路径依赖决定的自身特殊性。中国过去 70 年的城镇化道路,既有成功的经验,也有需要汲取的教训,从正反两方面证明,城镇化是经济发展的必由之路,有着诸多一般规律需要遵循;但是,推进的过程仍然需要根据国情,认识并利用自身弥足珍贵的中国特色。

第一节　以人为核心的城镇化

世界各国的经验表明,城镇化是经济社会发展的结果,也是现代化的必由之路。这揭示了城镇化的双重属性,既是发展的手段也是发展的结果。工业化需要借助规模经济和集聚效应,引起产业的聚集进而人口的集中,推动服务业、城市基础设施和公共服务供给部门的发展,导致城镇化水平提高。反过来,与城镇化水平提高相伴而来的产业集聚、人口、人才和创意的集中,以及更有效率的公共产品供给,为促进创业和创新活动打造良好平台,改善居民生活质量,从而提高经济发展的可持续性和共享性。

从人均国民总收入(人均 GNI)与城镇化率即城镇人口占全部人口比例的关系做国际比较,我们可以清晰地观察到,城镇化率与经济发展水平密切相关、互为因果。

根据 2016 年世界银行公布的数据,被划分在低收入组的国家(人均 GNI 低于 1035 美元)城镇化率平均为 31.2%,中等偏下收入国家(人均 GNI 为 1035—4086 美元)城镇化率平均为 39.6%,中等偏上收入国家(人均 GNI 为 4086—12616 美元)城镇化率平均为 65%,而高收入国家(人均 GNI 高于 12616 美元)平均城镇化率则高达 79.8%。可见,更高的城镇化绝对水平是高收入国家的共同特征,城镇化水平的持续提高是经济社会发展的规律,具有历史必然性。同时,由于从较低收入水平向更高收入水平的跨越是长期经济增长的结果,城镇化也必然是一个长期的历史过程。

然而,从国际经验也可以看到,世界各国城镇化的推进节奏参差不齐。例如,根据世界银行公布的数据,1978—2016 年,全世界有 6 个国家城镇化率为零增长;有 23 个国家为负增长。此外,各国城镇化推进的方式千差万别,城镇化带来的结果也并非全是正面的,甚至形成一个具有普遍性的痼疾——"城市病",不仅在发达国家的城镇化历史上屡见不鲜,如今更广泛存在于发展中国家的现实中。

被普遍观察到的这类城镇化的消极后果包括,工业化滞后于城镇化所造成的城镇失业、生产要素过度外流导致的农业衰落和农村凋敝、就业机会和公共服务供给不足造成的城市贫困,以及由此滋生的城市犯罪现象。在很多发展中国家存在的城市贫民窟现象,就是上述城镇化负面结果的一个缩影,最集中地表现并诠释了所谓的"城市病"。很显然,在一些国家的某些时期,这种病态的城镇化终究不能惠及民生,以致国际上曾经形成发展理论和政策制定层面的反城镇化倾向。

由此可见,人们对城镇化的期望值与城镇化过程的后果之间,完全可能存在着一个巨大的缺口。这也给我们以启示,推进健康的城镇化,要求人们在更深层次上认识城镇化自身规律,以及城镇化与其他经济社会发展领域的关系,在认识论的层面实现从"必然王国"到"自由王国"的跨越。能否认识并遵循城镇化自身及相关规律,关键在于推动城镇化是否立足于以人民为中心。

城镇化不是一个孤立的、可以单兵独进的事件,而是一连串经济社会发展的过程和结果。与特定发展阶段相适应的城镇化过程,需要依托一系列经济和社会条件。例如,农业达到的机械化程度和劳动生产率水平、工业化的进程和方式、城市基础设施建设水平、公共服务供给能力(特别是社会保护体系建设)、城乡生产要素市场(特别是劳动力市场的统一程度)、非农产业就业机会创造、土地制度类型和状况,以及政府的城市治理能力和扶贫措施等,都决定着城镇化的步伐节奏和健康程度。国内外的成功经验和失败教训从两方面表明,顺应发展规律的城镇化可以提高发展的共享性,反之则不可避免地伤害发展的共享性。

城镇化的推动既要遵循共同的规律,也往往受制于不同国家和不同发展阶段的条件因素。只有从每一个国家的特殊国情出发,因时因地制宜,城镇化才能健康、扎实地予以推进。

例如,在包括劳动力在内的各种生产要素均衡流动、每个人都具有充分选择机会的情况下,劳动者及其家庭按照要素回报和福利最大化的原则流动,就构成具有包容性的城镇化;而以剥夺农民的生产要素为出发点,使人们被动地背井离乡,就难以形成人人获益的城镇化。此外,在那些制造业未得到充分发展,耕地分配又严重不均等的国家,城镇化的结果则必然表现为农民因失地而流离失所,进城后又遭遇高失业率的困扰。

改革开放之前,严格控制城镇人口增长的政策,固然避免了产生发展中国家普遍的"城市病",但是也丧失了城镇化带来的提升产业结构、改善生产率和提高居民收入的功能。在改革开放时期,快速的城镇化伴随着经济高速增长、非农产业就业的扩大、产业结构的高级化和城乡居民人均收入的提高，是改革开放和经济发展惠及全体人民的过程和具体体现。

党的十八大以来，中央提出新型城镇化和城乡一体化发展等新的城镇化理念，立足于以人民为中心的发展思想，其推动成效归根结底取决于能否做到以人为核心。具体而言，就是要以城乡居民能否成为城镇化的积极参与者和真正受益者来做最终判断。从这个意义上看，新型城镇化也是城乡一体化的另一种表述，是实现城乡居民共同迈入全面小康社会的途径之一。在推进新型城镇化的进程中落实以人为核心，应该从以下几个方面着力。

首先，着力推进城乡基本公共服务均等化。党的十八大以来，通过执行"十二五"规划和"十三五"规划，中国基本公共服务供给水平显著改善，城乡之间的均等化程度也明显提升。但是，作为二元社会结构长期存在的后果，城乡之间在基本公共服务供给上的差距仍然存在，并且在某种程度上比城乡之间在收入水平上的差距更大。因此，更加注重城乡基本公共服务均等化，是推进以人为核心的新型城镇化的题中应有之义。也就是说，一方面要继续推进新增公共资源向农村倾斜，提高农村居民享受基本公共服务的水平；另一方面让进城农民工及其家庭真正融入城市，享受同等的社会保障、义务教育、保障性住房等基本公共服务。

其次，着力提高户籍人口城镇化率。通过户籍制度改革实现农民工市民化，是推进基本公共服务均等化的有效手段和最终体现。目前，中国所达到的59%的城镇化率，是按常住人口统计的，包含了尚未获得城镇户口及同等基本公共服务的农民工群体。为了使城镇化推进方向和指标真正体现以人为核心，党的十八届五中全会提出加快提高户籍人口城镇化率，即从2013年的36%提高到2020年的45%。这也说明，新型城镇化是一场改革攻坚战，需要以更大的政治勇气和智慧加以推进。

为了实质性推动户籍制度改革，我们首先应该树立一个认识，这项改革可以带来真金白银、立竿见影的改革红利，即通过使进城农民工在城镇落户以及继续推动农业劳动力转移，可以提高非农产业劳动参与率,稳定劳动力供给数量,同时提高资源重新配置效率从而提高全要素生产率。

我们的计算表明,在未来的一段时间里,如果非农产业劳动参与率每年提高1个百分点,全要素生产率的年增长率提高1个百分点,分别可以使GDP潜在年均增长率提高0.88个百分点和0.99个百分点(Cai 和 Lu,2013)。在认识到改革红利的同时,还需要强化顶层设计,在不同层级政府之间合理分担改革成本,明确改革红利分享的预期,在激励相容的前提下更有力地推动改革。

再次,着力实现工业化、信息化、城镇化、农业现代化同步。习近平总书记指出:中国要强,农业必须强。[1] 构建经营有规模、生产有效率、服务靠社会、竞争有优势、产业能自立的现代农业生产方式是"农业必须强"的必然要求。目前,农业仍然是"四化同步"中的短板。

例如,城镇化进程及其相伴的劳动力转移,需要与发展农业规模经营相适应,而中国农户平均土地经营规模只有0.6—0.7公顷,仅相当于世界银行定义的"小土地经营者"标准(2公顷)的1/3,不利于机械化和现代科技要素的投入,成为农业生产方式现代化的掣肘因素。因此,创造必要的条件推动土地适度规模经营,补齐"四化同步"中农业这个短板,城镇化才能够健康推进,并真正落实以人为核心。

最后,着力增强城市宜居性,提升人民群众获得感和幸福感。城镇化既是一个外延扩大的过程,更是一个内涵不断完善并精细化的过程。目前,中国城市发展中存在的公共服务供给不充分和不均等现象,以及基础设施不完善、环境质量差和交通拥堵、城市景观缺乏特色、历史文化遗产保护不力等"城市病"表现,集中反映在城市宜居性差这个问题上。以人为核心这一中国特色新型城镇化要求,也是推动城市管理现代化的根本指引。必须立足于以人为中心,改革城市规划及其管理体制,着眼于把城市建成创新、协调、绿色、开放和共享的发展中心。

---

[1]　中共中央文献研究室编:《十八大以来重要文献选编》(上),人民出版社2014年版,第658页。

第二节　普遍规律与特色路径

在改革开放40多年的时间里,中国实现的城镇化速度超过了世界发展史上任何时代的任何国家,是中国经济发展奇迹的一个重要组成部分。随着经济发展进入新常态,增长速度进入下行区间,城镇化速度也有减缓的趋势。然而,一般发展规律表明,城镇化水平是国家发达程度的标志性指标之一,任何一个国家都不可能在较低的城镇化水平上实现现代化。

因此,城镇化仍然应该作为经济增长和结构变化的重要引擎。我们面对的一项重要任务是,以经济发展的理论和经验规律为鉴,认识当前中国城镇化面临的新挑战,通过改革使城镇化在中国经济发展过程中走得更远更健康。

改革开放之初,中国城镇居民占全部人口的比重(城镇化率)仅为17.9%。与此同时,由于城镇和农村分别处于不同的人口转变阶段,城镇人口自然增长率一直低于农村人口增长率。因此,要提高城镇人口比重或城镇化水平,农村人口向城镇的迁移必然要发挥主要的贡献作用。事实上也是如此,在过去40年里,劳动力从农业中转移出来并向城镇迁移,一直是城镇化重要的和主要的动力,进入21世纪以来这个特点尤其明显。2018年,中国外出农民工大约为1.73亿人,按照国家统计局的调查,其中绝大多数即80%以上进入各级城镇生活和就业,扩大了城镇常住人口总规模,提高了常住人口城镇化率。

由于这一时期中国的城镇化速度是史无前例的,而户籍制度改革却采取了渐进的方式推进,两者节奏并没有实现完全同步,因此在城镇人口城镇化率与户籍人口城镇化率之间形成一个缺口,2017年前者为58.5%、后者为42.4%。换句话说,常年外出农民工及其随迁家属被统计为常住城镇人口,却没有获得城镇户口。

可见,这个时期的中国特色城镇化路径表现为农民工的有来有去,同时一定是来大于去。这个有来有去的城镇化路径,不再像改革初期人们所形容的"候鸟型"流动模式,即不是短期临时性的有来有去,而是在一个劳动者的终身就业周期中发生的来与去的选择过程。唯其如此,常住人口城镇化率才会得到不断提高。也由于如此,目前以常住人口定义的城镇化率,并不能反映真实的城镇化水平,这个城镇化也未能发挥其应有的功能。我们可以从供给和需求两侧来观察这种不完全的城镇化,可能造成的经济增长源泉损失。

首先,从作为经济增长供给侧因素的劳动者来看。农业剩余劳动力转移乃至城镇化,对改革开放时期高速增长作出了巨大的贡献。容易看到的是,由农村劳动力转移推动的高速城镇化,有助于劳动力的充足供给,形成人们眼中的人口红利。其实,迁移人口除了有助于劳动力供给数量的增加,也为劳动力质量的提升作出了贡献,有助于增加城镇地区的人力资本。一般而言,与城镇劳动力相比,进城农民工受教育年限相对较短,这意味着他们总体上是较不熟练工人。

但如果将这些迁移人口的年龄结构纳入考虑范围,可以看到他们的平均年龄比城镇工人的平均年龄要小很多。那些年轻和受过良好教育的农民工,在取代退休的城镇劳动力的情况下,城镇地区劳动力的整体人力资本就会增加。而且,这些年轻人口进城,城镇的人口抚养比就会降低,有助于保持高储蓄率。此外,城镇化即人口大规模地从低生产率的部门向高生产率的部门转移会提高资源重新配置效率。

在跨越了刘易斯转折点,人口年龄结构不利于劳动力充分供给的条件下,更加依赖劳动力的产业转移,以保障劳动力供给和劳动生产率(全要素生产率)的提高,从而保持合理的经济增长速度,达到国家现代化目标。一项关于中国未来潜在增长率情景的模拟显示,通过户籍制度改革保持农村劳动力继续转移,提高非农产业就业的参与率,可以改善劳动力供给和资源配置效率,显著提高潜在增长率,此即所谓的改革红利(Cai和Lu,2016)。

其次,从作为经济增长需求侧因素的消费者来看。2017年农民工月平均工资为3485元(其中外出农民工为3805元),按照购买力平价美元估算,平摊到每月30天中,每天工资收入已超过30美元,即使按照一定的家庭赡养比来修正,折合成家庭人均收入,平均而言农民工家庭也成为中间群体。然而,以上述经济社会标准看,他们还是一个有缺陷的中等收入群体。

由于农民工没有城市户口,在获得基本公共服务方面与城镇居民存在着差距。根据国家统计局进行的农民工监测调查,与城镇户籍居民相比,外出农民工的就业稳定性不够,与雇主单位签订劳动合同的比例仅为39.7%;农民工未能充分、均等地享受基本公共服务,如观察其参加基本社会保险的比例,工伤保险为26%、医疗保险为17.6%、养老保险为16.7%、失业保险仅为10.5%。

因此,他们作为全部人口的中间群体,其消费潜力尚未充分释放出来。例如,与城镇居民把收入的74.3%用于消费相比,他们仅仅消费其收入的32.9%。此外,外出农民工在城市自购房的比例只有1.3%,独自租住的占18.9%,其他则分别是住在集体宿舍、工棚、生产经营场所等。

无论是发挥农民工作为劳动者的贡献,还是发挥他们作为消费者的贡献,决策者是意识到其重要性的,因此,提出了"户籍人口城镇化率加快提高"的要求。此后,各地采取了一些统计窍门,即推动了行政区划(即城乡区域)界定的变化,比如"村"改"居"、"乡"改"镇"、"县"改"市"或"区"等,使一部分原来户籍意义上未实现城镇化的人口改变了户籍身份。

把中国目前城镇化推进的方式或具体渠道做一个分解,有助于我们理解这一点。这项分析表明,中国城镇化的源泉,或者说城镇人口的增长只有16%来自城市自身,我们称之为"自然增长";其他的84%都是"机械增长",即从非城市地区迁入的。在机械增长的城镇人口中,26%是由外出农民工构成的。农民工常住在城镇却没有城市户口。此外还有5%的人口,属于人户同迁,即从农村转到城市的同时也得到了城市户口。贡献最大的即53%的城镇人口,来自"就地转移",即工作性质没变、居住地没变,仅仅因为这个因素对目前统计上的城镇化贡献很大,但是并不充分体现城镇化的功能(Cai等,2016)。

可见,任何改革都要把目标定在体制机制的转变上,而不要用指标做引导加以推进,这一点非常重要。如果单纯追求指标性改革,一些地方就可能考虑以重新划分城乡分界的办法,通过就地转移的方式,提高户籍人口城镇化率。但是,这种变化不会提高资源重新配置效率,也不会实质性增加劳动力供给。只有以农民工及其家庭的市民化为核心,户籍制度的改革才能着眼于资源重新配置,推动新型城镇化,获得提高潜在增长率这一改革红利。

随着人均收入水平的提高,农业劳动力比重下降和城镇化水平提高是规律性、持续性现象,并不因为中国进入人口转变的新阶段、跨越了刘易斯转折点而改变,而是在进入新古典增长阶段之前都将继续发生。我们可以把中国的农业劳动力比重和城镇化率放到国际比较的框架中来认识。比较的对象包括世界平均水平、(中国所处的)中等偏上收入国家平均水平,以及一组参照国家的水平(见图12-1)。其中参照国家是2016年的经济发展水平即人均GDP处于中国(8123美元)与匈牙利(12665美元,大约为世界银行定义的高收入组的起点水平)之间的国家。

高收入国家的人口和劳动力结构以高度非农化和城镇化为特征。2016年,世界银行定义的高收入国家人均GDP为40678美元,农业劳动力比重仅为3.1%,城镇化率高达80%左右。中国与之差距无疑是巨大的,距离具有一个高收入现代化国家应有的结构化特征尚远。按照可以预期的经济增长速度,大约在2022年前后,中国按不变价计算的人均GDP可达到12600美元,即初步从中等偏上收入国家跨入高收入国家的门槛。因此,把中国与具有可比意义的前述参照组国家进行比较更有启发性。

如图12-1所示,就农业劳动力比重而言,无论按照官方统计数据口径,还是国际劳工组织的模拟数据口径,甚至重新估计的较低水平数据来看,都显示出中国在跻身高收入国家行列之前,农业劳动力比重仍须大幅度降低。同样,就城镇化率而言,中国与高收入国家以及参照国家水平的差距仍然较大,何况中国的常住人口城镇化率与户籍人口城镇化率之间尚有差距。因此,在向高收入国家行列迈进的过程中,中国仍须大幅度提高城市人口比重,特别是城市户籍人口的比重。就此而言,继续推动劳动力的转移和人口的城镇化仍是中国走向现代化的必由之路。

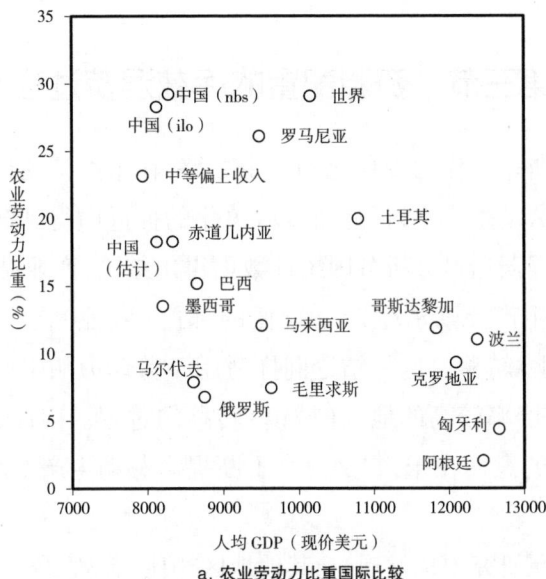

a. 农业劳动力比重国际比较

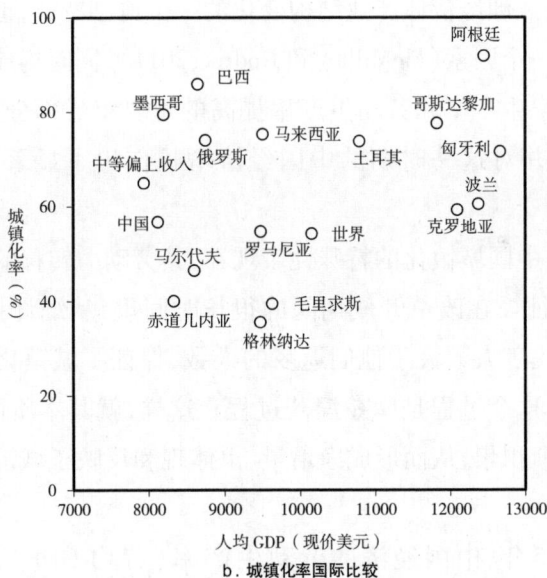

b. 城镇化率国际比较

图 12-1　劳动力比重和城镇化率的国际比较（2016 年）

注:图 a 中,"中国(nbs)"系国家统计局发布数值,"中国(ilo)"为国际劳工组织通过模型估算的数值,"中国(估计)"系笔者重新估计的数值。

资料来源:国际劳工组织(https://www.ilo.org)、世界银行(https://data.worldbank.org.cn)、国家统计局(http://www.stats.gov.cn)及笔者的估算。

第三节　资源配置的库兹涅茨过程

城镇化之所以被作为现代化的必由之路,在于经济现代化最根本特征——更高的劳动生产率,正是通过城镇化的推进而得到塑造的。美国经济学家库兹涅茨通过分析各国统计数据得出结论,产业结构变化的实质是劳动力等生产要素从生产率较低的部门(农业)向生产率更高的部门(非农产业)转移。这一结论同样适用于劳动力从生产率较低的地区(农村)向生产率较高的地区(城镇)转移的过程。因此,劳动力转移或人口城镇化的意义在于,它是一个不断提高劳动生产率的"库兹涅茨过程"[①]。

其他学者在研究中也发现,与其他地区相比,劳动力转移形成资源重新配置效率,是亚洲经济体产业结构变化的一个典型特征,也是其经济发展表现良好的一个因素(McMillan 和 Rodrik,2011),同时构成了中国改革开放时期全要素生产率和劳动生产率提高的重要组成部分(Bosworth 和 Collins,2007),并对这一时期的中国经济增长作出了显著贡献(都阳,2005)。

迄今为止,中国城镇化的特殊性表现在,其劳动力转移的过程具有一种"候鸟型"特征。在改革开放期间的很长时间里,从统计指标意义上,每年进城的农民工人数大于他们返乡的人数,保证了城镇化水平的持续提高,也保证了这个过程是库兹涅茨过程。这样,就其本质而言,转移到城镇的人口逐渐积累,从而形成净增量,也体现和反映了城镇化的经济功能或效率含义。

1978—2015 年,中国经济的劳动生产率(劳均 GDP)总体提高了16.7 倍,其中第一产业提高了5.5 倍、第二产业提高了13.5 倍、第三产业

---

① 这是经济学家青木昌彦提出的概念,参见 Aoki,Masahiko,"The Five Phases of Economic Development and Institutional Evolution in China,Japan,and Korea",in Masahiko Aoki,Timur Kuran and Gérard Roland (eds.), *Institutions and Comparative Economic Development*, Basingstoke, Hampshire,UK:Palgrave Macmillan,2012。

提高了 5.2 倍。对此进行贡献因素分解可以看到,在这个劳动生产率提高幅度中,第一产业、第二产业和第三产业分别作出了 13%、32% 和 11%的贡献,加总后贡献率为 56%,而劳动力从农业向第二产业及第三产业的转移,完成了一个资源重新配置过程,这个因素对劳动生产率的提高作出了其余 44% 的贡献(蔡昉,2017)。

由于农村劳动力转移是中国城镇化的显著推动力,因此,这里显示的三个产业之间的劳动力重新配置效应,也正是在城镇化的过程中得以实现的。或者说,这个过程体现了城镇化对高速增长时期 GDP 总量扩张和结构调整的贡献。进一步,不仅推动新型城镇化是不可回避、不容延缓的发展任务,而且保持库兹涅茨过程也是提高发展效率、质量和可持续性的关键。

单纯从城镇人口比重的提高幅度上看,城镇化速度似乎并没有减慢,但是,城镇化贡献因素的消长变化,已经预示着城镇化的可持续性有所乏力,从而作为库兹涅茨过程性质的明显减弱。目前在中国城镇人口的年度增量构成中,约 16% 为自然增长、5% 是农转非人口、26% 系农民工增长的贡献、53% 则来自所谓的就地转移(Cai 等,2016)。其中,就地转移是通过改变行政区划,如县改市(区)、乡改镇、村改居(委会)等手段导致城镇人口的增加。

由于在这种单纯统计口径的变化中,大批农村居民身份虽然变为市民,甚至很多还获得了城镇户口,但本身并不涉及就业类型和居住地的变化,并不发生劳动力的重新配置,因此不是典型的库兹涅茨过程。真正符合库兹涅茨过程的城镇化因素是进城的农民工,而这个源泉已经开始式微。

多年来源源不断进入城市的农民工,其实已经不再是从农业中转移出来的剩余劳动力,而是初中和高中毕业(或辍学)的新成长劳动力,大体上对应着农村 16—19 岁人口群体。这个组别的人口总数长期以来一直是迅速增长的,直至 2014 年达到增长的峰值,此后其新增数量呈现逐年减少的趋势,或者说增长率已经为负。

与此相应,自 2014 年以来农村外出劳动力的增长也开始减速,农民工增量对城镇化率提高的贡献从 2010 年的 31%,下降到 2016 年的仅为 2.3%。在城镇化继续遵循着有来有去模式的情况下,难免不久后会出现返乡人数大于进城人数的情况。

以 2016 年全国劳动生产率(劳均 GDP)9.6 万元为基准,作为城镇的主要产业,工业的劳动生产率相当于平均水平的 2.73 倍、第三产业相当于 1.19 倍、建筑业相当于 68.3%,而农村的主要产业——农业则仅为平均水平的 30.9%。如果简单从这个劳动生产率相对水平比较看问题,农民工从城镇到农村的倒流,就相当于劳动力从高生产率就业退回到低生产率就业,即意味着出现逆库兹涅茨过程。

引领经济发展新常态,要求把经济发展方式从生产要素投入驱动转到生产率提高驱动的轨道,而资源重新配置效率是迄今生产率提高的重要源泉,那么,农民工逆向流动是否必然导致逆库兹涅茨过程,从而降低中国经济整体生产率呢?党的十九大提出的乡村振兴战略和习近平总书记在这个方面的重要讲话精神,为我们认识和解决这个问题提供了重要的指导。

党的十九大提出乡村振兴战略,作为决胜全面建成小康社会七大重大战略部署之一。实施这个战略与推进新型城镇化既不是对立的关系,也并非在侧重点上有所不同,而是你中有我、我中有你,相互补充、相互促进的关系。特别需要认识到的是,只有把乡村振兴战略与新型城镇化战略同时推进,才可以使后者的目标更加明确,实施手段更加协调和统筹兼顾,推进过程更加健康和可持续。

乡村振兴战略与新型城镇化都是建设现代化经济体系乃至推进现代化建设的必由之路,两者不仅目标是相同的,推进手段也是一致的和互补的。高度城镇化是经济社会现代化的一个综合体现,因此也是各国现代化过程中都要追求的结果。

但是,达到这个结果的过程本身,却因国情的不同应该有所差异。换句话说,就城镇化而言,可以有且必然有推进过程中的中国特色,却没有且不应该有最终目标上的中国例外。而实施乡村振兴战略,就是为了保证这个有中国特色的城镇化过程与必然走向高度城镇化结果之间的一致性。

为了避免一些发展中国家城镇化进程中出现农业萎缩、农村凋敝和农民生活改善滞后于经济发展的不利后果,习近平总书记强调:城镇化进程中农村也不能衰落,要相得益彰,相辅相成。① 同时告诫我们任何时候都不能忽视农业、不能忘记农民、不能淡漠农村。② 毋庸置疑,这里所讲的"任何时候"就包括在追求城镇化水平提高的时候。

例如,从实施乡村振兴战略的角度,实现农业农村现代化必然要推动农业的适度规模经营,而土地规模如何扩大、在什么阶段上扩大到什么程度,取决于农业劳动力转移所处的阶段及其稳定性;从推进城镇化的角度看,劳动力转移又需要以农业劳动生产率的提高为前提条件,而后者又受到经营规模狭小的制约。对于如何破解这个循环难题,党的十九大提出的乡村振兴战略及其他一系列部署给出了答案。

城镇化是一个长期的历史自然过程。在这个过程中,既有人口从农村向城镇迁移的正向城镇化,也不可避免有农民工返乡等逆城镇化。通过加快户籍制度改革,促进农业转移人口市民化,可以保证城镇化作为库兹涅茨过程持续推进;实施乡村振兴战略,可以使劳动力、人才的返乡也不会成为一个逆库兹涅茨过程;同时,乡村振兴战略不仅为农村人才和劳动力创造一片用武之地,也使城镇化的推进更加行稳致远。

习近平总书记指出:要让精英人才到乡村的舞台上大施拳脚,让农民企业家在农村壮大发展。③ 通过激发出各类人才和劳动力的人力资本潜力和活力,将农村生产要素进行合理、优化的配置,不仅保证人力资源的返乡和下乡与进城一样具有效率改进的功能,而且是实施乡村振兴战略和实现农业农村现代化的关键一环。

第四节 与工业化的内在关联性

早在改革开放之前,党和国家就提出了建设社会主义现代化强国的

① 《奋进在新时代的浩荡春风里》,《人民日报》2018年3月17日。
② 《习近平在吉林调研时强调保持战略定力增强发展自信 坚持变中求新变中求进变中突破》,《人民日报》2015年7月19日。
③ 习近平:《发展是第一要务,人才是第一资源,创新是第一动力》,新华网,见 http://www.xinhuanet.com/politics/2018lh/2018-03/07/c_1122502719.htm。

目标,在1975年第四届全国人民代表大会第一次会议上,周恩来总理把这一目标表述为"全面实现农业、工业、国防和科学技术的现代化"①即"四个现代化"。但是,改革开放之前四个现代化之间的关系实际上是被割裂的,也未在整体上实现关键的跨越。中国70年工业化历程告诉我们,改革开放之前走的弯路和付出的代价,都是由于没有处理好工业化与城镇化、"三农"发展和技术进步的关系;改革开放时期工业化的健康推进,则是在调整产业结构、协调各种关系中实现的。

遵循两个规律即发挥劳动力丰富的比较优势和利用产业集聚产生的规模经济,沿海地区不仅获得制造业的蓬勃发展,也率先推进了城镇化。21世纪以来,受惠于区域均衡发展战略,中西部地区基础设施条件得到改善,开始承接沿海地区制造业转移,城镇化速度也呈现后来居上的势头。在整个改革开放期间,不仅城镇人口迅速增加,城镇化率以同期世界上最快的速度提高,而且城镇的数量也大幅度增加,工业化与城镇化实现了同步。1978—2017年,地级市的数量从98个增加到294个,县级市的数量从92个增加到363个,镇的数量从2176个增加到21116个。

在农业比重随经济发展水平提高逐步下降的规律作用下,农业剩余劳动力大规模转移,进入城镇非农产业就业,实现了资源重新配置,提高了整体劳动生产率。进入21世纪以来,中国经济和农业发展到达一个重要的转折点,开始了工业反哺农业、城市支持农村的阶段,支农、惠农政策力度前所未有。伴随着工业化进程,以农业机械化为标志的农业现代化加快推进。1978—2017年,农业机械总动力以年平均5.6%的速度增长。随着农村出现劳动力不足现象,提高劳动生产率的要求日益迫切,2003—2017年,农用大中型拖拉机及其配套农具的数量,年平均增长率均超过14%。

习近平总书记在党的十九大报告中,强调推动新型工业化、信息化、城镇化、农业现代化同步发展。② 这一要求既是深刻吸取经验教训之后

---

① 《周恩来选集》下卷,人民出版社1984年版,第479页。

② 习近平:《决胜全面建成小康社会 夺取新时代中国特色社会主义伟大胜利——在中国共产党第十九次全国代表大会上的报告》,人民出版社2017年版,第21—22页。

的理论升华,又与时俱进地体现了新的科技革命特点。党的十九大把乡村振兴战略作为一项国家发展战略,与推进新型工业化及"四化同步"要求相得益彰、相辅相成。很多发展中国家在工业化和城镇化过程中出现过农业萎缩、农村凋敝和农民生活改善滞后于经济发展的现象,付出了沉重的代价。在推进新型工业化的同时实施以农业农村现代化为总目标的乡村振兴战略,是同步发展的一项重大部署,体现中国特色社会主义现代化的必然要求,旨在探索一条史无前例的近14亿人口大国的成功道路。

从各国经验看,国家工业化并不是遵循一个直线式的轨迹推进,而是按照一个不规则的倒 U 形曲线变化。例如,制造业增加值占 GDP 的比重,通常会首先经历一个逐渐上升的过程,到达一定发展阶段后,该比重达到峰值后便转而缓慢下降(见图 12-2)。中国制造业比重在 1996 年便在 36.8% 的水平上达到了峰值,不过,在随后的十年中并没有明显下降,而是保持相对稳定。在 2006 年之后,该比重才从 36.2% 的水平上一路下降。

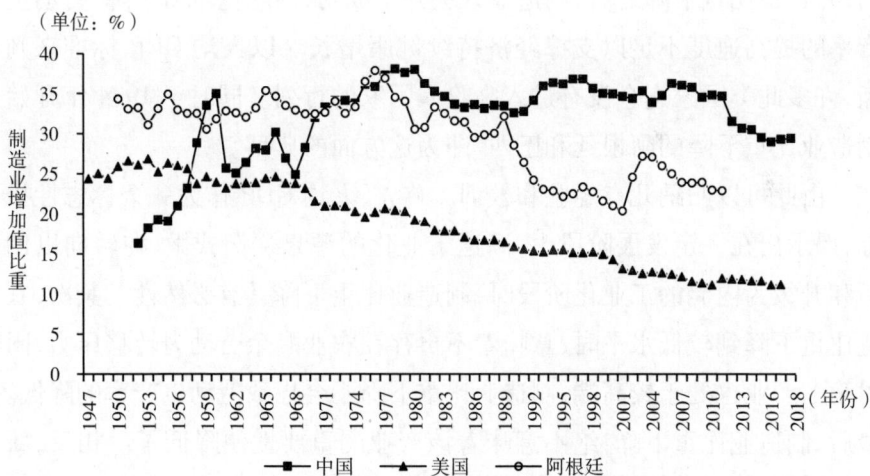

图 12-2　1947—2018 年制造业比重下降的国际比较

资料来源:Timmer, Marcel, Gaaitzen J. de Vries and Klaas de Vries, "Patterns of Structural Change in Developing Countries", in John Weiss and Michael Tribe(eds.), *Routledge Handbook of Industry and Development*, London:Routledge,2015。

制造业比重的下降现象,既可能是在较高工业化阶段上产业结构自然演进的结果,也可能是条件尚未成熟时的过早"去工业化"。许多曾经取得制造业发展重要地位的国家,已经经历过制造业比重下降的过程,其经验和教训值得引以为鉴。我们可以从制造业比重开始下降时的条件成熟度,即以世界银行定义的人均收入组别作为发展阶段特征,以农业比重作为产业结构特征,以及制造业比重下降后的结果来观察。

第一类国家的制造业比重下降可谓水到渠成。在制造业比重由升到降的转折点上,人均 GDP 已经达到高收入国家的标准,农业占 GDP 比重降到很低的水平;在比重下降之后,制造业在全球价值链中的位置反而加快提升,整个经济的劳动生产率持续提高,迄今仍然保持发达的制造业大国地位。分别于 1953 年和 1970 年制造业比重开始下降的美国和日本,便属于这种类型。

第二类国家的制造业比重下降具有不成熟的性质。在制造业比重下降的时点上,以人均 GDP 衡量仍然处于中等偏上收入阶段,农业比重偏高;并且在比重下降之后,制造业升级并不成功,国际竞争力下降,劳动生产率的提高速度不足以支撑经济持续健康增长。以人均 GDP 标准来判断,许多此类国家迄今没有进入高收入国家的行列。同时于 1974 年开始制造业比重下降的阿根廷和巴西,即为这方面的典型。

由此可以归纳几点经验和教训。首先,人均 GDP 作为一个标志性指标,揭示出在一定发展阶段上,高速工业化的源泉逐渐式微,在转向以创新和升级为内涵的工业化阶段时,制造业比重下降具有必然性。其次,农业比重下降到较低水平时,意味着不再存在农业剩余劳动力转移压力,同时第三产业也处于较高端,制造业比重下降不会导致劳动生产率的降低。最后,制造业比重下降,绝不意味着该产业的重要性便降低了。相反,新的工业化阶段是制造业攀升价值链阶梯的关键时期。

比照国际经验,中国制造业比重的下降来得过早。在 1996 年制造业比重达到最高点时,按照 2010 年不变价计算,中国的人均 GDP 仅为 1335 美元,刚刚跨过中等偏下收入国家的门槛;2006 年制造业比重开始下降时,人均 GDP 也只有 3069 美元,仍处中等偏下收入国家行列。在这两个年份上,农业增加值占 GDP 比重分别高达 20.4% 和 11.7%。

2017 年中国在人均 GDP 达到 7329 美元时,制造业比重降到了 29.3%,农业比重为 7.6%。从发展阶段和产业结构特征指标来看,类似于阿根廷和巴西在 1974 年制造业比重开始下降时的水平。这就是说,即便考虑到中国的制造业比重过高,需要一定程度的调整,目前达到的水平仍然应该作为一个警戒线,需要遏制继续下降的趋势。

制造业比重"早产"式下降与劳动力过早出现短缺有密切的关系。在 2004 年中国跨过刘易斯转折点之后,农业劳动力比重仍然较高。但是,由于城镇化具有非常规性,即统计上成为城镇居民的农民工并没有获得城镇户口,其劳动力供给和消费就都是不充分的,出现了愈演愈烈的劳动力短缺和消费未能伴随着工资上涨而相应扩大的现象。这就导致制造业传统优势过早减弱。在尚未能够获得新的比较优势的情况下,制造业比重就提前下降了。

因此,防止过早地"去工业化"现象,一方面是为了给制造业向技术密集型高端升级、农业剩余劳动力转移、服务业发展和劳动生产率提高留出足够的时间;另一方面是为了集中创新核心技术、提升核心竞争力,在产业更高端获得新的全球价值链位置给出充分的空间。

第五节　新一轮工业革命和全球化

按照施瓦布的时间划分,第一次工业革命发生在 1760—1840 年,第二次工业革命在 1891—1910 年,第三次工业革命在 1960—1999 年,21 世纪以来便开始进入第四次工业革命(克劳斯·施瓦布,2016)。每一次工业革命又分别与特定版本的全球化相重合或者相交叉。中国显然是完全错过了第一次和第二次工业革命可能提供的赶超机会。第三次工业革命发生在中华人民共和国成立以后,但真正成为中国经济发展的机遇,则要到 20 世纪 80 年代以来的改革开放时期。在第四次工业革命兴起之后,以及面临着的正在来临的全球化 4.0,中国已经成为其中不可忽视的推动力量。

在第四次工业革命和全球化4.0背景下,城镇化理念和政策要做深刻调整。新型城镇化的精髓是什么? 已有的知识存量告诉我们,城镇化的核心是集聚效应、规模经济。然而,这个理念要与时俱进。当代社会,城镇化不再是传统意义上的产业集聚、人口集聚,以及经济活动的简单集聚,而更主要的是创造力的集聚。保罗·罗默曾经修改过对全球化的定义,我们也依此修改对城镇化的定义。这个以创造力为核心的集聚效应对于我们应对当前面临的挑战十分重要。

首先,创造力的集聚不会造成产业依赖和资源枯竭。资源依赖和资源枯竭问题,不仅仅指自然资源如矿产,也不仅仅指重工业,而是任何单一的产业结构都可能造成的现象。例如,讲到新东北现象时,有媒体报道现在"傻大黑粗的能源、钢铁和传统装备制造业遭受严重冲击,但信息技术和医药健康等新兴产业逆势上扬"[1]。但是,傻大黑粗曾几何时也被作为要振兴的产业。新兴产业永远是因时因地而变化的。经济发展对人力资本、创意从而创造力的需求则永远不变。

世界经济史表明,各国都有过以产业为核心的城镇化,但最终都要付出代价,都要经历痛苦的转型,有成功的也有不成功的。我们面临的问题并不必然意味着过去错了,但一定意味着转型是必需的。转型是针对存量,但前提是不能再有增量了。所以,当我们说新型城镇化是新的增长点时,绝非意味着以产业推动来利用这个增长点。

其次,以创造力为核心的城镇化不是排斥性的。创意要靠各种人才将其转化为产业、工艺、产品和消费品,创意要专心致志,得益于劳动分工。所以,以学历、职称、技术等级限定城市人口发展,本质上是不利于城市创造力培养的。创造力不是少数精英圈子内的产物,而是社会化分工的结果。世界上最富有创造力的城市,无一不是排斥普通劳动者和低学历者的。农民工和他们的子女是未来的创造力,既是可持续增长的主要来源,也促进社会流动和公平正义。

政府管理是稀缺性的资源。过去,这种资源在相当大程度上被用于

---

[1] 参见《经济参考》报社网站,见 http://jjckb.cn/2015-02/16/content_538581.htm。

发展经济和发展产业,而较少用来提供基本公共服务的职能。随着刘易斯转折点的到来,劳动力短缺现象日益严峻,现在地方政府已经开始越来越把提供基本公共服务当作自己重要的政府责任。因此,城市应以吸引、容纳和服务人口为中心,政府应是公共产品的提供者,而不应该是经济发展的促进者。

在传统体制下,城市变成了一个等级森严的行政区域。城市政府把职能扩展到了发展经济、社会文化各个领域。真正想推进城镇化,保持城市发展的可持续性,应该放弃以产业为中心、以 GDP 为目标的发展理念,而变成提供基本公共服务,实现城市本身的基本功能。对级别低城市和其他城乡地区,应更多辐射,而非行政管辖。

城市管理能力不可能一蹴而就,所以,城市到了一定规模时,本来还有规模经济潜力,但管理能力制约使得城镇化红利提前出现报酬递减现象。这时,为了避免"城市病",需要把握一下特大城市发展的节奏,农民工市民化进度或许比其他类城市稍微慢一些,但是这样做的目的是给出时间,以便使管理水平与城镇化保持一致,不能以此为由不推进农民工市民化,停止这些特大城市的发展。

最后,创造力是未来提高全要素生产率的源泉。以前全要素生产率的提高很大一部分来自资源重新配置,如劳动力从农业转移到非农产业。但是,农业劳动力比重目前已经降到 20% 以下了,农村常住人口中16—19 岁人口在 2017 年也达到峰值,相应地,农业劳动力转移进城的速度必然减慢甚至变为负值(2018 年是 -1.5%)。随着这个生产率源泉的式微,生产率提高越来越依靠创业、创意和创新。不能开发出这个生产率源泉,就没有经济增长新引擎,也就谈不上引领新常态。

找出必要的政策调整,以及旨在获得立竿见影红利的改革,其实一点都不难。那就是户籍制度改革及其配套的基本公共服务的加强和均等化。这个改革内涵十分丰富,红利巨大且长远,具有明显的正外部性。因此,中央政府既要进行顶层设计,督办推动;也要为其关键环节的推进而埋单,分担新型城镇化成本,分享新型城镇化红利。

附录　新中国城镇化编年简史①

1949 年

3月5日至13日,中国共产党第七届中央委员会第二次全体会议在河北平山县西柏坡村召开。毛泽东主持会议并作了《在中国共产党第七届中央委员会第二次全体会议上的报告》,明确指出"二中全会是城市工作会议,是历史转变点";"开始了由城市到乡村并由城市领导乡村的时期。党的工作重心由乡村移到了城市";在社会主义时期"城乡必须兼顾,必须使城市工作和乡村工作,使工人和农民,使工业和农业,紧密地联系起来";"党和军队的工作重心必须放在城市,必须用极大的努力去学会管理城市和建设城市";"只有将城市的生产恢复起来和发展起来了,将消费的城市变成生产的城市了,人民政权才能巩固起来。城市中其他的工作……都是围绕着生产建设这一个中心工作并为这个中心工作服务的"。②

4月25日,毛泽东、朱德发布《中国人民解放军布告》,重申1947年10月10日《中国人民解放军宣言》提出的"没收官僚资本"的政治主张。没收官僚资本的行动与中国人民解放军的军事推进同步进行。

9月29日,中国人民政治协商会议第一届全体会议通过《中国人民政治协商会议共同纲领》,明确规定"中华人民共和国经济建设的根本方针,是以公私兼顾、劳资两利、城乡互助、内外交流的政策,达到发展生产、

---

① 附录的主要参考文献为孙志远(2014)、张友琴(2012)、中共中央党史和文献研究院(2018)、中共中央党史研究室(2009)、邹德慈等(2014)。

② 《毛泽东选集》第四卷,人民出版社1991年版,第1427—1428页。

繁荣经济之目的"。① 这就是著名的"四面八方"政策,是整个国民经济恢复时期的指导方针。

10 月 1 日,中华人民共和国举行开国大典,毛泽东在北京天安门城楼上宣告中华人民共和国中央人民政府成立。

北京、沈阳、鞍山、抚顺、本溪、上海、南京、武汉、广州、重庆、西安 11个市设为中央直辖市。1950 年 11 月,增设天津为中央直辖市。11 月,旅大行署区设为旅大市(直辖市)。1952 年 11 月 15 日,南京直辖市与江苏省合并,设立为省会。1953 年 7 月、9 月,哈尔滨、长春分别设为直辖市。1954 年 6 月,重庆、广州、沈阳、长春、哈尔滨、西安、武汉、旅大、鞍山、抚顺、本溪由直辖市降为省辖市。1958 年 2 月,天津直辖市降格为河北省辖市,1967 年 1 月由从河北省分离恢复直辖市。1997 年 6 月 18 日,重庆从四川省分离,恢复直辖市。

12 月 6 日,毛泽东出访苏联,一是给斯大林祝寿;二是为中国经济的发展向苏联寻求帮助,并就中苏之间的条约问题进行谈判,开启中苏合作。苏联最终决定废除 1945 年与国民党签订的旧条约。

1950 年

2 月 14 日,中苏签订了《中苏友好同盟互助条约》《中苏关于中国长春铁路、旅顺口及大连的协定》《关于苏联贷款给中华人民共和国的协定》,同时签订了苏联第一批援助项目 50 个的协定,由此拉开了苏联大规模援助中国的序幕。

6 月 30 日,中央人民政府颁布《中华人民共和国土地改革法》,第一条规定:废除地主阶级封建剥削的土地所有制,实行农民土地所有制,解放农村生产力,发展农业生产,为新中国工业化和城镇化开辟道路。②

---

① 中共中央文献研究室编:《建国以来重要文献选编》第一册,中央文献出版社 1992 年版,第 7 页。

② 中共中央文献研究室编:《建国以来重要文献选编》第一册,中央文献出版社 1992 年版,第 336 页。

1951 年

2月18日,中共中央发出毛泽东起草的政治局扩大会议决议要点,提出了"三年准备、十年计划经济建设"的思想,规定了"在城市建设计划中,应贯彻为生产、为工人阶级服务的观点"的城市建设的基本方针。①

7月16日,公安部发布《城市户口管理暂行条例》,规定城市人口的出生、死亡、迁入、迁出、社会身份等事项的管理办法,由此基本统一了全国城市户口登记制度。

8月8日,《中华人民共和国城市房地产税暂行条例》将房产税与地产税合并为房地产税。

1952 年

6月12日,教育部发布《关于全国高等教育学校一九五二年暑期招收新生的规定》,规定:除经批准的个别学校外,高校一律实行全国统一招生和分配制,从而结束了中国实施近40年的高校自主招生政策。这是我国教育史上的一个具有现代教育意义的重大改革,也是人口通过上大学城市化方式的创新。

7月25日,政务院全国就业会议通过了《关于劳动就业问题的决定》,要求农村剩余劳动力应稳定在农村生产上,不要盲目流入城市。

8月8日,中央人民政府委员会批准《中华人民共和国民族区域自治实施纲要》。

8月17日,周恩来率中国政府代表团访问苏联,商谈援助我国第一个五年计划141个项目的建设问题。中苏双方就援助的原则问题达成协议。

1953 年

4月17日,政务院颁布《关于劝阻农民盲目流入城市的指示》。

---

① 中共中央文献研究室编:《建国以来重要文献选编》第二册,中央文献出版社1992年版,第39、41页。

5月15日,中央人民政府政务院财政经济委员会副主任李富春和苏联部长会议副主席米高扬分别代表中苏两国政府,在莫斯科签订了关于协助中国新建和改建141个工业企业的协定,在第一批基础上新增了91项。

5月27日,中央政治局讨论并同意了中共中央统一战线工作部部长李维汉向党中央呈送的《〈资本主义工业中的公私关系问题〉的报告》,明确了对资本主义工业实行利用、限制、改造的方针。

6月15日,中共中央政治局会议提出党在过渡时期的总路线和总任务,是要在十年到十五年或者更多一些时间内,基本上完成国家工业化和对农业、手工业、资本主义工商业的社会主义改造。①

6月30日,以24时为调查标准时间,国家统计局举办第一次全国人口调查登记工作,为建立经常的户口登记制度奠定了基础。

8月11日,中央人民政府卫生部经政务院批准发布《避孕及人工流产办法》,这是计划生育法规的萌芽。

10月16日,中共中央通过《关于实行粮食的计划收购与计划供应的决议》。

11月15日,中共中央作出《关于在全国实行计划收购油料的决定》。

12月5日,政务院发布《关于国家建设征用土地办法》,第一次对征地的基本原则、批准机构、补偿等做了具体规定。

1954 年

5月4日,内务部发布《关于调整市郊区行政区划应注意事项的通知》,指出扩大郊区必须从城市建设实际出发,范围限于政治、经济、文化和国防事业发展上与市区有密切联系的区域,并应随着建设的需要逐步扩充。

6月10日至28日,建筑工程部在北京召开全国第一次城市建设会

---

① 中共中央文献研究室编:《毛泽东思想年编(一九二一——一九七五)》,中央文献出版社2011年版,第749页。

议,明确了城市建设采取与工业建设相适应的"重点建设,稳步前进"的方针,并确定重点工业建设项目安排较多的城市、扩建城市、可以局部扩建的城市和一般中小城市四类城市执行不同的建设方针。

9月15日,国家进一步决定对棉布和棉花实行计划收购和计划供应。

9月20日,全国人民代表大会第一次会议通过颁布第一部《中华人民共和国宪法》,明确规定国家对资本主义工商业和城市手工业进行社会主义改造,发展公私合营。过渡时期总路线载入宪法。

10月11日,中苏在北京签订了《中苏关于帮助中华人民共和国政府新建十五项工业企业和扩大原有协定规定的一百四十一项企业设备的供应范围的议定书》。至此,"一五"计划(1953—1957年)期间苏联对新中国工业领域的156个援助项目确定下来。156个项目主要分布在哈尔滨、齐齐哈尔、吉林、长春、沈阳、抚顺、包头、西安、洛阳、太原、兰州、成都、武汉、株洲等城市,改变了工业和城镇集中在沿海的布局,奠定了新中国的工业基础。

1955 年

6月9日,国务院发布《关于建立经常户口登记制度的指示》,全国城乡统一的、经常的户口登记制度开始逐步地建立和健全。同日,国务院通过《关于设置市、镇建制的决定》规定:聚居人口十万以上的,或不足十万但为由省领导的重要工矿基地、省级地方国家机关所在地、规模较大的物资集散地或者边远地区的城镇,可设市;县级或以上地方国家机关所在地、不是县级或以上地方国家机关所在地但人口两千以上的聚居地、由县领导的工矿基地、少数民族地区聚居人口不及两千的工商业居民集中地,可设镇。

8月25日,国务院发布《农村粮食统购统销暂行办法》和《市镇粮食定量供应暂行办法》,户口和粮食供给绑定。

9月4日,毛泽东在主持编辑的《中国农村的社会主义高潮》一书中《郏县大李庄乡进行合作化规划的经验》一文上批示,"农村是一个广阔的天地,在那里是可以大有作为的"。①

11 月 7 日,国务院发布《关于城乡划分标准的规定》,明确设置市人民委员会的地区和县(旗)以上人民委员会所在地或常住人口有 2000 人以上、居民 50%以上是非农业人口的居民区即为城镇;城镇区分为城市和集镇,中央直辖市、省辖市或常住人口在 20000 人以上的县以上人民委员会所在地和工商业地区即为城市;其他城镇为集镇。

1956 年

2 月 6 日,国务院发布《关于推广普通话的指示》,在全国范围内推广普通话,对促进全国一体化发展具有重要意义。

4 月 25 日,毛泽东作《论十大关系》讲话。

7 月,国家建委正式颁布《城市规划编制暂行办法》。这是中国现代城市规划史上第一个技术性法规。

9 月 15 日至 27 日,中国共产党第八次全国代表大会举行,宣布社会主义的社会制度在我国已经基本建立,国内主要矛盾是人民对于经济文化迅速发展的需要同当前经济文化不能满足人民需要的状况之间的矛盾,党和全国人民的主要任务是集中力量来解决这个矛盾,把我国尽快地从落后的农业国变为先进的工业国。

10 月 25 日,中共中央政治局关于《1956 年到 1967 年全国农业发展纲要(修正草案)》第一次提出知识青年上山下乡这个概念,标志着知识青年上山下乡正式开始。

12 月 30 日,国务院发布《关于防止农村人口盲目外流的指示》,以防止人口过度流入大城市和工业建设重点地区。

1957 年

2 月 27 日,毛泽东在最高国务会议上提出了:"人类要控制自己,做

---

① 《毛泽东文集》第六卷,人民出版社 1999 年版,第 462 页。

到有计划地增长。"①

7月3日,著名经济学家、时任北京大学校长马寅初在第一届全国人民代表大会第四次会议上发表题为《新人口论》的书面发言,主张控制人口。

7月5日,马寅初在《人民日报》发表《新人口论》。

12月18日,中共中央、国务院发布《关于制止农村人口盲目外流的指示》,以制止人口流入城市和工业建设重点地区。

1958 年

1月6日,国务院发布《国家建设征用土地办法(修正)》,规定征用土地,应该尽量用国有、公有土地调剂,无法调剂的或者调剂后对被征用土地者的生产、生活有影响的,应该发给补偿费或者补助费。

1月9日,毛泽东签署主席令,颁布全国人大常委会通过的《中华人民共和国户口登记条例》规定:"公民由农村迁往城市,必须持有城市劳动部门的录用证明,学校的录取证明,或者城市户口登记机关的准予迁入的证明,向常住地户口登记机关申请办理迁出手续。"②由此奠定了城乡居民户籍管理制度的城乡二元格局,对我国城镇化产生深远影响。

5月5日至23日,中国共产党第八次全国代表大会第二次全体会议正式通过"鼓足干劲、力争上游、多快好省地建设社会主义"的总路线和关于发展国民经济的第二个五年计划的建议。会后,全国工业建设、城市建设等各条战线迅速掀起了1958—1960年"大跃进"高潮。

6月27日至7月4日,第一次全国城市规划工作座谈会在青岛举行,这次会议是新中国城市规划进程中的一个标志性事件(侯丽和张宜轩,2013)。会议回顾了五年来城市规划和建设工作,围绕城市规划如何适应"大跃进"形势,讨论并形成了《城市规划工作纲要三十条(草案)》(以

---

① 《毛泽东文集》第七卷,人民出版社1997年版,第115页。
② 中共中央文献研究室编:《建国以来重要文献选编》第十一册,中央文献出版社1995年版,第18页。

下简称《纲要》),《纲要》提出:"为了在城市建设中坚决贯彻鼓足干劲、力争上游、多快好省地建设社会主义的总路线,必须有计划、有步骤地积极进行各项城市建设";"应当普遍开展以大、中城市、工矿区、专区所在地为中心的规划工作";"在大城市周围发展卫星城镇";"新的大、中城市,必须按照社会主义的原则进行规划";"用城市建设的'大跃进'来适应工业建设的'大跃进'"。《纲要》还提出了适应"大跃进"的"快速规划"的方法。7月3日时任建工部部长刘秀峰作大会总结报告,对城市规划和建设的十个基本政策问题进行了阐述,提出:必须从一个地区经济建设的总体规划着眼,从全面出发进行城市规划和建设;大中小城市相结合,以发展中小城市为主,大城市和特大城市应有计划地建设卫星城市;近期规划和远景规划相结合;多快好省地进行城市规划和建设。

1959 年

1月5日,为应对职工队伍和城镇人口过度扩张带来的粮食供给全面短缺等问题,中央政府发出《关于立即停止招收新职工和固定临时工的通知》。接着,中央政府又分别于2月4日、3月1日、6月1日、9月17日发出《关于制止农村劳动力流动的指示》《关于制止农村劳动力盲目外流的紧急通知》《中共中央关于大力紧缩社会购买力和在群众中解释当前经济情况的紧急指示》以及《关于整顿城市粮食统销和降低城市口粮标准的指示》。

1960 年

4月,建工部在桂林召开第二次全国城市规划工作座谈会,提出:要在10—15年左右的时间内,把我国城市基本建设成为社会主义现代化新城市;要根据城市人民公社的组织形式和发展前途编制城市规划,要体现工、农、兵、学、商"五位一体"的原则,城市规划思想逐渐脱离实际。

7月16日,苏联驻华临时代办向中国外交部递交照会,单方面宣布召回所有在华专家,撤回一切对华援助与在华投资,两党、两国关系走向破裂,中国同时面临西方国家和东欧国家的孤立封锁,发展外部环境全面恶化。

8月14日,中央发出《关于开展以保粮、保钢为中心的增产节约运动的指示》,第一次提出大量精减非生产人员,充实生产第一线。9月14日,中央批转了习仲勋《关于中央各部门机构编制情况和精简意见的报告》,成立中央精简干部和安排劳动力五人小组。

11月,第九次全国计划会议召开,会议宣布"三年不搞城市规划"。

1961 年

1月14日至18日,党的八届九中全会通过对国民经济实行"调整、巩固、充实、提高"的八字方针。

5月,面对严峻的经济形势,中央再一次召开工作会议,周恩来在会议上做了关于粮食问题和压缩城市人口的报告,指出解决粮食问题的根本办法,是从城市压缩人口下乡。陈云在会议上提出"人从哪里来,回到哪里去"的城市人口精简方案,会议设定在 3 年内减少城镇人口 2000 万人以上的工作目标,其中当年减少 1000 万人。

1962 年

7月30日,根据中共中央政治局常委的决定,周恩来开始召集第一次全国城市工作会议。8月24日,周恩来共主持召开十七次会议,并代中央起草了《关于当前城市工作若干问题的指示》。中共中央、国务院于10月6日发布《关于当前城市工作若干问题的指示》,规定:"调整市镇建制,缩小城市郊区,完成减少城镇人口计划";"今后凡是人口在十万以下的城镇,即使是重要的林区和矿区,没有必要设立市的建制的,都应当撤销";"今后一个长时期内,对于城市,特别是大城市人口的增长,应当严格加以控制。计划新建的工厂,应当尽可能分散在中小城市";"对于农村人口进城落户,应当加以限制"。[①]

---

① 中共中央文献研究室编:《建国以来重要文献选编》第十五册,中央文献出版社 1997年版,第 676—677 页。

12 月 18 日,鉴于三年自然灾害过后新中国人口迎来第二次出生高峰,中共中央、国务院发出《关于认真提倡计划生育的指示》,强调"在城市和人口稠密的农村提倡节制生育,适当控制人口自然增长率,使生育问题由毫无计划的状态逐渐走向有计划的状态"。①

1963 年

7 月 6 日,中央精简小组在提交给中共中央的《关于精减任务完成情况和结束精减工作的意见的报告》中指出,从 1961 年 1 月到 1963 年 6 月,全国职工人数减少 1887 万人,城镇人口减少 2600 万人,吃商品粮人数减少 2800 万人。

10 月 22 日,中共中央、国务院批准的《第二次城市工作会议纪要》将我国城市人口的快速增长与出生率过高相联系,再次提倡在全国范围内"积极开展计划生育"。

12 月 7 日,《中共中央国务院关于调整市镇建制、缩小城市郊区的指示》发布,要求提高镇设置标准,"对市镇人口必须严格控制",提出撤销不够设市条件的市,缩小市的郊区,调整镇的建制。

1964 年

1 月,国务院成立计划生育委员会,下设办公室,卫生部妇幼卫生司负责计划生育技术指导工作。此后各直辖市和多数省先后成立计划生育委员会或领导小组,并在卫生部门专设办公室,配置专职干部。到 20 世纪 70 年代,计划生育工作在全国城乡全面展开。

5 月 15 日至 6 月 17 日,根据毛泽东的指示,中共中央召开工作会议,作出了三线建设的重大战略决策。当年 8 月,中央书记处会议决定集中人力、物力、财力建设三线。

三线建设从"三五"计划开始,跨越三个五年计划时期,累计投资达

---

① 中共中央文献研究室编:《建国以来重要文献选编》第十五册,中央文献出版社 1997 年版,第 763 页。

2052.68亿元,相当于1953—1964年全国投资总和的3倍;三线地区基本建设新增固定资产1145亿元,占全国同期新增量的33.58%,相当于三线地区1953—1965年新增总和的2.22倍。三线建设极大改观了中国工业区域布局和城镇化格局,造就成渝、川黔滇、关中、兰州—天水、武汉—大冶、鄂西、豫西、湘中八大新工业区,这些工业区在当今的区域协调发展(尤其是西部开发和中部崛起)中发挥着巨大作用。在三线建设前的1964年,中国近70%的工业、40.7%的城市和54.4%的城市人口密集分布于东部沿海地区;在三线建设任务完成的1980年,就城市数量而论,东部地区由68个增加到78个,中部地区由68个增加到100个,西部地区由31个增加到45个,三大区域间的城市比例由1964年的1∶1∶0.46转变为1980年的1∶1.28∶0.58。

6月30日,第二次全国人口普查以24时为标准时间,以"户籍类型"为城乡(人口)划分标准,采用了户籍制度下的市镇非农业人口概念,普查得到的城镇化率为18.4%。

8月14日,《公安部关于处理户口迁移的规定(草案)》发布。该文件明确提出了两个"限制":"从农村迁往城市、集镇,从镇迁往城市的,要严加限制;从小城市迁往大城市,从其他城市迁往北京、上海两市的,要适当限制"。

1965 年

6月16日,毛泽东听取余秋里汇报"三五"计划的设想时强调计划要考虑三个因素,第一是老百姓,第二是打仗,第三是灾荒。这是毛泽东第一次比较明晰地提出"民心""备战""备荒"问题。8月23日,周恩来在国务院第158次全体会议上阐述和概括毛泽东"三句话"的内容和关系,指出"三句话"就是"备战、备荒、为人民"。从此,"备战、备荒、为人民"成为经济工作的一项重要方针。

8月1日至12日,党的八届十一中全会召开,通过《中国共产党中央委员会关于无产阶级文化大革命的决定》,"文化大革命"正式开始。

1966 年

7 月 24 日,中共中央、国务院发布《关于改革高等学校招生工作的通知》指出:"从今年起,招生工作下放到省市自治区办理";"高等学校招生,取消考试,采取推荐和选拔相结合的办法";"高等学校选拔新生,必须坚持政治第一的原则"。这标志着从 1952 年以来全国统一高考制度的取消。

1968 年

12 月 22 日,《人民日报》刊发毛主席语录:"知识青年到农村去,接受贫下中农的再教育,很有必要。"知识青年上山下乡运动由此进入高潮。1968 年当年在校的初中生和高中生(1966 年、1967 年、1968 年三届学生,后来被称为"老三届")全部奔赴农村。"文化大革命"中,上山下乡的知识青年总人数达到 1600 多万人,1/10 的城市人口转移到农村。

1969 年

8 月 27 日,中共中央、中央军委批转军委办事组《关于加强全国人民防空工作的报告》,决定成立全国人民防空领导小组和各省、市、自治区人民防空领导小组,全国各地特别是大中城市普遍开始大规模地构筑各种防空掩体。

1971 年

7 月 8 日,国务院转发卫生部等《关于做好计划生育工作的报告》,要求加强对计划生育工作的领导。

10 月 25 日,中华人民共和国在联合国大会的合法席位得到恢复,国际交往的外部环境得到改善。中国不失时机地开启对外贸易和对外开放的新的探索。

1972 年

2 月 5 日,中共中央、国务院批准国家计委《关于进口成套化纤、化肥技术设备的报告》。随后,国家计委进一步提出从国外进口43亿美元成套工业设备和单机的引进方案(简称"四三方案"),首次从西方国家大规模引进成套技术和设备,媒体称之为"与资本主义的第一次亲密接触"。

2月21日至28日,美国总统尼克松访问中国,中美双方在上海发表《联合公报》,中美两国关系正常化进程开始。

9月25日至29日,日本内阁总理大臣田中角荣应邀访问中国,谈判并解决中日邦交正常化问题,并先于美国与中国达成建交协议。为从日本引进成套设备和技术创造了条件。

12月10日,中共中央在转发国务院《关于粮食问题的报告》时,传达了毛泽东关于"深挖洞、广积粮、不称霸"的指示。从1972年起,国家财政专设了人防经费这一项,确定每年拨款4亿元搞人防建设。此外,国家要求地方每年自筹1亿元,集体企业自筹1亿元,结合民用建筑建防空地下室每年4亿元,都用于人防工程。

1973 年

7月16日,国务院成立计划生育领导小组,在计划生育宣传教育上提出"晚、稀、少"的口号。

9月8日至20日,国家建委城市建设局在合肥召开城市规划座谈会,讨论《关于加强城市规划工作的意见》《关于编制与审批城市规划工作的暂行规定》《城市规划居住区用地控制指标》三个文件。这次会议对开展城市规划工作是一次有力的推动。

1974 年

12月31日,中共中央转发上海市《关于上海开展计划生育和提倡晚婚晚育工作的情况报告》和河北省《关于召开全省计划生育工作会议的情况报告》,要求切实落实计划生育工作。

1975 年

1月17日,第四届全国人大第一次会议通过的《中华人民共和国宪法》删除了"居民有居住和迁徙的自由"的条款。

1977 年

7 月 16 日至 21 日,党的十届三中全会一致通过《关于恢复邓小平同志领导职务的决议》。

10 月 12 日,国务院批转《教育部关于一九七七年高等学校招生工作的意见》,被废弃的高考制度自此恢复。

11 月 1 日,国务院批转《公安部关于处理户口迁移的规定》,强调"严格控制市、镇人口,是党在社会主义时期的一项重要政策","从农村迁往市、镇,由农业户口转为非农业户口,从其他市迁往北京、上海、天津三市的,要严加控制"。从此,"农转非"一词开始流行开来。

1978 年

3 月 5 日,第五届全国人大第一次会议通过新的《中华人民共和国宪法》,仍然坚持取消了公民的居住和迁徙自由权。

3 月 11 日,国务院批准国家计委、建委等部门报告,决定从日本大规模引进成套设备与技术。

3 月 20 日,国家计委、建委下达《1978 年引进新技术和成套设备计划》(简称"78 亿计划"),计划覆盖的项目合同金额达 78 亿美元,超过1950—1977 年中国引进技术设备累计完成金额(65 亿美元)。

3 月,国务院在北京召开第三次全国城市工作会议。这次会议是城市建设历史性转折后的一个新起点。4 月 4 日,党中央批转了这次会议制定的《关于加强城市建设工作的意见》,强调了城市在国民经济发展中的重要地位和作用,提出了控制大城市规模、发展中小城镇的城市工作基本思路等城市工作的一系列方针、政策。

10 月 31 日至 12 月 10 日,国务院召开全国知识青年上山下乡工作会议,决定调整政策,在城市积极开辟新领域、新行业,为更多的城镇中学毕业生创造就业和升学条件,逐步缩小上山下乡的范围,有安置条件的城市不再动员下乡。会议标志着党和政府已经作出了逐步结束上山下乡的决策。

11月24日,安徽凤阳小岗村的18户农民为贫困所逼,在走投无路的情况下冒着坐牢的危险,在一纸分田到户的"秘密契约"上摁下手印,实行家庭联产承包责任制,揭开了我国农村改革的大幕。

12月18日至22日,中国共产党第十一届中央委员会第三次全体会议在北京举行,决定从1979年起,把全党工作重点转移到社会主义现代化建设上来的战略决策,开启了改革开放历史新时期。同时,会议把计划生育提到国策的高度。

1979 年

1月1日,中美建立正式外交关系,开启了中国与西方国家关系的新阶段。

4月30日,邓小平首次提出要开办"出口特区"。

6月18日至7月1日,第五届全国人民代表大会第二次会议提出"鼓励一对夫妇只生育一个孩子"。9月25日,中共中央发出《关于控制我国人口增长问题致全体共产党员、共青团员的公开信》,提倡一对夫妇只生育一个孩子。1980年第五届全国人民代表大会第三次会议通过的《中华人民共和国婚姻法》第十二条规定:"夫妻双方都有实行计划生育的义务。"1982年11月26日至12月10日,第五届全国人大五次会议通过的《中华人民共和国宪法》规定:国家推行计划生育。

7月8日,《中华人民共和国中外合资经营企业法》正式施行。1990年4月4日第一次修订的该法正式施行。2001年3月15日第二次修订的该法正式施行。2016年9月3日第三次修订的该法正式施行。

7月15日,中共中央、国务院批转广东省委、福建省委关于对外经济活动实行特殊政策和灵活措施的两个报告,同意在深圳、珠海、汕头和厦门试办出口特区。1980年5月16日,中共中央、国务院批转《广东、福建两省会议纪要》,正式将出口特区改称为经济特区。

1980 年

9月3日,公安部、粮食部、国家人事局联合颁布了《关于解决部分专业技术干部的农村家属迁往城镇由国家供应粮食问题的规定》,允许高级专业技术干部,有重大发明创造,在科研、技术以及专业工作上有特殊贡献的专业技术干部迁往城镇落户。"农转非"政策开始松动。

10月5日至15日,经国务院批准,国家建委在北京召开全国城市规划工作会议,会议纪要明确提出"控制大城市规模、合理发展中等城市、积极发展小城市"的城市发展基本方针。12月,国务院批转《全国城市规划工作会议纪要》。

12月26日,国家建委发布《城市规划编制审批暂行办法》和《城市规划定额指标暂行规定》,对城市规划的编制和审批程序进行了统一规范。适应新的形势,1991年9月3日、2005年12月31日,国家建设部门发布《城市规划编制办法》。其中,2005年版在规划的主体多元化、系统性、科学性,由技术文件转向公共政策和淡化城市设计等方面进行了创新。

1981 年

7月31日,国务院批准《关于在湖北省沙市市进行经济体制改革综合试点的报告》。沙市成为我国第一个进行经济体制改革综合试点的城市。

10月17日,中共中央、国务院作出《关于广开门路,搞活经济,解决城镇就业问题的若干决定》,指出在社会主义公有制经济占优势的根本前提下,实行多种经济形式和多种经营方式长期并存,是我党的一项战略决策,今后必须着重开辟在集体经济和个体经济中的就业渠道。1981年7月7日,国务院发布《关于城镇非农业个体经济若干政策性规定》,明确指出,个体经济是国营经济和集体经济的必要补充。

1982 年

1月2日,中共中央、国务院作出《关于国营工业企业进行全面整顿的决定》,指出要使企业的经济利益与企业生产经营成果好坏直接联系,把责、权、利三者统一起来。

5月4日,全国人民代表大会常务委员会第二十三次会议原则批准的《国家建设征用土地条例》规定:征用土地的审批权限、程序、各项补偿费的标准以及法律责任。

7月1日,以零时为普查标准时间,国家统计局进行第三次全国人口普查,普查所得城镇化率为20.6%。

9月1日至11日,在北京举行的中国共产党第十二次全国代表大会明确提出,建设有中国特色的社会主义。1987年10月,中国共产党第十三次全国代表大会提出了党在社会主义初级阶段的"一个中心,两个基本点"的基本路线,制定了到21世纪中叶分三步走、实现现代化的发展战略。

1983 年

2月8日,中共中央、国务院批准重庆市试行计划单列,重庆成为第一个计划单列市。随后武汉、沈阳、大连、哈尔滨、西安、广州、青岛、宁波、厦门、深圳、南京、成都、长春等市相继实行计划单列。1993年国务院决定撤销省会城市的计划单列,1994年计划单列市只剩6个,1997年3月重庆市升格为直辖市。目前,共有5个计划单列市:深圳、厦门、宁波、青岛和大连,其中深圳和厦门是经济特区。

9月21日,费孝通在南京"江苏省小城镇研究讨论会"上作《小城镇大问题》的主题发言,提出了"解决农村剩余劳动力问题要以小城镇为主,大中小城市为辅",并认为"加强小城镇建设是中国社会主义城市化的必由之路"。这引起了关于我国城镇化道路的讨论。

10月12日,中共中央、国务院发出《关于实行政社分开建立乡政府的通知》。到1985年5月撤社建乡工作完成,全国共建立乡(镇)政府91138个。

1984 年

1月1日,中共中央《关于一九八四年农村工作的通知》提出,"各省、自治区、直辖市可选若干集镇进行试点,允许务工、经商、办服务业的农民自理口粮到集镇落户",开始了我国小城镇户籍制度改革。

1月5日,国务院发布《城市规划条例》,规定:城市按照其市区和郊区的非农业人口总数划分为三级：大城市是指人口 50 万以上的城市；中等城市是指人口 20 万以上不足 50 万的城市；小城市是指人口不足 20 万的城市。这一城市规模等级划分被写入 1989 年颁布的《中华人民共和国城市规划法》。

3 月 1 日，中共中央、国务院转发农牧渔业部《关于开创社队企业新局面的报告》，同意将社队企业改称乡镇企业，并提出发展乡镇企业的若干政策。

5 月 4 日，中共中央、国务院批转《沿海部分城市座谈会纪要》，决定进一步开放大连、秦皇岛、天津、烟台、青岛、连云港、南通、上海、宁波、温州、福州、广州、湛江、北海 14 个沿海城市。1985 年后，国家陆续将长江三角洲、珠江三角洲、闽南三角地区、山东半岛、辽东半岛、河北、广西设为经济开放区，从而形成了沿海经济开放带。

5 月 8 日，国务院作出《关于环境保护工作的决定》，指出保护和改善生活环境和生态环境，防治污染和自然环境破坏，是我国社会主义现代化建设中的一项基本国策。

10 月 13 日，国务院发出《关于农民进入集镇落户问题的通知》，要求积极支持有经营能力和有技术专长的农民进入集镇经营工商业，并放宽其落户政策，发给"自理口粮户口本"，按照非农业人口统计，户籍改革迈出第一个小步。

10 月 20 日，党的十二届三中全会通过《中共中央关于经济体制改革的决定》，在提出社会主义经济是公有制基础上的有计划的商品经济的基础上，规定了以城市为重点的经济体制改革的任务、性质和各项方针政策。

11 月 22 日，国务院批转《民政部关于调整建镇标准的报告》，明确："凡县级地方国家机关所在地，均应设置镇的建制"；"总人口在二万以下的乡，乡政府驻地非农业人口超过二千的，可以建镇；总人口在二万以上的乡，乡政府驻地非农业人口占全乡人口 10% 以上的，也可以建镇"。

1985 年

1 月 1 日，中共中央、国务院发布《关于进一步活跃农村经济的十项政策》,提出:"在各级政府统一管理下,允许农民进城开店设坊,兴办服务业,提供各种劳务。"

2月18日,中共中央、国务院批转《长江、珠江三角洲和闽南厦漳泉三角地区座谈会纪要》,决定将长江三角洲、珠江三角洲和闽南厦漳泉三角地区设为沿海经济开放区。

3月21日,国务院发出通知,从当年起,实行"划分税种、核定收支、分级包干"的财政管理体制。

7月13日,公安部颁发《关于城镇暂住人口管理的暂行规定》,对1958年《户口登记条例》中关于超过三个月以上的暂住人口要办理迁移手续或返回常住地的条款做了实质性的改动,确立与城镇户口相衔接的流动人口管理制度,使农民工流动有了具体法规和政策依据,农民工的转移和流动进入增长期。到1988年年初,进城务工的农民工已达2000多万人。

9月23日,中国共产党全国代表会议通过《中共中央关于制定国民经济和社会发展第七个五年计划的建议》。1986年4月12日,六届全国人大四次会议批准《中华人民共和国国民经济和社会发展第七个五年计划》。第一次将全国划分东、中、西部,并专辟"城乡建设"一章规划中国的城镇化发展。

1986 年

4月19日,国务院批转《民政部关于调整设市标准和市领导县条件的报告》规定:非农业人口六万以上,GDP 二亿元以上的镇,或非农业人口不足六万、GDP 不足二亿元,但为少数民族地区和边远地区的重要城镇、重要工矿科研基地、著名风景名胜区、交通枢纽、边境口岸,可设市制;总人口五十万以下的县,县政府驻地所在镇的非农业人口十万以上、常住人口中农业人口不超过40%、GDP 三亿元以上,可以设市撤县;总人口五十万以上的县,县政府驻地所在镇的非农业人口在十二万以上、GDP 四亿元以上,可以设市撤县;自治州政府或地区(盟)行政公署驻地所在镇,非农业人口虽然不足十万、GDP 不足三亿元,如确有必要,可以设市撤县。

6 月 25 日,第六届全国人大常委会第十六次会议通过的《土地管理法》规定"国家为了公共利益的需要,可以依法对集体所有的土地实行征用",土地补偿费和安置补助费的总和不得超过土地被征用前三年平均年产值的 20 倍。

1987 年

7 月 1 日,深圳市政府提出以土地所有权与使用权分离为指导思想的改革方案,明确土地使用权可以作为商品转让、租赁、买卖。9 月 8 日,深圳市以协商议标形式出让有偿使用的第一块国有土地使用权;9 月 11 日,以招标形式出让第二块国有土地使用权;12 月 1 日,又以拍卖形式出让第三块国有土地使用权。深圳市的土地使用制度创新拉开了我国土地使用体制重大改革的序幕,奠定了我国土地使用制度改革的基石,直接促成了《中华人民共和国宪法》相关条款的修改。

1988 年

2 月 25 日,国务院印发《关于在全国城镇分期分批推行住房制度改革的实施方案》,决定从 1988 年起,用三五年的时间,在全国城镇分期分批把住房制度改革推开。

3 月 18 日,国务院发出《关于扩大沿海经济开放区范围的通知》,决定将 140 个市、县,包括杭州、南京、沈阳 3 个省会城市划入沿海经济开放区。此后,国务院又相继决定开放了一批沿江、沿边、内陆和省会城市,形成了多层次、多渠道、全方位开放格局。

3 月 25 日至 4 月 13 日,第七届全国人大第一次会议举行。会议通过的宪法修正案将"国家允许私营经济在法律规定的范围内存在和发展。私营经济是社会主义公有制经济的补充。国家保护私营经济的合法的权利和利益,对私营经济实行引导、监督和管理"以及"土地的使用权可以依照法律的规定转让"等规定载入《宪法》。决定设立海南省、建立海南岛经济特区。

5月10日,经国务院正式批准,我国第一个高新技术产业开发试验区——北京市新技术产业开发试验区成立。1992年5月,该试验区被国家科委、国家体改委正式确定为全国高新技术产业开发区综合改革试点区。1999年8月,更名为中关村科技园区。

9月12日,邓小平提出"两个大局"思想,即:沿海地区要加快对外开放,使这个拥有两亿人口的广大地带较快地先发展起来,从而带动内地更好地发展,这是一个事关大局的问题。内地要顾全这个大局。反过来,发展到一定的时候,又要求沿海拿出更多力量来帮助内地发展,这也是个大局。那时沿海也要服从这个大局。

12月29日,《〈中华人民共和国土地管理法〉修正案》颁布,规定"国有土地和集体所有的土地的使用权可以依法转让";"国家依法实行国有土地有偿使用制度"。

1989 年

3月,《国务院办公厅关于严格控制民工外出的紧急通知》指出,"春节过后,四川、河南、湖北、山东、陕西、江苏、浙江、安徽等省的民工大量集中去西北、东北和广东等地区,致使铁路客流暴涨,一些铁路干线、车站旅客积压、列车严重超员,给铁路运输造成了极大的压力。一些民工到达上述地区后,因找不到工作而流落街头,生活十分困难;大量民工涌入这些地区,也给当地社会治安造成了混乱",要求严格控制民工外出。

10月31日,国务院出台《关于严格控制"农转非"过快增长的通知》,把"农转非"纳入国民经济与社会发展计划,实行计划管理,以抑制城镇人口过快增长。1984—1990年,有近500万农民进城落户,超过了财政、粮食、就业以及城市基础设施等方面的承受能力,给当时的城市管理带来相当大的挑战和压力。

12月26日,第七届全国人大常委会第十一次会议通过我国在城市规划、城市建设和城市管理方面的第一部法律《中华人民共和国城市规划法》,第一次以法律形式确立城市发展方针和规模等级划分,即:"国家实行严格控制大城市规模、合理发展中等城市和小城市的方针,促进生产力和人口的合理布局。大城市是指市区和近郊区非农业人口 50 万以上的城市。中等城市是指市区和近郊区非农业人口 20 万以上、不满 50 万的城市。小城市是指市区和近郊区非农业人口不满 20 万的城市。"

1990 年

3月，第七届全国人大第三次会议通过《政府工作报告》，提出要推进一些重大改革的试点，包括深化计划单列城市和其他一些城市的综合改革试点，继续开展县级综合改革试点和办好农村改革试验区。积极稳妥地推进住房制度和社会保障制度的改革。

4月4日，第七届全国人大第三次会议通过《中华人民共和国香港特别行政区基本法》《全国人民代表大会关于〈中华人民共和国香港特别行政区基本法〉的决定》《全国人民代表大会关于设立香港特别行政区的决定》。1997年6月30日午夜至7月1日凌晨，中国政府对香港恢复行使主权，中华人民共和国香港特别行政区成立。

4月12日，中共中央政治局会议原则通过国务院提交的浦东开发开放方案。

4月18日，中共中央、国务院同意上海市加快浦东地区的开发，在浦东实行经济技术开发区和某些经济特区的政策。政府决定进一步开放一批长江沿岸城市，形成以浦东为龙头的长江开放带。

7月1日，以零时为普查登记标准时间，国家统计局开展第四次全国人口普查，普查采用了城乡划分的新标准，得到的城镇化率为 26.23%。

9月1日，沈大高速公路(沈阳至大连)正式通车。截至 2018 年年底，全国高速公路通车里程达万公里。

11月26日，上海证券交易所正式成立。12月19日，上海证券交易所正式开业。1991年7月3日，深圳证券交易所正式开业。

12月30日，党的十三届七中全会通过《中共中央关于制定国民经济和社会发展十年规划和"八五"计划的建议》，把优势互补、协调发展作为地区经济发展和生产力布局必须执行的基本原则和方针之一。

1991 年

3 月 6 日,国务院发出《关于批准国家高新技术产业开发区和有关政策规定的通知》,决定继 1988 年批准北京市新技术产业开发试验区之后,在各地已建立的高新技术产业开发区中,再选定武汉东湖新技术开发区等 26 个开发区作为国家高新技术产业开发区。

4 月 9 日,第七届全国人大第四次会议通过《国民经济和社会发展十年规划和第八个五年计划纲要》,在坚持执行优势互补、协调发展原则的同时,强调"坚持实行严格控制大城市规模、合理发展中等城市和小城市的方针,有计划地推进我国城镇化进程"。

1992 年

5 月 4 日,经国务院办公厅同意,公安部下发了《关于坚决制止公开出卖非农业户口错识做法的紧急通知》,要求制止各地卖户口的行为。

8 月,公安部发布《关于实行当地有效城镇居民户口制度的通知》,决定在小城镇、经济特区、经济技术开发区、高新技术产业开发区实行当地有效城镇居民户口制度。"蓝印户口"在天津、上海、深圳、广州等开始实行。

10 月 12 日至 18 日,中国共产党第十四次全国代表大会确定我国经济体制改革的目标是建立社会主义市场经济体制,提出用邓小平同志建设有中国特色社会主义的理论武装全党。大会通过《中国共产党章程(修正案)》,将邓小平同志建设有中国特色社会主义的理论和党在社会主义初级阶段的基本路线写入党章。

1993 年

2 月 15 日,国务院发布《关于加快粮食流通体制改革的通知》,各地相继取消了城镇口粮定量供应制度。至此,长期以来实行的票证制度退出历史舞台。

3 月 31 日,第八届全国人大第一次会议通过《中华人民共和国澳门特别行政区基本法》《全国人民代表大会关于〈中华人民共和国澳门特别行政区基本法〉的决定》《全国人民代表大会关于设立中华人民共和国澳门特别行政区的决定》。1999 年 12 月 19 日午夜至 20 日凌晨,中国政府对澳门恢复行使主权,中华人民共和国澳门特别行政区成立。

5 月 17 日,国务院批转民政部《关于调整设市标准的报告》,该报告规定:每平方公里人口 400 人,总人口中从事非农产业的人口不低于 30% 并不少于 15 万人,达到一定财经指标,县政府驻地所在镇非农产业人口不低于 12 万人且非农业户籍人口不低于 8 万人的县,可设市撤县;每平方公里人口 100 人至 400 人,总人口中从事非农产业人口不低于 25% 并不少 12 万人,达到一定财经指标,县政府驻地所在镇非农产业的人口不低于 10 万人且非农业户口人口不低于 7 万人的县,可设市撤县;每平方公里人口 100 人以下,总人口中从事非农产业人口不低于 20% 并不少于 10 万人,达到一定财经指标,县政府驻地所在镇非农产业人口不低于 8 万人且非农业户口人口不低于 6 万人的县,可设市撤县;非农业人口不低于 10 万人且非农业户口人口不低于 8 万人,经济发达并达到一定财经指标的中心镇,可撤镇设市。市区非农产业人口 25 万人以上,其中市政府驻地非农业户口人口 20 万人以上,达到一定财经指标的,已成为若干市县范围内中心城市的县级市,可升格为地级市。1997 年国务院作出"暂停审批县改市"的决定。

6 月,户籍制度改革文件起草小组完成《国务院关于户籍制度改革的决定》,拟废除农业户口与非农业户口的划分,并建立以常住户口、暂住户口、寄住户口三种户口形式为基础,以居住地登记、迁徙和暂住规定等为内容,以居民身份证、公民出生证为证件管理主体的新型户籍管理制度。该方案未能颁布实行。

10 月,建设部召开全国村镇建设工作会议,确定了以小城镇建设为重点的村镇建设工作方针,提出到 20 世纪末我国小城镇建设发展目标。会后经国务院原则同意,建设部等 6 个部委联合发出了《关于加强小城镇建设的若干意见》。

11 月 14 日,党的十四届三中全会通过《中共中央关于建立社会主义市场经济体制若干问题的决定》,提出引导乡镇企业适当集中,充分利用和改造现有小城镇,建设新的小城镇。逐步改革小城镇的户籍管理制度,允许农民进入小城镇务工经商,发展农村第三产业,促进农村剩余劳动力的转移。

1994 年

7月18日,国务院印发《关于深化城镇住房制度改革的决定》,住房供应管理逐步由单位化向社会化、专业化改变。

1995 年

4月,国家体改委等11部委联合发布《小城镇综合改革试点指导意见》。

9月28日,党的十四届五中全会通过《中共中央关于制定国民经济和社会发展"九五"计划和2010年远景目标的建议》,首次明确必须贯彻把坚持区域经济协调发展、逐步缩小地区发展差距的方针。同日,江泽民在党的十四届五中全会闭幕会上讲话,系统阐述了社会主义现代化建设中的12个重大关系,强调解决地区发展差距,坚持区域经济协调发展,是今后改革和发展的一项战略任务。

1996 年

3月17日,第八届全国人大第四次会议批准《中华人民共和国国民经济和社会发展"九五"计划和2010年远景目标纲要》,在坚持区域协调发展方针的同时,提出"发展乡镇企业宜相对集中,并与小城镇建设结合起来。要积极引导农业剩余劳动力有序转移"。截至1996年年底,中国城镇化率突破30%,进入城镇化快速发展阶段。

1997 年

4月15日,中共中央、国务院印发《关于进一步加强土地管理切实保护耕地的通知》,国家正式确立土地用途管理制度。2006年7月13日,国务院办公厅印发《关于建立国家土地督察制度有关问题的通知》,正式建立国家土地督察制度。

6月10日,国务院批转公安部《小城镇户籍管理制度改革试点方案》和《关于完善农村户籍管理制度的意见》,"允许已经在小城镇就业、居住并符合一定条件的农村人口在小城镇办理城镇常住户口,以促进农村剩余劳动力就近、有序地向小城镇转移,促进小城镇和农村的全面发展,维护社会稳定。同时,继续严格控制大中城市特别是北京、天津、上海等特大城市人口的机械增长"。

9月2日,国务院发出《关于在全国建立城市居民最低生活保障制度的通知》。

1998 年

7月3日,国务院印发《关于进一步深化城镇住房制度改革加快住房建设的通知》,提出停止住房实物分配,逐步实行住房分配货币化。

7月22日,国务院批转公安部《关于解决当前户口管理工作中几个突出问题意见的通知》规定,实行婴儿落户随父随母自愿的政策,并放宽解决分居夫妻、父母投靠子女以及在城市投资、兴办实业、购买商品房的公民及随其共同居住的直系亲属落户城市的条件。

10月14日,党的十五届三中全会通过的《中共中央关于农业和农村工作若干重大问题的决定》提出,到2010年建设有中国特色社会主义新农村的奋斗目标,强调发展小城镇是带动农村经济和社会发展的一个大战略,要求进一步改革小城镇户籍管理制度。

12月14日,国务院作出《关于建立城镇职工基本医疗保险制度的决定》。

1999 年

6月17日,江泽民在西安主持召开国有企业改革和发展座谈会时讲话指出,实施西部大开发是一项振兴中华的宏伟战略任务。2000年10月26日,国务院发出《关于实施西部大开发若干政策措施的通知》。

12月6日,国家统计局发布《关于统计上划分城乡的规定(试行)》,规定:城镇即在我国市镇建制和行政区划基础上划定的城市和镇。其中,城市即经国务院批准设市建制的城市市区,包括设区市的市区和不设区市的市区;镇即经批准设立的建制镇的镇区;设区市的市区指人口密度在1500人/平方公里及以上的市辖区,人口密度不足1500人/平方公里市辖区的人民政府驻地和区辖其他街道办事处地域,市辖区人民政府驻地的城区建设延伸到的建制镇(乡)全部行政区域。不设区市的市区指市人民政府驻地和市辖其他街道办事处地域以及市人民政府驻地城区建设已延伸到的建制镇(乡)全部地域;镇区包括镇人民政府驻地和镇辖其他居委会地域、镇人民政府驻地城区建设已延伸到的村民委员会全部区域。另外,常住人口在3000人以上的独立的工矿区、开发区、旅游区、科研单位、大专院校等特殊地区视为镇区。

2000 年

6月13日,中共中央、国务院《关于促进小城镇健康发展的若干意见》要求,改革小城镇户籍管理制度。为鼓励农民进入小城镇,从2000年起,"凡在县级市市区、县人民政府驻地镇及县以下小城镇有合法固定住所、稳定职业或生活来源的农民,均可根据本人意愿转为城镇户口,并在子女入学、参军、就业等方面享受与城镇居民同等待遇"[1]。

10月11日,党的十五届五中全会通过《中共中央关于制定国民经济和社会发展第十个五年计划的建议》,提出实施城镇化战略,走符合我国国情、大中小城市和小城镇协调发展的多样化城镇化道路,打破城乡分割体制,逐步建立市场经济体制下的新型城乡关系。2001年3月15日,第九届全国人大第四次会议批准《中华人民共和国国民经济和社会发展第十个五年计划纲要》。

11月1日,以零时为普查标准时间,国家统计局开展第五次全国人

---

[1] 中共中央文献研究室编:《十五大以来重要文献选编》,人民出版社2001年版,第1296页。

口普查工作。按照《关于统计上划分城乡的规定（试行）》，普查结果表明，我国城镇化率为36.09%。

2001 年

3月30日，国务院批转公安部《关于推进小城镇户籍管理制度改革的意见》，规定凡在县级市市区、县人民政府驻地镇及其他建制镇有合法固定的住所、稳定的职业或生活来源的人员及与其共同居住生活的直系亲属，均可根据本人意愿办理城镇常住户口。

8月7日，国务院发布《国民经济和社会发展第十个五年计划城镇化发展重点专项规划》。

11月10日，在卡塔尔首都多哈举行的世界贸易组织第四届部长级会议以全体协商一致的方式，审议并通过中国加入世界贸易组织的决定。12月11日，中国正式成为世界贸易组织成员，中国对外开放进入新的阶段。

2002 年

7月4日，西气东输一线工程（新疆轮南至上海）开工典礼举行。此后又建设了西气东输二线工程、三线工程。

7月19日，民政部宣布，中国1930.8万符合低保条件的城市困难居民已被全部纳入最低生活保障体系，初步实现了应保尽保目标。

11月14日，中国共产党第十六次全国代表大会通过《全面建设小康社会　开创中国特色社会主义事业新局面》报告，提出21世纪前20年是一个必须紧紧抓住并且可以大有作为的重要战略机遇期和全面建设小康社会的奋斗目标。通过关于《中国共产党章程（修正案）》的决议，把"三个代表"重要思想确立为党的指导思想并载入党章。

12月27日，南水北调工程开工典礼在北京人民大会堂和江苏省、山东省施工现场同时举行。2013年11月15日，南水北调东线一期工程正式通水运行。

2003 年

1月7日至8日,中央农村工作会议召开。胡锦涛发表讲话指出,必须统筹城乡经济社会发展,把解决好农业、农村和农民问题作为全党工作的重中之重,放在更加突出的位置;要坚持"多予、少取、放活"的方针,发挥城市对农村带动作用,实现城乡经济社会一体化发展。

1月16日,中共中央、国务院发出《关于做好农业和农村工作的意见》。

3月9日,胡锦涛在中央人口资源环境工作座谈会上指出,要加快转变经济增长方式,将循环经济的发展理念贯穿到区域经济发展、城乡建设和产品生产之中,使资源得到最有效的利用。

3月17日,在广州就业的湖北公民孙志刚因未随身携带暂住证而被强制收容,3日后死于广州一家收容人员救治站。"孙志刚事件"引发社会对收容遣送制度的广泛质疑。8月1日,国务院实施《城市生活无着的流浪乞讨人员救助管理办法》,废止了1982年颁布的《城市流浪乞讨人员收容遣送办法》。

春天,我国遭遇一场过去从未出现过的非典型肺炎重大疫情。全党全国人民在党中央、国务院的坚强领导下,夺取了防治"非典"工作的重大胜利。经此考验,我国健康城市规划建设以及预防应对突发公共危机的能力显著增强。

6月29日,中央政府与香港特别行政区政府签署《内地与香港关于建立更紧密经贸关系的安排》。

10月5日,中共中央、国务院发出《关于实施东北地区等老工业基地振兴战略的若干意见》。

10月14日,党的十六届三中全会通过《中共中央关于完善社会主义市场经济体制若干问题的决定》,要求建立有利于逐步改变城乡二元经济结构的体制,形成促进区域经济协调发展的机制,逐步建立城乡统一的劳动力市场和公平竞争的就业制度,依法保障进城务工人员的权益,在城市有稳定职业和住所的农业人口,可按当地规定在就业地或居住地登记户籍,并依法享有当地居民应有的权利,承担应尽的义务。

10月17日,中央政府与澳门特别行政区政府签署《内地与澳门关于建立更紧密经贸关系的安排》。

2004 年

7月15日,《南方周末》报道,中国遭遇20年来首次"民工荒",福建、广东、浙江等地企业春节复工后普遍招不到工人,技术工人尤其短缺,劳动市场上的供需关系开始发生变化,劳动力无限供给的现象至此已成过去。

8月28日,《中华人民共和国土地管理法》(第二次修正)颁布。第二条第四款修改为"国家为了公共利益的需要,可以依法对土地实行征收或者征用并给予补偿"。第四十五条、第四十六条、第四十七条、第四十九条、第五十一条、第七十八条、第七十九条中的"征用"均修改为"征收"。

9月16日至19日,在北京举行的党的十六届四中全会首次提出了构建社会主义和谐社会的历史任务。

12月5日,中央经济工作会议提出,我国现在总体上已到了以工促农、以城带乡的发展阶段。

12月31日,中共中央、国务院印发《关于促进农民增加收入若干政策的意见》,指出,要牢固树立科学发展观,按照统筹城乡经济社会发展的要求,坚持"多予、少取、放活"的方针。

2005 年

10月11日,党的十六届五中全会通过《中共中央关于制定国民经济和社会发展第十一个五年规划的建议》,明确提出在继续推进西部大开发、振兴东北地区、促进中部地区崛起、鼓励东部地区率先发展的同时,要求按照优化开发、重点开发、限制开发和禁止开发对不同区域功能定位,健全市场、合作、互助、扶持四大机制。在坚持大中小城市和小城镇协调发展的同时,促进城市群发展。这是首次在中央文件中提出"城市群"

概念。

同日,胡锦涛在党的十六届五中全会上指出,要自觉顺应以工促农、以城带乡的发展阶段,实行"工业反哺农业、城市支持农村"的方针。

12月23日,中共中央、国务院印发《关于深化文化体制改革的若干意见》。从此,我国主要城市开始高度重视发展文化创意产业。2004—2014年,文化部先后命名了五批266家国家文化产业示范基地、五批10家国家级文化产业示范园区和三批12家国家级文化产业试验园区。

12月31日,中共中央、国务院发出《关于推进社会主义新农村建设的若干意见》,提出:"生产发展、生活宽裕、乡风文明、村容整洁、管理民主"是社会主义新农村建设的要求。

2006 年

1月26日,中共中央、国务院作出《关于实施科技规划纲要 增强自主创新能力的决定》,提出增强自主创新能力,努力建设创新型国家。从此,深圳、北京、广州等城市开始提出并明确创新型城市的目标。2008年深圳成为首个国家创新型城市试点。截至2018年,全国已有78个城市(区)入选国家创新型城市(区)试点。

1月31日,国务院印发《关于解决农民工问题的若干意见》,指出要逐步建立城乡统一的劳动力市场和公平竞争的就业制度,保障农民工合法权益的政策体系和执法监督机制,惠及农民工的城乡公共服务体制和制度。

4月15日,中共中央、国务院印发《关于促进中部地区崛起的若干意见》,明确了中部地区全国重要粮食生产基地、能源原材料基地、现代装备制造及高技术产业基地和综合交通运输枢纽的定位,简称"三基地、一枢纽"。

10月11日,党的十六届六中全会通过《关于构建社会主义和谐社会若干重大问题的决定》,指出社会和谐是中国特色社会主义的本质属性,强调推动社会建设与经济建设、政治建设、文化建设协调发展。

2007 年

6 月 7 日,经国务院同意,国家发展和改革委员会发出《关于批准重庆市和成都市设立全国统筹城乡综合配套改革试验区的通知》。

7 月 10 日,国务院印发《关于开展城镇居民基本医疗保险试点的指导意见》,旨在逐步建立以大病统筹为主的城镇居民基本医疗保险制度。

7 月 26 日,国务院发布《关于编制全国主体功能区规划的意见》,全国国土空间将被统一划分为优化开发、重点开发、限制开发和禁止开发四大类主体功能区。

8 月 7 日,国务院发出《关于解决城市低收入家庭住房困难的若干意见》,要求以城市低收入家庭为对象,进一步建立健全城市廉租住房制度,改进和规范经济适用住房制度,加大棚户区、旧住宅区改造力度。

10 月 28 日,《中华人民共和国城乡规划法》颁布。该法取消了"控制大城市规模"的规定,对加强城乡规划管理、协调城乡空间布局、改善人居环境、促进城乡经济社会全面协调可持续发展起到了重大的指导规范作用。

2008 年

4 月 22 日,国务院发布《历史文化名城名镇名村保护条例》。

7 月 12 日,国家统计局发布《统计上划分城乡的规定》,规定:城镇包括城区和镇区;城区是指在市辖区和不设区的市,区、市政府驻地的实际建设连接到的居民委员会和其他区域;镇区是指在城区以外的县人民政府驻地和其他镇,政府驻地的实际建设连接到的居民委员会和其他区域。与政府驻地的实际建设不连接,且常住人口在 3000 人以上的独立的工矿区、开发区、科研单位、大专院校等特殊区域及农场、林场的场部驻地视为镇区。

8 月 1 日,我国第一条拥有完全自主知识产权、具有世界一流水平的高速铁路——京津城际铁路通车运营。至 2018 年年底,我国高速铁路营业里程达到 2.9 万公里。

8月8日至24日、9月6日至17日,第 29 届奥运会、第 13 届残奥会先后在北京成功举办。这是我国首次举办奥运会、残奥会。

10月7日,中共中央政治局常委会会议专题听取有关国际金融危机情况和应采取应对措施的汇报。11 月 5 日,国务院召开常务会议,研究部署进一步扩大内需促进经济平稳较快增长的措施,决定实行积极的财政政策和适度宽松的货币政策,确定进一步扩大内需促进经济平稳较快增长的十项措施,到 2010 年年底约投资 4 万亿元人民币。这大大促进了城镇化基础设施建设。

10月12日,党的十七届三中全会通过的《中共中央关于推进农村改革发展若干重大问题的决定》指出,健全严格规范的农村土地管理制度,搞好农村土地确权、登记、颁证工作。

10月13日,全国首家综合性农村产权交易所在成都诞生。

11月17日,《重庆农村土地交易所管理暂行办法》发布,确定重庆农村集体土地使用权或承包经营权交易、建设用地挂钩指标交易均通过农村土地交易所进行。12 月 4 日,重庆农村土地交易所挂牌,该交易所以"地票"作为主要交易标的,并于当天开始第一场地票拍卖,中国的地票交易制度诞生。

12月15日,海峡两岸分别在北京、天津、上海、福州、深圳以及台北、高雄、基隆等城市同时举行海上直航、空中直航以及直接通邮的启动和庆祝仪式。

12月31日,国务院批复《珠江三角洲地区改革发展规划纲要(2008—2020 年)》,指出:要在促进环珠三角洲和泛珠三角洲区域的经济发展、推进粤港澳三地更加紧密合作、保持港澳地区长期繁荣稳定、参与亚太地区区域合作和全球经济竞争等方面,进一步发挥辐射带动作用和先行示范作用。

2009 年

3月13日,国务院批复同意建设中关村国家自主创新示范区,要求把中关村建设成为具有全球影响力的科技创新中心。先后批复武汉东湖、上海张江、深圳、苏南、长株潭、天津、成都、西安、杭州、珠三角等共计20个国家自主创新示范区。

3月17日,中共中央、国务院印发《关于深化医药卫生体制改革的意见》,指出,实行政事分开、管办分开、医药分开、营利性和非营利性分开,建设覆盖城乡居民的基本医疗卫生制度。

4月8日,国务院常务会议决定在上海市和广东省广州、深圳、珠海、东莞四市开展跨境贸易人民币结算试点。至2011年8月,跨境贸易人民币结算境内地域范围扩大至全国。

9月1日,国务院印发《关于开展新型农村社会养老保险试点的指导意见》。2011年6月7日,国务院印发《关于开展城镇居民社会养老保险试点的指导意见》。至2012年7月1日,我国基本实现社会养老保险制度全覆盖。

12月31日,国务院印发《关于推进海南国际旅游岛建设发展的若干意见》。2016年8月8日,国务院批复《平潭国际旅游岛建设方案》。

2010 年

3月14日,第十一届全国人大第三次会议通过《关于修改〈中华人民共和国全国人民代表大会和地方各级人民代表大会选举法〉的决定》。由此,全国实行城乡按相同人口比例选举人大代表。

4月30日,2010年上海世界博览会举行开幕式。这是中国首次举办的综合性世界博览会。10月31日,上海世界博览会闭幕。

5月27日,国务院批转国家发改委《关于2010年深化经济体制改革重点工作的意见》,提出:要深化户籍制度改革,加快落实放宽中小城市、小城镇特别是县城和中心镇落户条件的政策。进一步完善暂住人口登记制度,逐步在全国范围内实行居住证制度。

6月,国土资源部在全国选择11个城市,正式启动新一轮征地制度改革试点。试点的主要内容包括三方面:一是区分公益性和非公益性用地,缩小征地范围;二是完善征地补偿安置机制;三是改进农用地转用与征收审批方式。

7月19日,经国务院领导同意,国家发展改革委印发《关于开展低碳省区和低碳城市试点工作的通知》,确定首先在广东、辽宁、湖北、陕西、云南五省和天津、重庆、深圳、厦门、杭州、南昌、贵阳、保定八市开展试点工作。2012年11月26日国家发展改革委印发了《关于开展第二批国家低碳省区和低碳城市试点工作的通知》,确立了包括北京、上海、海南和石家庄等29个城市和省区成为我国第二批低碳试点。2017年1月7日,印发《国家发展改革委关于开展第三批国家低碳城市试点工作的通知》,确定在内蒙古自治区乌海市等45个城市(区、县)开展第三批低碳城市试点。

8月31日,国务院发布《关于中西部地区承接产业转移的指导意见》。产业转移战略的实施对于扩大中西部就业和平衡东、中、西部城镇化格局具有重要促进作用。

10月18日,党的十七届五中全会通过《中共中央关于制定国民经济和社会发展第十二个五年规划的建议》,提出:积极稳妥推进城镇化,以大城市为依托,以中小城市为重点,逐步形成辐射作用大的城市群,促进大中小城市和小城镇协调发展;稳步推进农业转移人口转为城镇居民,对暂时不具备在城镇落户条件的农民工,要改善公共服务,加强权益保护。2011年3月14日,第十一届全国人大第四次会议批准《中华人民共和国国民经济和社会发展第十二个五年规划纲要》。

11月1日,以零时为标准时点进行第六次全国人口普查,普查得到的城镇化率为49.68%。

11月9日,成都市发布《关于全域成都城乡统一户籍实现居民自由迁徙的意见》,提出于2012年实现全面城乡统一户籍,民众可自由迁徙,并享有平等的基本公共服务和社会福利。

12月21日,国务院印发《全国主体功能区规划》对城镇化总体布局做了安排,提出了"两横(陆桥通道、沿长江通道横轴)三纵(沿海、京哈京广、包昆通道纵轴)"的城市化战略格局。这是新中国成立以来第一个全国性国土空间开发规划。2015年8月1日,国务院印发《全国海洋主体功能区规划》。

2011 年

2 月 26 日，《国务院办公厅关于积极稳妥推进户籍管理制度改革的通知》要求，继续坚定地推进户籍管理制度改革，分类明确户口迁移政策，落实放宽中小城市和小城镇落户条件的政策，引导非农产业和农村人口有序向中小城市和建制镇转移，逐步实现城乡基本公共服务均等化。

2011 年，我国城市人口首次超过农村人口。

2012 年

7 月 4 日，人力资源和社会保障部发布《关于开展新型农村和城镇居民社会养老保险制度全覆盖集中宣传工作的通知》。

7 月 6 日，胡锦涛在全国科技创新大会上指出，必须把创新驱动发展作为面向未来的一项重大战略，一以贯之、长期坚持，推动科技实力、经济实力、综合国力实现新的重大跨越。

7 月 24 日，海南省三沙市成立。

11 月 14 日，中国共产党第十八次全国代表大会提出坚持走中国特色新型工业化、信息化、城镇化、农业现代化道路，促进工业化、信息化、城镇化、农业现代化同步发展；通过《中国共产党章程（修正案）》，把科学发展观确立为党的行动指南并载入党章。

11 月 15 日，党的十八届一中全会选举习近平为中央委员会总书记。习近平在中共十八届中央政治局常委同中外记者见面时指出，人民对美好生活的向往，就是我们的奋斗目标。

11 月 29 日，习近平总书记在国家博物馆参观《复兴之路》展览时指出，实现中华民族伟大复兴，就是中华民族近代以来最伟大的梦想。现在，我们比历史上任何时期都更接近中华民族伟大复兴的目标，比历史上任何时期都更有信心、有能力实现这个目标。

12 月 5 日，住建部发布关于开展国家智慧城市试点工作的通知，并印发了《国家智慧城市试点暂行管理办法》和《国家智慧城市（区、镇）试点指标体系（试行）》两个文件。自2013年1月29日以来，已公布三批共290个国家智慧城市试点名单。

2013 年

3月5日,时任国家总理温家宝在《政府工作报告》中提出,加快推进户籍制度、社会管理体制和相关制度改革,有序推进农业转移人口市民化,逐步实现城镇基本公共服务覆盖常住人口,为人们自由迁徙、安居乐业创造公平的制度环境。

3月25日,国务院办公厅印发《关于做好城市排水防涝设施建设工作的通知》。9月6日,国务院印发《关于加强城市基础设施建设的意见》,要求围绕新型城镇化部署,提升城市基础设施建设和管理水平,推进基础设施建设投融资体制和运营机制改革,抓好重点基础设施项目建设。2015年10月11日,国务院办公厅印发《关于推进海绵城市建设的指导意见》。

8月17日,国务院正式批准设立中国（上海）自由贸易试验区。截至2018年,自贸试验区试点由上海逐步扩大至广东、天津、福建、辽宁、浙江、河南、湖北、重庆、四川、陕西、海南等地。

8月,习近平总书记在北戴河主持会议研究河北发展问题时提出推动京津冀协同发展。2014年2月26日,习近平总书记主持召开座谈会听取京津冀协同发展专题汇报,明确提出实现京津冀协同发展是一个重大国家战略。2015年6月9日,中共中央、国务院印发《京津冀协同发展规划纲要》。

9月7日,习近平主席在哈萨克斯坦纳扎尔巴耶夫大学发表演讲时提出"丝绸之路经济带"。10月3日在印度尼西亚国会发表演讲时提出"21世纪海上丝绸之路"。"丝绸之路经济带"和"21世纪海上丝绸之路"合作倡议,简称"一带一路"倡议。

11月12日,党的十八届三中全会通过的《中共中央关于全面深化改革若干重大问题的决定》指出:"处理好政府和市场的关系,使市场在资源配置中起决定性作用和更好发挥政府作用"①,"坚持走中国特色新型城镇化道路,推进以人为核心的城镇化,推动大中小城市和小城镇协调发展、产业和城镇融合发展,促进城镇化和新农村建设协调推进。优化城市空间结构和管理格局,增强城市综合承载能力"②。

12月12日至13日,首次中央城镇化工作会议在北京召开。会议指出,城镇化是现代化的必由之路,坚持以人为本、优化布局、生态文明、传承文化的基本原则,走中国特色、科学发展的新型城镇化道路,核心是以人为本,关键是提升质量,与工业化、信息化、农业现代化同步推进。

12月21日,中共中央、国务院印发《关于调整完善生育政策的意见》,提出全面两孩的政策。2015年12月31日,中共中央、国务院印发《关于实施全面两孩政策改革完善计划生育服务管理的决定》。2016年1月1日,修改后的《中华人民共和国人口与计划生育法》正式实施,明确国家提倡一对夫妻生育两个子女。

2014 年

3月12日,中共中央、国务院印发《国家新型城镇化规划(2014—2020年)》,首次提出"培育形成通勤高效、一体发展的都市圈"之后。2016年,《国务院关于深入推进新型城镇化建设的若干意见》要求构建核心城市1小时通勤圈。《中华人民共和国国民经济和社会发展第十三个五年规划纲要》提出"超大城市和特大城市要……强化与周边城镇高效通勤和一体发展,促进形成都市圈","促进以拉萨为中心、以喀什为中心的城市圈发展"。③ 2017年,国家发展和改革委员会、住房和城乡建设部、交通运输部、国家铁路局、中国铁路总公司联合印发的《关于促进市域(郊)铁路发展的指导意见》提出,构建核心区至周边主要区域的1小时

---

① 《中共中央关于全面深化改革若干重大问题的决定》,人民出版社2013年版,第5页。
② 《中共中央关于全面深化改革若干重大问题的决定》,人民出版社2013年版,第24页。
③ 《中华人民共和国国民经济和社会发展第十三个五年规划纲要》,人民出版社2016年版,第80—81页。

通勤圈;国家发展改革委、国土资源部、环境保护部、住房和城乡建设部《关于规范推进特色小镇和特色小城镇建设的若干意见》提出,"发展'市郊镇''市中镇''园中镇''镇中镇'等不同类型特色小镇""依托大城市周边的重点镇培育发展卫星城"。2018年9月,习近平总书记在辽宁沈阳主持召开深入推进东北振兴座谈会并发表重要讲话,要求"培育发展现代化都市圈"。2019年2月,经国务院同意,国家发展改革委发布《关于培育发展现代化都市圈的指导意见》,强调"都市圈是城市群内部以超大特大城市或辐射带动功能强的大城市为中心、以1小时通勤圈为基本范围的城镇化空间形态"。2019年4月,中共中央、国务院发布《关于建立健全城乡融合发展体制机制和政策体系的意见》,强调都市圈在体制机制改革上率先取得突破。

2月21日,国务院印发《关于建立统一的城乡居民基本养老保险制度的意见》。

7月24日,国务院印发《关于进一步推进户籍制度改革的意见》。指出,全面放开建制镇和小城市落户限制,有序放开中等城市落户限制,合理确定大城市落户条件,严格控制特大城市人口规模,到2020年努力实现1亿左右农业转移人口和其他常住人口在城镇落户。

10月29日,国务院印发《关于调整城市规模划分标准的通知》,规定:新的城市规模划分标准以城区常住人口为统计口径,将城市划分为五类七档:城区常住人口50万人以下的城市为小城市,其中20万人以上50万人以下的城市为Ⅰ型小城市,20万人以下的城市为Ⅱ型小城市;城区常住人口50万人以上100万人以下的城市为中等城市;城区常住人口100万人以上500万人以下的城市为大城市,其中300万人以上500万人以下的城市为Ⅰ型大城市,100万人以上300万人以下的城市为Ⅱ型大城市;城区常住人口500万人以上1000万人以下的城市为特大城市;城区常住人口1000万人以上的城市为超大城市(注:以上包括本数,以下不包括本数)。

11月17日,上海与香港股票市场交易互联互通机制"沪港通"正式启动。2016年12月、2017年7月又相继启动"深港通""债券通"。

12月31日,中共中央办公厅、国务院办公厅印发《关于农村土地征收、集体经营性建设用地入市、宅基地制度改革试点工作的意见》,决定在全国选取30个县(市、区)行政区域进行试点。

2015 年

3月7日,国务院批复设立中国(杭州)跨境电子商务综合试验区。5月7日,国务院印发《关于大力发展电子商务加快培育经济新动力的意见》。2016年1月、2018年7月,国务院先后批复在天津、北京等34个城市设立跨境电子商务综合试验区。

3月28日,国家发展改革委、外交部、商务部联合发布了《推动共建丝绸之路经济带和21世纪海上丝绸之路的愿景与行动》。

9月,中共中央办公厅、国务院办公厅印发《关于在部分区域系统推进全面创新改革试验的总体方案》,提出了全面创新改革试验的指导思想、原则、目标、任务、试验布局和组织实施,决定设八个试验区,即:京津冀、上海、广东、安徽、四川、武汉、西安、沈阳全面创新改革试验区。

10月11日,国务院办公厅印发《关于推进海绵城市建设的指导意见》,要求通过海绵城市建设,综合采取"渗、滞、蓄、净、用、排"等措施,最大限度地减少城市开发建设对生态环境的影响,将70%的降雨就地消纳和利用。到2020年,城市建成区20%以上的面积达到目标要求;到2030年,城市建成区80%以上的面积达到目标要求。按照国务院要求,财政部、住建部、水利部从2015年开始开展海绵城市试点。

10月29日,党的十八届五中全会通过《中共中央关于制定国民经济和社会发展第十三个五年规划的建议》,2016年3月16日,第十二届全国人大第四次会议批准《中华人民共和国国民经济和社会发展第十三个五年规划纲要》,提出:坚持以人的城镇化为核心、以城市群为主体形态、以城市综合承载能力为支撑、以体制机制创新为保障,加快新型城镇化步伐。

同日,习近平总书记在党的十八届五中全会第二次全体会议上阐述新发展理念,强调坚持创新发展、协调发展、绿色发展、开放发展、共享发展,是关系我国发展全局的一场深刻变革。

11月27日、28日,《〈内地与香港关于建立更紧密经贸关系的安排〉服务贸易协议》《〈内地与澳门关于建立更紧密经贸关系的安排〉服务贸易协议》分别签署,内地与香港、澳门服务贸易自由化基本实现。

12月20日至21日,中央城市工作会议在北京举行,习近平总书记在会上发表重要讲话时指出,坚持人民城市为人民,尊重城市发展规律,统筹空间、规模、产业,统筹规划、建设、管理,统筹改革、科技、文化,统筹生产、生活、生态,统筹政府、社会、市民,着力提高城市发展持续性、宜居性。

12月24日,中共中央、国务院印发《关于深入推进城市执法体制改革改进城市管理工作的指导意见》。

12月31日,中共中央、国务院作出《关于实施全面两孩政策改革完善计划生育服务管理的决定》。

2016 年

1月1日,修改后的《中华人民共和国人口与计划生育法》正式实施,明确国家提倡一对夫妻生育两个子女。

1月3日,国务院印发《关于整合城乡居民基本医疗保险制度的意见》,提出整合城镇居民基本医疗保险和新型农村合作医疗,建立统一的城乡居民基本医疗保险制度。

1月5日,习近平总书记在重庆召开的推动长江经济带发展座谈会上讲话指出,推动长江经济带发展是国家一项重大区域发展战略,要坚持生态优先、绿色发展,共抓大保护、不搞大开发。5月30日,中共中央、国务院印发《长江经济带发展规划纲要》。

2月6日,中共中央、国务院印发《关于进一步加强城市规划建设管理工作的若干意见》。

3月24日,中共中央政治局常委会会议听取关于北京城市副中心和疏解北京非首都功能集中承载地有关情况的汇报,确定疏解北京非首都功能集中承载地新区规划选址并同意定名为"雄安新区"。5月27日,习近平总书记在中共中央政治局会议上讲话指出,建设北京城市副中心和雄安新区两个新城,是千年大计、国家大事。2017年3月28日,中共中央、国务院发出通知,决定设立河北雄安新区。4月1日新华社受权发布中共中央、国务院设立河北雄安新区的决定。2018年4月14日,中共中央、国务院批复《河北雄安新区规划纲要》。2019年1月国务院批复《河北雄安新区总体规划(2018—2035年)》。

5月,国务院《设立县级市标准》规定:拟设市区域常住人口城镇化率位居本省、自治区所辖县前30%以内或不低于全国平均水平;拟设市城区常住人口达到以下规模:东部地区拟设市区域人口密度每平方公里400人以上的不低于20人,100—400人的不低于15万人,100人以下的不低于8人;中部地区和东北地区每平方公里100人以上的不低于15万,100人以下的不低于8万人;西部地区不低于8万人;拟设市区域经济和城镇基本公共服务达到一定指标;拟设市城区资源环境和基础设施达到一定指标。11月,国家民政部发布《设立县级市申报审核程序》。

8月19日至20日,全国卫生与健康大会举行。10月25日,中共中央、国务院印发《"健康中国2030"规划纲要》,提出把健康城市和健康村镇建设作为推进健康中国建设的重要抓手,保障与健康相关的公共设施用地需求,完善相关公共设施体系、布局和标准,把健康融入城乡规划、建设、治理的全过程,促进城市与人民健康协调发展。到2030年,建成一批健康城市、健康村镇建设的示范市和示范村镇。

2017 年

7月1日,国家主席习近平出席在香港举行的《深化粤港澳合作推进大湾区建设框架协议》签署仪式,建设粤港澳大湾区成为国家战略。2019年2月18日,中共中央、国务院发布《粤港澳大湾区发展规划纲要》。

7月8日,国务院印发《新一代人工智能发展规划》,提出:构建城市智能化基础设施,发展智能建筑,推动地下管廊等市政基础设施智能化改造升级;建设城市大数据平台,构建多元异构数据融合的城市运行管理体系,实现对城市基础设施和城市绿地、湿地等重要生态要素的全面感知以及对城市复杂系统运行的深度认知;研发构建社区公共服务信息系统,促进社区服务系统与居民智能家庭系统协同;推进城市规划、建设、管理、运营全生命周期智能化。

10月9日,贵阳市发起城市"三变"改革,出台《中共贵阳市委贵阳市人民政府关于开展城市资源变资产、资金变股金、市民变股东"三变"改革试点工作的指导意见》,探索先富带动后富新机制。

10月18日至24日,中国共产党第十九次全国代表大会举行。大会通过的报告《决胜全面建成小康社会 夺取新时代中国特色社会主义伟大胜利》,确定中国特色社会主义进入新时代、我国社会主要矛盾已经转化为人民日益增长的美好生活需要和不平衡不充分的发展之间的矛盾以及决胜全面建成小康社会、开启全面建设社会主义现代化国家新征程的目标,提出我国经济已由高速增长进入高质量发展阶段,实施区域协调发展战略、乡村振兴战略。大会通过关于《中国共产党章程(修正案)》的决议,把习近平新时代中国特色社会主义思想确立为党的行动指南并载入党章。

2018 年

2018年春节前夕,习近平总书记在四川调研时强调,要突出公园城市特点,把生态价值考虑进去。成都市成立天府公园城市研究院,组建公园城市建设管理局,组织力量编制《成都市美丽宜居公园城市规划》和《成都市美丽宜居公园城市规划建设导则》,围绕建设公园城市从理论和实践两方面展开系统性的研究和探索。

3月9日,国家发展改革委发布《关于实施2018年推进新型城镇化建设重点任务的通知》,要求:加快农业转移人口市民化,全面放宽城市落户条件,中小城市和建制镇要全面放开落户限制;提高城市发展和城市群建设质量,全面实施城市群规划,稳步开展都市圈建设,加快培育新生中小城市,引导特色小镇健康发展;加快推动城乡融合发展,深化城镇化制度改革。

4月11日,中共中央、国务院印发《关于支持海南全面深化改革开放的指导意见》,赋予海南经济特区改革开放新使命,建设自由贸易试验区和中国特色自由贸易港。13日,习近平总书记在庆祝海南建省办经济特区30周年大会上讲话指出,海南要着力打造全面深化改革开放试验区、国家生态文明试验区、国际旅游消费中心、国家重大战略服务保障区,形成更高层次改革开放新格局。

10月23日,港珠澳大桥开通仪式在广东省珠海市举行。习近平总书记出席仪式。港珠澳大桥总长55公里,是连接香港、珠海和澳门的超大型跨海通道,也是世界上最长的跨海大桥。

11月5日,习近平主席在首届中国国际进口博览会发表主旨演讲时宣布,增设中国上海自由贸易试验区的新片区、在上海证券交易所设立科创板并试点注册制、支持长江三角洲区域一体化发展并上升为国家战略。

11月18日,《中共中央国务院关于建立更加有效的区域协调发展新机制的意见》发布,提出建立以中心城市引领城市群发展、城市群带动区域发展新模式。

12月29日,国务院办公厅发布《"无废城市"建设试点工作方案》,要求:坚持绿色低碳循环发展,以大宗工业固体废物、主要农业废弃物、生活垃圾和建筑垃圾、危险废物为重点,实现源头大幅减量、充分资源化利用和安全处置,选择典型城市先行先试,稳步推进"无废城市"建设。2019年5月13日,生态环境部会同"无废城市"建设试点部际协调小组成员单位在广东省深圳市全面部署"无废城市"建设试点工作。

2019 年

2月19日,国家发展改革委发布《关于培育发展现代化都市圈的指导意见》,认为都市圈是城市群内部以超大特大城市或辐射带动功能强的大城市为中心、以1小时通勤圈为基本范围的城镇化空间形态,提出以促进中心城市与周边城市(镇)同城化发展为方向,以创新体制机制为抓手,以推动统一市场建设、基础设施一体高效、公共服务共建共享、产业专业化分工协作、生态环境共保共治、城乡融合发展为重点,培育发展一批现代化都市圈。

4月8日,国家发展改革委发布《2019年新型城镇化建设重点任务》。

4月15日,中共中央、国务院发布《关于建立健全城乡融合发展体制机制和政策体系的意见》,要求以协调推进乡村振兴战略和新型城镇化战略为抓手,以缩小城乡发展差距和居民生活水平差距为目标,以完善产权制度和要素市场化配置为重点,坚决破除体制机制弊端,促进城乡要素自由流动、平等交换和公共资源合理配置,加快形成工农互促、城乡互补、全面融合、共同繁荣的新型工农城乡关系,加快推进农业农村现代化。

5月13日,中共中央政治局会议审议通过《长江三角洲区域一体化发展规划纲要》,要求把长江三角洲区域建设成为全国发展强劲的活跃增长极、高质量发展样板区、率先基本实现现代化引领区、区域一体化发展示范区和新时代改革开放新高地。

参考文献

1. [德]克劳斯·施瓦布:《第四次工业革命:转型的力量》,李菁译,中信出版集团2016年版。

2. [俄]恰亚诺夫:《农民经济组织》,萧正洪译,中央编译出版社1996年版。

3. [美]爱德华·格莱泽:《城市的胜利:城市如何让我们变得更加富有、智慧、绿色、健康和幸福》,刘润泉译,上海社会科学院出版社2012年版。

4. [美]德怀特·帕金斯:《从历史和国际的视角看中国的经济增长》,《经济学(季刊)》2005年第4期。

5. [美]威廉·阿瑟·刘易斯:《二元经济论》,施炜等译,北京经济学院出版社1989年版。

6. [美]W.W.罗斯托:《经济增长的阶段:非共产党宣言》,郭熙保、王松茂译,中国社会科学出版社2001年版。

7. [美]约翰·M.利维:《现代城市规划(第五版)》,孙景秋等译,中国人民大学出版社2003年版。

8. [英]安格斯·麦迪森:《中国经济的长期表现——公元960—2030年(第二版)》,伍晓鹰、马德斌译,上海人民出版社2008年版。

9. J.Vernon Henderson:《中国的城市化:面临的政策问题与选择》,《城市发展研究》2007年第4期。

10. 薄文广:《外部性与产业增长——来自中国省级面板数据的研究》,《中国工业经济》2007年第1期。

11. 蔡昉:《中国经济改革效应分析——劳动力重新配置的视角》,

《经济研究》2017 年第 7 期。

12. 蔡昉、都阳:《转型中的中国城市发展——城市级层结构、融资能力与迁移政策》,《经济研究》2003 年第 6 期。

13. 蔡昉、都阳、王美艳:《劳动力流动的政治经济学》,上海三联书店、上海人民出版社 2003 年版。

14. 蔡昉、王德文:《中国经济增长可持续性与劳动贡献》,《经济研究》1999 年第 10 期。

15. 蔡继明、王成伟、周炳林:《我国城市化战略选择与定量分析》,《当代经济研究》2012 年第 12 期。

16. 蔡景辉、任斌、黄小宁:《城市规模对流动人口幸福感的影响——来自 RUMIC(2009)的经验证据》,《贵州财经大学学报》2016 年第 1 期。

17. 陈传康主编:《连云港市域发展战略研究》,海洋出版社 1991 年版。

18. 陈婕:《中国城市规模等级体系的时间尺度效应研究》,同济大学 2008 年硕士学位论文。

19. 陈金永:《中国户籍制度改革和城乡人口迁移》,载王德文、张建武、都阳主编:《中国劳动经济学》,中国劳动和社会保障出版社 2004 年版。

20. 陈良文、杨开忠、吴姣:《地方化经济与城市化经济——对我国省份制造业数据的实证研究》,《经济问题探索》2006 年第 11 期。

21. 仇保兴:《面对全球化的我国城市发展战略》,《城市规划》2003 年第 12 期。

22. 仇保兴:《中国城市化进程中的城市规划变革》,同济大学出版社 2005 年版。

23. 当代中国研究所编:《中华人民共和国史编年(1953 年卷)》,当代中国出版社 2009 年版。

24. 当代中国研究所编:《中华人民共和国史编年(1958 年卷)》,当代中国出版社 2011 年版。

25. 党云晓、张文忠、谌丽、湛东升:《居民幸福感的城际差异及其影响因素探析——基于多尺度模型的研究》,《地理研究》2018 年第 3 期。

26. 丁鸿君、周玉龙、孙久文:《中国小城市的最优规模》,《城市问题》2017 年第 9 期。

27. 都阳:《中国低生育率水平的形成及其对长期经济增长的影响》,《世界经济》2005 年第 12 期。

28. 都阳、王美艳:《农村剩余劳动力的新估计及其含义》,《广州大学学报(社会科学版)》2010 年第 4 期。

29. 都阳等:《劳动力市场转变与农民工就业》,中国社会科学出版社 2016 年版。

30. 樊纲、胡彩梅:《调整"城镇化"偏差,明确"城市化"战略》,《深圳大学学报(人文社会科学版)》2017 年第 3 期。

31. 范子英、彭飞、刘冲:《政治关联与经济增长——基于卫星灯光数据的研究》,《经济研究》2016 年第 1 期。

32. 冯兰瑞、赵履宽:《当前我国城镇劳动者的就业问题》,《中国社会科学》1981 年第 6 期。

33. 傅红春、金俐、金琳:《幸福框架下的最优城市规模》,《城市问题》2016 年第 2 期。

34. 傅十和、洪俊杰:《企业规模、城市规模与集聚经济——对中国制造业企业普查数据的实证分析》,《经济研究》2008 年第 11 期。

35. 高珮义:《中外城市化比较研究》,南开大学出版社 1991 年版。

36. 高彦彦、郑江淮、孙军:《从城市偏向到城乡协调发展的政治经济逻辑》,《当代经济科学》2010 年第 5 期。

37. 顾洪章主编:《中国知识青年上山下乡始末》,人民日报出版社 2009 年版。

38. 顾行发、李闽榕、徐东华主编:《中国可持续发展遥感监测报告(2016)》,社会科学文献出版社 2017 年版。

39. 郭力:《中国城市规模效率与最优规模的生态考量——基于地级市面板数据的分析》,《城市问题》2018 年第 2 期。

40.国务院发展研究中心和世界银行联合课题组:《中国:推进高效、包容、可持续的城镇化》,《管理世界》2014年第4期。

41.贺灿飞:《地方化经济、城市化经济与中国制造业企业劳动生产率》,《哈尔滨工业大学学报(社会科学版)》2011年第6期。

42.赫胜彬:《基于夜间灯光数据的中国城市体系研究》,北京大学2016年博士学位论文。

43.胡晨光、潘莉燕、王婷婷:《最优城市规模研究:文献综述》,《经济学家》2017年第9期。

44.胡焕庸:《中国人口之分布——附统计表与密度图》,《地理学报》1935年第2期。

45.胡序威:《中国区域规划的演变与展望》,《地理学报》2006年第6期。

46.胡兆量:《大城市的超前发展及其对策》,《北京大学学报(哲学社会科学版)》1986年第5期。

47.金相郁:《最佳城市规模理论与实证分析:以中国三大直辖市为例》,《上海经济研究》2004年第7期。

48.柯善咨、赵曜:《产业结构、城市规模与中国城市生产率》,《经济研究》2014年第4期。

49.李秉仁:《关于我国城市发展方针的回顾与思考》,《城市发展研究》2002年第3期。

50.李富春:《关于发展国民经济的第一个五年计划的报告》,《经济研究》1955年第3期。

51.李金滟、宋德勇:《专业化、多样化与城市集聚经济——基于中国地级单位面板数据的实证研究》,《管理世界》2008年第2期。

52.李梦白:《我国城市发展的基本方针》,《瞭望》1983年第2期。

53.李培林:《小城镇依然是大问题》,《甘肃社会科学》2013年第3期。

54.李晓江:《关于"城市空间发展战略研究"的思考》,《城市规划》2003年第2期。

55. 李秀敏、刘冰、黄雄:《中国城市集聚与扩散的转换规模及最优规模研究》,《城市发展研究》2007 年第 2 期。

56. 刘伟巍、杨开忠:《制造业集聚经济的来源——基于企业数据的经验研究》,《技术经济与管理研究》2012 年第 4 期。

57. 刘修岩、何玉梅:《集聚经济、要素禀赋与产业的空间分布:来自中国制造业的证据》,《产业经济研究》2011 年第 3 期。

58. 陆铭:《大国大城:当代中国的统一、发展与平衡》,上海人民出版社 2016 年版。

59. 陆铭:《城市、区域和国家发展——空间政治经济学的现在与未来》,《经济学(季刊)》2017 年第 4 期。

60. 吕薇、刁承泰:《中国城市规模分布演变特征研究》,《西南大学学报(自然科学版)》2013 年第 6 期。

61. 马光荣、杨恩艳:《中国式分权、城市倾向的经济政策与城乡收入差距》,《制度经济学研究》2010 年第 1 期。

62. 马侠主编:《中国城镇人口迁移》,中国人口出版社 1994 年版。

63. 宁越敏:《论世界大城市的发展趋势——兼论我国大城市的发展问题》,《城市问题》1990 年第 4 期。

64. 齐康主编:《城市环境规划设计与方法》,中国建筑工业出版社 1997 年版。

65. 世界银行:《2020 年的中国:新世纪的发展挑战》,中国财政经济出版社 1997 年版。

66. 世界银行:《2009 年世界发展报告:重塑世界经济地理》,清华大学出版社 2009 年版。

67. 苏海龙、武占云、周锐、谭迎辉:《城市集聚效应的空间外部性研究——基于空间计量经济学的实证分析》,《华中师范大学学报(自然科学版)》2011 年第 4 期。

68. 苏星:《土地改革以后,我国农村社会主义和资本主义两条道路的斗争》,《经济研究》1965 年第 7 期。

69. 苏星:《我国农业的社会主义改造》,人民出版社 1980 年版。

70. 孙斌栋、金晓溪、林杰：《走向大中小城市协调发展的中国新型城镇化格局——1952 年以来中国城市规模分布演化与影响因素》，《地理研究》2019 年第 1 期。

71. 孙三百、黄薇、洪俊杰、王春华：《城市规模、幸福感与移民空间优化》，《经济研究》2014 年第 1 期。

72. 孙志远：《新中国城镇化大事记（1949—2013）》，载张占斌主编：《中国新型城镇化健康发展报告（2014）》，社会科学文献出版社 2014 年版。

73. 田莉：《论我国城市规划管理的权限转变——对城市规划管理体制现状与改革的思索》，《城市规划》2001 年第 12 期。

74. 田莉：《探究最优城市规模的"斯芬克司之谜"——论城市规模的经济学解释》，《城市规划学刊》2009 年第 2 期。

75. 万庆、吴传清：《六大视角下最优城市规模研究进展与展望》，《区域经济评论》2017 年第 1 期。

76. 汪海波：《我国工业发展 50 年的历程和成就》，《中国工业经济》1999 年第 9 期。

77. 王放：《论中国可持续的城市化道路——兼论现行城市发展方针的局限性》，《人口研究》1999 年第 5 期。

78. 王嗣均：《论中国现阶段大城市的成长》，《中国人口科学》1995 年第 6 期。

79. 王颂吉、白永秀：《分权竞争与地方政府城市偏向：一个分析框架》，《天津社会科学》2014 年第 1 期。

80. 王小鲁、夏小林：《优化城市规模　推动经济增长》，《经济研究》1999 年第 9 期。

81. 王元：《充分发挥大城市优势》，《社会调查与研究》1985 年第 2 期。

82. 王振波、方创琳、胡瑞山：《中国城市规模体系及其空间格局 Zipf-PLE 模型的评价》，《地球信息科学学报》2015 年第 6 期。

83. 吴志强、于泓、姜楠：《论城市发展战略规划研究的整体方法——沈阳实例中的理性思维的导入》,《城市规划》2003 年第 1 期。

84. 谢燮、杨开忠:《中国城市的多样化与专业化特征》,《软科学》2003 年第 1 期。

85. 徐康宁、陈丰龙、刘修岩:《中国经济增长的真实性:基于全球夜间灯光数据的检验》,《经济研究》2015 年第 9 期。

86. 许抄军:《基于环境质量的中国城市规模探讨》,《地理研究》2009 年第 3 期。

87. 许经勇:《城乡一体化视野下的小城镇发展战略研究》,《东南学术》2018 年第 2 期。

88. 闫永涛、冯长春:《中国城市规模分布实证研究》,《城市问题》2009 年第 5 期。

89. 严正:《小城镇还是大城市——论中国城市化战略的选择》,《东南学术》2004 年第 1 期。

90. 杨坚白:《速度·结构·效率》,《经济研究》1991 年第 9 期。

91. 杨开忠:《我国区域经济协调发展的总体部署》,《管理世界》1993 年第 1 期(1993a)。

92. 杨开忠:《迈向空间一体化:中国市场经济与区域发展》,四川人民出版社 1993 年版(1993b)。

93. 杨开忠:《论区域发展战略》,《地理研究》1994 年第 1 期。

94. 杨开忠:《中国城市化驱动经济增长的机制与概念模型》,《城市问题》2001 年第 3 期。

95. 杨开忠:《新型城镇化的改革取向》,《中国国情国力》2014 年第 10 期。

96. 杨开忠:《降低北京人口密度合乎规律》,《环球日报》2017 年 4 月 28 日。

97. 杨开忠:《京津冀协同发展的新逻辑:地方品质驱动型发展》,《经济与管理》2019 年第 1 期。

98. 易艳春、关卫军、胡宏昌:《低碳约束下的我国最优城镇规模研究》,《城市发展研究》2015 年第 5 期。

99. 余吉祥、段玉彬:《集聚经济与中国城市体系优化——跨省迁移视角的研究》,《统计与信息论坛》2013年第4期。

100. 俞孔坚、李迪华、刘海龙:《"反规划"途径》,中国建筑工业出版社2005年版。

101. 俞勇军、陆玉麒:《城市适度空间规模的成本-收益分析模型探讨》,《地理研究》2005年第5期。

102. 袁正、郑勇、韩骁:《城市规模与居民幸福感的关系》,《城市问题》2012年第5期。

103. 张杰、解扬:《基于能耗视角的我国城市最优规模研究》,《城市规划学刊》2015年第6期。

104. 张应武:《基于经济增长视角的中国最优城市规模实证研究》,《上海经济研究》2009年第5期。

105. 张友琴:《"上山下乡运动"从何而来》,《党史纵览》2012年第11期。

106. 张臻汉:《资源集约与城市化的最优规模》,《经济与管理研究》2012年第6期。

107. 张自然:《中国最优与最大城市规模探讨——基于264个城市的规模成本—收益法分析》,《金融评论》2015年第5期。

108. 赵长保:《改革开放以来中国小城镇建设的政策演变》,载鲜祖德主编:《中国建制镇研究》,中国统计出版社2002年版。

109. 中共中央党史和文献研究院:《改革开放四十年大事记》,人民出版社2018年版。

110. 中共中央党史研究室编写:《中华人民共和国大事记(1949年10月—2009年10月)》,新华出版社2009年版。

111. 周海春、许江萍:《城市适度人口规模研究》,《数量经济技术经济研究》2001年第11期。

112. 周晓艳、韩丽媛、叶信岳、姚丽、王柏源:《基于位序规模法则的我国城市用地规模分布变化研究(2000年—2012年)》,《华中师范大学学报(自然科学版)》2015年第1期。

113. 朱守银：《中国农村城镇化进程中的改革问题研究》，《经济研究参考》2001 年第 6 期。

114. 邹德慈等：《新中国城市规划发展史研究——总报告及大事记》，中国建筑工业出版社 2014 年版。

115. Ades, Alberto and Edward Glaeser, "Trade and Circuses: Explaining Urban Giants", *Quarterly Journal of Economics*, Vol. 110, No. 1, 1995.

116. Arnott, Richard and Joseph Stiglitz, "Aggregate Land Rents, Expenditure on Public Goods, and Optimal City Size", *Quarterly Journal of Economics*, Vol. 93, No. 4, 1979.

117. Au, Chun-Chung and J. Vernon Henderson, "Are Chinese Cities Too Small?", *Review of Economic Studies*, Vol. 73, No. 3, 2006.

118. Axtell, Robert and Richard Florida, "Emergent Cities: A Microeconomic Explanation of Zipf's Law", Paper Presented at the 7th International Conference of the Society for Computational Economics, Yale University, June 28-29, 2001.

119. Barrett, Christopher, Michael Carter and C. Peter Timmer, "A Century-Long Perspective on Agricultural Development", *American Journal of Agricultural Economics*, Vol. 92, No. 2, 2010.

120. Borjas, George, "The Economics of Immigration", *Journal of Economic Literature*, Vol. 32, No. 4, 1994.

121. Bosworth, Barry and Susan Collins, "Accounting for Growth: Comparing China and India", NBER Working Paper, No. 12943, 2007.

122. Brakman, Steven, Harry Garretsen and Charles van Marrewijk, *An Introduction to Geographical Economics: Trade, Location and Growth*, Cambridge: Cambridge University Press, 2001.

123. Brandt, Loren and Xiaodong Zhu, "Accounting for China's Growth", Department of Economics of University of Toronto Working Paper, No. 394, 2010.

124. Buchanan, James, "An Economic Theory of Clubs", *Economica*,

Vol. 32, No. 125, 1965.

125. Cai, Fang and Yang Lu, "The End of China's Demographic Dividend: The Perspective of Potential GDP Growth", in Ross Garnaut, Fang Cai and Ligang Song(eds.), *China: A New Model for Growth and Development*, Canberra and Beijing: Australian National University E Press and Social Sciences Academic Press(China), 2013.

126. Cai, Fang and Yang Lu, "Take-off, Persistence and Sustainability: The Demographic Factor in Chinese Growth", *Asia & the Pacific Policy Studies*, Vol. 3, No. 2, 2016.

127. Cai, Fang, Meiyan Wang and Yang Du, "Understanding Changing Trends in Chinese Wages", in Yiping Huang and Miaojie Yu(eds.), *China's New Role in the World Economy*, London: Routledge, 2013.

128. Cai, Fang, Yang Du and Meiyan Wang, "Demystify the Labor Statistics in China", *China Economic Journal*, Vol. 6, No. 2−3, 2013.

129. Capello, Roberta and Peter Nijkamp, "Measuring Network Externalities: Their Role on Corporate and Regional Performance", Serie Research Memorandum, No. 61, 1993.

130. Capello, Roberta and Roberto Camagni, "Beyond Optimal City Size: An Evaluation of Alternative Urban Growth Patterns", *Urban Studies*, Vol. 37, No. 9, 2000.

131. Cheremukhin, Anton, Mikhail Golosov, Sergei Guriev and Aleh Tsyvinski, "The Economy of People's Republic of China from 1953", NBER Working Paper, No. 21397, 2015.

132. Dingel, Jonathan, Antonio Miscio and Donald Davis, "Cities, Lights, and Skills in Developing Economies", NBER Working Paper, No. 25678, 2019.

133. FAO, *2000 World Census of Agriculture: Main Results and Metadata by Country (1996 − 2005)*, Rome: Food and Agriculture Organization of the United Nations, 2010.

134. Fu, Shihe and Junjie Hong, "Testing Urbanization Economies in Manufacturing Industries: Urban Diversity or Urban Size?", *Journal of Regional Science*, Vol. 51, No. 3, 2011.

135. Fujita, Masahisa, "Existence and Uniqueness of Equilibrium and Optimal Land Use: Boundary Rent Curve Approach", *Regional Science and Urban Economics*, Vol. 15, No. 2, 1985.

136. Gao, Liangliang, Jikun Huang and Scott Rozelle, "Rental Markets for Cultivated Land and Agricultural Investments in China", *Agricultural Economics*, Vol. 43, No. 4, 2012.

137. Glaeser, Edward, Jed Kolko and Albert Saiz, "Consumer City", *Journal of Economic Geography*, Vol. 1, No. 1, 2001.

138. Henderson, J. Vernon, "Optimum City Size: The External Diseconomy Question", *Journal of Political Economy*, Vol. 82, No. 2, Part 1, 1974.

139. Henderson, J. Vernon, "Population Composition of Cities: Restructuring the Tiebout Model", *Journal of Public Economics*, Vol. 27, No. 2, 1985.

140. Henderson, J. Vernon, "The Urbanization Process and Economic Growth: The So-What Question", *Journal of Economic Growth*, Vol. 8, No. 1, 2003.

141. Henderson, J. Vernon and Hyoung Gun Wang, "Urbanization and City Growth: The Role of Institutions", *Regional Science and Urban Economics*, Vol. 37, No. 3, 2007.

142. Henderson, J. Vernon, Adam Storeygard and David Weil, "Measuring Economic Growth from Outer Space", *American Economic Review*, Vol. 102, No. 2, 2012.

143. Hoover, Edgar Malone, *Location Theory and the Shoe Leather Industries*, Cambridge: Harvard University Press, 1937.

144. Hoover, Edgar Malone, *The Location of Economic Activity*, New

York: McGraw-Hill, 1948.

145. IMF, *World Economic Outlook*, September 2006: *Financial Systems and Economic Cycles*, Washington D.C.: International Monetary Fund, 2006.

146. Isard, Walter, *Introduction to Regional Science*, Englewood Cliffs, New Jersey: Prentice-Hall, 1975.

147. Jacobs, Jane, *The Economy of Cities*, New York: Vintage, 1969.

148. Krugman, Paul, "On the Number and Location of Cities", *European Economic Review*, Vol. 37, No. 2-3, 1993.

149. Krugman, Paul, "Confronting the Mystery of Urban Hierarchy", *Journal of the Japanese and International Economies*, Vol. 10, No. 4, 1996.

150. Kuznets, Simon, "Quantitative Aspects of the Economic Growth of Nations: II. Industrial Distribution of National Product and Labor Force", *Economic Development and Cultural Change*, Vol. 5, No. 4, 1957.

151. Kwan, Yum and Gregory Chow, "Estimating Economic Effects of Political Movements in China", *Journal of Comparative Economics*, Vol. 23, No. 2, 1996.

152. Lewis, Ethan, "Immigration, Skill Mix, and the Choice of Technique", Federal Reserve Bank of Philadelphia Working Paper, No. 05-08, 2005.

153. Lewis, W. Arthur, "Economic Development with Unlimited Supplies of Labour", *The Manchester School*, Vol. 22, No. 2, 1954.

154. Lin, Justin Yifu, "Rural Reforms and Agricultural Growth in China", *American Economic Review*, Vol. 82, No. 1, 1992.

155. Lin, Justin Yifu and Yan Wang, "China's Integration with the World: Development as a Process of Learning and Industrial Upgrading", in Fang Cai(ed.), *Transforming the Chinese Economy*, Boston: Brill, 2010.

156. Lin, Justin Yifu, Fang Cai and Zhou Li, *The China Miracle: Development Strategy and Economic Reform(Revised Edition)*, Hong Kong: The Chinese University Press, 2003.

157. Lindblom, Charles E., "The Science of 'Muddling Through'", *Public Administration Review*, Vol. 19, No. 2, 1959.

158. McMillan, Margaret and Dani Rodrik, "Globalization, Structural Change and Productivity Growth", NBER Working Paper, No. 17143, 2011.

159. Meng, Xin, "China's Labour Market Tensions and Future Urbanisation Challenges", in Ligang Song, Ross Garnaut and Fang Cai(eds.), *Deepening Reform for China's Long-Term Growth and Development*, Canberra and Beijing: Australian National University Press and Social Sciences Academic Press(China), 2014.

160. Minami, Ryoshin and Xinxin Ma, "The Turning Point of Chinese Economy: Compared with Japanese Experience", *Asian Economics*, Vol. 50, No. 12, 2009.

161. Nordhaus, William and Xi Chen, "Improved Estimates of Using Luminosity as a Proxy for Economic Statistics: New Results and Estimates of Precision", Cowles Foundation Discussion Paper, No. 1857, 2012.

162. Ohlin, Bertil, *Interregional and International Trade*, Cambridge: Harvard University Press, 1933.

163. Qu, Yue, Fang Cai and Xiaobo Zhang, "Has the 'Flying Geese' Phenomenon in Industrial Transformation Occurred in China?", in Huw Mckay and Ligang Song (eds.), *Rebalancing and Sustaining Growth in China*, Canberra and Beijing: Australian National University E Press and Social Sciences Academic Press(China), 2012.

164. Rawski, Thomas and Robert Mead, "On the Trail of China's Phantom Farmers", *World Development*, Vol. 26, No. 5, 1998.

165. Richardson, Harry, "Optimality in City Size, Systems of Cities and Urban Policy: a Sceptic's View", *Urban Studies*, Vol. 9, No. 1, 1972.

166. Rosenthal, Stuart and William Strange, "Evidence on the Natures of Sources Agglomeration Economies", in J. Vernon Henderson and Jacques-François Thisse(eds.), *Handbook of Regional and Urban Economics*, Vol. 4,

Amsterdam：Elsevier，2004.

167. Schultz，Theodore，*Transforming Traditional Agriculture*，Chicago：University of Chicago Press，1983.

168. Soo，Kwok Tong，"Zipf's Law for Cities：A Cross-Country Investigation"，*Regional Science and Urban Economics*，Vol. 35，No. 3，2005.

169. Spence，Michael，*The Next Convergence*：*The Future of Economic Growth in a Multispeed World*，New York：Farrar，Straus and Giroux，2011.

170. Ta，Liu and Wing Chan Kam，"National Statistics On Internal Migration in China：Comparability Problems"，*China Information*，Vol. 15，No. 2，2001.

171. Taylor，Jeffrey，"Rural Employment Trends and the Legacy of Surplus Labor，1978 – 1989"，in Yak Yeow Kueh and Robert Ash（eds.），*Economic Trends in Chinese Agriculture*：*The Impact of Post-Mao Reforms*，New York：Oxford University Press，1993.

172. Thadani，Veena and Michael Todaro，"Female Migration：A Conceptual Framework"，in James Fawcett，Siew-Ean Khoo and Peter Colin Smith（eds.），*Women in the Cities of Asia*：*Migration and Urban Adaptation*，Boulder，Colorado：Westview Press，1984.

173. Tiebout，Charles，"A Pure Theory of Local Expenditures"，*Journal of Political Economy*，Vol. 64，No. 5，1956.

174. Williamson，Jeffrey，"Migrant Selectivity，Urbanization，and Industrial Revolutions"，*Population and Development Review*，Vol. 14，No. 2，1988.

175. World Bank，*China-Economic Structure in International Perspective*，Washington D.C.：World Bank，1985.

176. World Bank，*China 2020*：*Development Challenges in the New Century*，Washington D.C.：World Bank，1997.

177. Young，Alwyn，"Gold into Base Metals：Productivity Growth in the People's Republic of China during the Reform Period"，*Journal of Political*

Economy, Vol. 111, No. 6, 2003.

178. Zhu, Xiaodong, "Understanding China's Growth: Past, Present, and Future", *Journal of Economic Perspectives*, Vol. 26, No. 4, 2012.

楼继伟 刘尚希 著

杨伟民 等 著

江小涓 著

韩俊 主编 宋洪远 副主编

宋晓梧 主编 邢伟 副主编

蔡昉 都阳 杨开忠 等 著